清 史 論 集

(三)

莊吉發著

文 史 哲 學 集 成

文史哲出版社印行

國家圖書館出版品預行編目資料

清史論集 / 莊吉發著. -- 初版. -- 臺北市：文
史哲，民 86 –
　　冊；　公分. -- (文史哲學集成；388–)
　　含參考書目
　　ISBN 957-549-110-6(第一冊：平裝) .--ISBN957-549-
111-4(第二冊：平裝) .--ISBN957-549-166-1 (第三冊：
平裝) .--ISBN957-549-271-4(第四冊：平裝) .-- ISBN
957-549-272-2(第五冊：平裝) .--ISBN957-549-325-7
(第六冊：平裝) .--ISBN957-549-326-5(第七冊：平裝)
 .--ISBN957-549-331-1(第八冊：平裝) .--ISBN957-
549- 421-0(第九冊：平裝) .--ISBN957-549-422-9(第十
冊：平裝) .--ISBN957-549-512-8(第十一冊：平裝) .--
ISBN957-549-513-6(第十二冊：平裝) .--ISBN957-549-
551-9(第十三冊：平裝)

1.中國-歷史-清(1644-1912) -論文，講詞等

627.007　　　　　　　　　　　　　　　86015915

文史哲學集成 ⑱

清 史 論 集 (圭)

著　　者：莊　　　吉　　　發
出版者：文　史　哲　出　版　社
http://www.lapen.com.tw
登記證字號：行政院新聞局版臺業字五三三七號
發行人：彭　　　正　　　雄
發行所：文　史　哲　出　版　社
印刷者：文　史　哲　出　版　社
臺北市羅斯福路一段七十二巷四號
郵政劃撥帳號：一六一八〇一七五
電話 886-2-23511028・傳真 886-2-23965656

實價新臺幣四〇〇元

中華民國九十三年 (2004) 四月初版

清 史 論 集

（圭）

目 次

出版說明 ……………………………………………… 3

正統與異端：盛清時期活躍於民間的宗教信仰 ……… 7

法古與仿古：從文獻資料看清初君臣對古代書畫器物的興趣 85

運際郅隆：乾隆皇帝及其時代 ……………………… 107

信仰與生活：薩滿信仰的社會功能 ………………… 125

傳統與創新：從現存史館檔看清史的纂修 ………… 155

文獻足徵：故宮檔案與清朝法制史研究 …………… 203

財政與邊政：清季東北邊防經費的籌措 …………… 247

評介金澤著《中國民間信仰》 ……………………… 265

評介赫治清著《天地會起源研究》 ………………… 289

清史論集

出版説明

　　我國歷代以來，就是一個多民族的國家，各民族的社會、經濟及文化等方面，雖然存在著多樣性及差異性的特徵，但各兄弟民族對我國歷史文化的締造，都有直接或間接的貢獻。滿族以邊疆部族入主中原，建立清朝，一方面接受儒家傳統的政治理念，一方面又具有滿族特有的統治方式，在多民族統一國家發展過程中有其重要地位。在清朝長期的流治下，邊疆與內地逐漸打成一片，文治武功之盛，不僅堪與漢唐相比，同時在我國傳統社會、政治、經濟、文化的發展過程中亦處於承先啓後的發展階段。蕭一山先生著《清代通史》敍例中已指出原書所述，爲清代社會的變遷，而非愛新一朝的興亡。換言之，所述爲清國史，亦即清代的中國史，而非清室史。同書導言分析清朝享國長久的原因時，歸納爲二方面：一方面是君主多賢明；一方面是政策獲成功。《清史稿》十二朝本紀論贊，尤多溢美之辭。清朝政權被推翻以後，政治上的禁忌，雖然已經解除，但是反滿的情緒，仍然十分高昂，應否爲清人修史，成爲爭論的焦點。清朝政府的功過及是非論斷，人言嘖嘖。然而一朝掌故，文獻足徵，可爲後世殷鑒，筆則筆，削則削，不可從闕，亦即孔子作《春秋》之意。孟森先生著《清代史》指出，「近日淺學之士，承革命時期之態度，對清或作仇敵之詞，旣認爲仇敵，即無代爲修史之任務。若已認爲應代修史，即認爲現代所繼承之前代。尊重現代，必並不厭薄於

所繼承之前代，而後覺承統之有自。清一代武功文治、幅員人材，皆有可觀。明初代元，以胡俗爲厭，天下既定，即表章元世祖之治，惜其子孫不能遵守。後代於前代，評量政治之得失以爲法戒，乃所以爲史學。革命時之鼓煽種族以作敵愾之氣，乃軍旅之事，非學問之事也。故史學上之清史，自當占中國累朝史中較盛之一朝，不應故爲貶抑，自失學者態度。」錢穆先生著《國史大綱》亦稱，我國爲世界上歷史體裁最完備的國家，悠久、無間斷、詳密，就是我國歷史的三大特點。我國歷史所包地域最廣大，所含民族分子最複雜。因此，益形成其繁富。有清一代，能統一國土，能治理人民，能行使政權，能綿歷年歲，其文治武功，幅員人材，既有可觀，清代歷史確實有其地位，貶抑清代史，無異自形縮短中國歷史。《清史稿》的既修而復禁，反映清代史是非論定的紛歧。

歷史學並非單純史料的堆砌，也不僅是史事的整理。史學研究者和檔案工作者，都應當儘可能重視理論研究，但不能以論代史，無視原始檔案資料的存在，不尊重客觀的歷史事實。治古史之難，難於在會通，主要原因就是由於文獻不足；治清史之難，難在審辨，主要原因就是由於史料氾濫。有清一代，史料浩如煙海，私家收藏，固不待論，即官方歷史檔案，可謂汗牛充棟。近人討論纂修清代史，曾鑒於清史範圍既廣，其材料尤夥，若用紀、志、表、傳舊體裁，則卷帙必多，重見牴牾之病，勢必難免，而事蹟反不能備載，於是主張採用通史體裁，以期達到文省事增之目的。但是一方面由於海峽兩岸現藏清代滿漢文檔案資料，數量龐大，整理公佈，尚需時日；一方面由於清史專題研究，在質量上仍不夠深入。因此，纂修大型清代通史的條件，還不十分具備。近年以來，因出席國際學術研討會，所發表的論

文，多涉及清代的歷史人物、文獻檔案、滿洲語文、宗教信仰、族群關係、人口流動、地方吏治等範圍，俱屬專題研究，題為《清史論集》。雖然只是清史的片羽鱗爪，缺乏系統，不能成一家之言。然而每篇都充分利用原始資料，尊重客觀的歷史事實，認真撰寫，不作空論。所愧的是學養不足，研究仍不夠深入，錯謬疏漏，在所難免，尚祈讀者不吝教正。

二○○四年三月　莊吉發

皇圖永固帝道遐昌
佛日增輝法輪常轉

佛現金身。
南無本師釋迦牟尼佛　眾和三聲
佛面猶如淨滿月　亦如千日放光明
圓光普照於十方　喜捨慈悲皆具足

法　法輪常轉度眾生
僧
十三年泰
歸命十方一切佛

夫苦行悟道卷者。乃
道行腳也俟托
天地覆載父母身食着
國王水土五穀稻糧護國公臣文武大
臣護法以此我得安穩泰道總報恩情。
我與大眾恭出一段不壞金身顯現我
與大眾恭出掌教三千諸佛菩薩法身
顯現。我與在家菩薩出家菩薩出三教
聖人真身出現我與大眾恭出臨危法

脫俗離塵事可誇
從容古佛舊生涯
出家決要忘人我
在俗須當識正邪

苦功悟道卷

設案入壇坐定
諷心經畢
舉香讚

（四）

爐香乍爇法界蒙薰。諸佛海會悉
遙聞遞處結祥雲。成意方殷諸

《大乘苦功悟道經》
雍正七年（1729）

正統與異端：
盛清時期活躍於民間的宗教信仰

一、前言

　　宗教信仰是一種複雜的社會文化現象，它伴隨著人類的歷史發展而存在，有其發生、發展的過程，既有其長期性，亦有其複雜性和群眾性。孔子雖然不言「怪力亂神」，但是，在「子不語」的背後，卻反映了當時的社會有人談怪力亂神，民間宗教信仰的問題，早已受到重視。誠然，在人類社會文化史上，宗教信仰的長期存在，是客觀的事實，任何一種宗教團體的存在，都有它互爲因果的社會文化因素在作用，因此，探討宗教信仰的起源和發展，都不能忽視其社會文化因素。明末清初以來活躍於民間的宗教信仰，除了佛教、道教、伊斯蘭教以外，同時還有錯綜複雜的民間秘密宗教，以及外來的西洋宗教，是屬於多元性的宗教組織，具備構成宗教要素的宗教團體。此外，也有民間信仰，它不具備宗教的組織制度、教義教規，並無教派名稱，而是屬於多元性的民俗文化範疇。

　　在西方語彙中，政教關係，所指的是國家與教會的關係，亦即國家政權與教會之間的關係。但是，在中文詞彙裡，政教關係中的「政」字，不僅被理解爲政權、政府，甚至被理解爲政治。至於「教」字，不僅被理解爲教會，也被理解爲宗教，或宗教信仰。清朝入關之初，即深悉致力於政治、軍事、社會、經濟及文化等方面的建設，都是鞏固統治政權的基本工作。清初諸帝深信

儒家思想有利於統治政權的鞏固，於是積極提倡孔孟思想，他們
認爲孔孟之學即堯舜之道，堯舜之道，就是帝王之道，他們制訂
崇儒重道的文化政策，也是立國方針，清朝政府遂以正統主義者
自居，於是制訂律例，黜邪崇正，取締左道異端，清朝政府的宗
教政策，也因此受到文化政策的制約。

　　近年以來，中外學者對清代民間宗教史的研究，有一個逐步
深化的過程：一方面是由於學術研究方向的多元化，下層社會的
歷史發展，日益受到學者的重視，而投入大量的人力和時間，研
究成果更豐碩；一方面則是出現一個較爲有利的客觀條件，那就
是海峽兩岸本著資料共享的理念，積極整理清朝檔案，提供豐富
的第一手原始資料，使中外學者無論在檔案資料的發掘，研究方
法的運用，或理論架構的建立，都有突破性的進步。本文撰寫的
旨趣，主要是結合清朝檔案，發掘原始資料，探討清朝政府正統
主義的形成，嘗試從清初諸帝對正道與異端的詮釋，分析乾隆年
間清朝政府的宗教政策及其取締民間宗教信仰的原因。目的在探
討清朝統治者與傳統儒家思想接軌後所形成的宗教政策，對社會
控制所產生的作用。

二、從文化政策的制訂看清初正統主義的形成

　　清朝的宗教政策受到文化政策的制約，探討清朝的宗教政
策，不能忽視清朝文化政策的制訂。滿洲入關之初，亟於鞏固統
治政權，清朝政府深信儒家思想有利於統治政權的鞏固，而於順
治十年（1653）四月制訂了「崇儒重道」的文化政策，並定爲基
本國策，也是立國方針。清朝政府的文化政策，反映滿族的積極
漢化及其接受儒家傳統文化的重要意義。康熙皇帝認爲儒家的綱
常名教，就是社會賴以穩定的生活規範。康熙九年（1670）十

月，康熙皇帝進一步將順治年間制訂的文化政策具體化，提出了
以文教爲先的十六條聖訓。他相信儒家的倫理道德，能爲清朝政
府帶來長治久安、社會穩定的積極作用。雍正二年（1724）二
月，雍正皇帝爲貫徹崇儒重道的文化政策，又將康熙年間的聖訓
十六條逐一尋繹其義，旁徵博引，推衍其文，共得萬言，題爲
《聖諭廣訓》，並譯成滿文本和蒙文本，《聖諭廣訓》於是成爲
清朝的治國綱領。雍正皇帝認爲聖功王道，悉本正學，非聖之
書，不經之典，都是異端。

　　宗教信仰是是一種社會文化現象，在不同的文化背景下，對
宗教信仰的態度，並不一致。盛清諸帝爲貫徹崇儒重道的文化政
策，他們都以儒家思想爲正統思想，同時也以儒家思想爲主流思
想。康熙皇帝以上接二帝三王的正統思想爲己任，諸凡俱以堯舜
之道爲法，從不惑於福果之說。日講官大學士熊賜履是理學家，
他潛心於孔孟之道和程朱理學。康熙皇帝對宗教的態度，頗受熊
賜履等理學家的影響。康熙皇帝不好仙佛，他對佛道二氏頗多批
評。《起居注冊》記載了康熙皇帝與熊賜履討論佛、道信仰的問
題。康熙十二年（1673）十月初二日辰刻，康熙皇帝御弘德殿，
熊賜履進講「子曰以不教民戰」等章後，康熙皇帝面諭熊賜履
稱，「朕生來不好仙佛，所以向來爾講闢異端崇正學，朕一聞便
信，更無搖惑。」熊賜履覆稱，「帝王之道，以堯舜爲極。孔孟
之學，即堯舜之道也。外此不特仙佛邪說在所必黜，即一切百家
衆技，支曲偏離之論，皆當擯斥勿錄，庶幾大中至正，萬世無
弊。」①提倡堯舜之道，孔孟之學，闢異端，黜邪說，崇正學的
文化政策，決定了康熙皇帝對佛、道二氏的態度。同年十月初九
日，熊賜履進講《論語》後，康熙皇帝表示他生來便厭聞西方佛
法。熊賜履覆奏稱，「二氏之書，臣雖未盡讀，亦曾窮究，其指

大都荒唐幻妄，不可容於堯舜之世。愚氓惑於福果，固無足怪，可笑從來英君達士，亦多崇信其說，畢竟是道理不明，聰明誤用，直於愚民無知等耳。皇上宣聰作哲，允接二帝三王之正統，誠萬世斯文之幸也。」②康熙皇帝和熊賜履都同意堯舜之道，方是正道，佛、道二氏的教義，並非正理。康熙皇帝不好仙佛，他甚至認為仙佛思想是左道異端。

相對於傳統儒家思想而言，佛、道二氏的教義，並不符合堯舜的正道，但因佛、道流傳久遠，有其群眾基礎，對宋明理學的發展也起過作用。雍正皇帝即位以前，他對佛、道二氏頗為留意，御極以後，對於佛、道的討論，頗值得重視。他頒諭時指出：

> 城中有三教，曰儒，曰釋，曰道，儒教本乎聖人為生民立命，乃治世之大經大法，而釋氏之明心見性，道家之鍊氣凝神，亦與吾儒存心養氣之旨不悖，且其教皆主於勸人為善，戒人為惡，亦有補於治化。道家所用經籙符章，能祈晴禱雨，治病驅邪，其濟人利物之功驗，人所共知，其來亦久矣③。

佛、道二氏有補於治化，佛教講求明心見性，道教鍊氣凝神的功夫，都和儒家講求存心養氣的宗旨，並不違悖。雍正皇帝對儒、釋、道的社會教化功能，相當肯定。但是，他的肯定是有條件的，因為他認為儒、釋、道本身就含有異端。他指出：

> 釋氏原以清淨無為為本，以明心見性為功，所以自修自全之道，莫善於此。若云必昧君臣之義，忘父子之親，棄置倫常，同歸寂滅，更有妄談禍福，煽惑凡庸，藉口空門，潛藏奸宄，此則佛教中之異端也。儒者守先王之道，讀聖賢之書，凡厥庶民，奉為坊主，倘或以詩書為弋取功名之

具，視科目為廣通聲氣之途，又或逞其流言邪説以動人之
聽聞，工為艷詞淫曲，以蕩人之心志，此則儒中之異端
也，即如巫醫二者，雖聖人之所不棄，然亦近異端，而巫
以祀神祇，醫以療疾病，皆不得不用者，至村巫誘人為
非，庸醫傷人之命，此即巫醫中之異端也，可因其異端有
害於人而不用藥乎？不獨此也，即一器一物，皆以備用，
乃位置不得其宜，或破損，失其本體，便成異端矣。子疾
病，子路請禱。子曰：某之禱久矣。蓋子路之禱異端也，
夫子之禱正道也，同一事而其中之是非邪正分焉，是者正
者，即為正道，非者邪者，即為異端，故所論只在是非邪
正之間，而不在人已異同之跡也。凡天下中外設教之意，
未有不以忠君孝親，獎善懲惡，戒淫戒殺，明己性端人品
為本者。其初創設之人，自然非尋常凡夫俗子，必有可
取，方能令人久久奉行也，至末學後人敷衍支離而生種種
無理悖謬之説，遂成異端矣④。

　　由引文內容可知同是一事一物，就有是非邪正之分，是者正
者，就是正道；非者邪者，就是異端。易言之，儒、釋道三教本
身都有正道，也有異端，弊隨利生，異端生自正道，異端與正道
是一體的兩面。儒者守先王之道，讀聖賢之書，就是儒家中的正
道；倘若儒者以讀書為謀求功名的工具，將科舉看成是廣通聲氣
的途徑，逞其流言邪說，工於編寫艷詞淫曲，以致蕩人心志，此
即儒家中的異端。質言之，儒家綱常倫紀就是正道，妄談禍福，
狂悖逆亂等都是左道異端。

　　道教能祈晴禱雨，治病驅邪，有濟人利物的功驗。但是，倘
若道士挾其左道邪術，欺世惑眾，則成為異端。怡親王胤祥患病
期間，京師白雲觀道士曾奉召醫治胤祥病症。雍正八年（1730）

七月，這名道士又化名賈士芳進入大內爲雍正皇帝治病。賈士芳
長於療病之法，口誦經咒，並用以手按摩之術，立時見效奏功。
有一天，雍正皇帝身體不適，賈士芳授以密咒之法。雍正皇帝試
行之，頓覺心神舒暢，肢體安和。但因賈士芳以超自然的能力操
縱雍正皇帝的健康，而引起雍正皇帝的厭惡。他對賈士芳痛加斥
責說道：

> 此一月以來，朕體雖已大愈，然起居寢食之間，伊欲令安
> 則安，伊欲令不安，則果覺不適，其致令安與不安之時，
> 伊必先露意，且見伊心志奸回，言語妄誕，竟謂天地聽我
> 主持，鬼神供我驅使，有先天而天弗達之意。其調治朕躬
> 也，安與不安，伊竟欲手操其柄，若不能出其範圍者。朕
> 降旨切責云：「爾若如此處心設念，則赤族不足於蔽其
> 辜。」伊初聞之，亦覺惶懼，繼而故智復萌，狂肆百出，
> 公然以妖妄之技，謂可施於朕前矣。彼不思邪不勝正，古
> 今不易之理。況朕受命於天，爲萬方之主，豈容市井無賴
> 之匹夫狗彘不如者，蓄不臣之心，而行賊害之術乎？（中
> 略）夫左道惑眾者，亦世所常有，若如賈士芳顯露悖逆妄
> 行於君上之前，則從來之所罕見，實不知其出於何心？其
> 治病之處，預先言之，莫不應驗，而伊遂欲以此脅制朕
> 躬，恣肆狂縱，待之以恩而不知感，惕之以威而不知畏，
> 竟若朕之禍福，惟伊立之，有不得不委曲順從者⑤。

道教講求清淨無爲，含醇守寂之道。其治病方法，或口誦經
咒，或按摩推拿，這是常用的民俗醫療，可以使病患產生神力治
療的功效，都是不可厚非的。但是，賈士芳藉其邪術，操縱他人
的禍福，心志奸回，言語妄誕，竟謂天地聽其主持，鬼神供其驅
使，蠱毒壓魅，胸懷叵測，雍正皇帝下令將賈士芳拏交三法司會

同大學士按照左道惑衆律從重治罪。

　　乾隆皇帝即位後，鑑於應付、火居僧道飲酒食肉，各畜妻子，每藉二氏之名，作奸犯科，肆無忌憚，所以酌復度牒之法，使有志於修行者，永守清規，於是特頒諭旨，節錄一段內容如下：

> 朕於二氏之學，皆洞悉其源流，今降此旨，並非博不尚佛老之名也。蓋見今之學佛人，豈特如佛祖者無有，即如近代高僧，實能外形骸，清淨超悟者亦稀；今之道士，豈特如老莊者無有，即如前世山澤之癯，實能凝神氣，養怡壽命者亦稀。然苟能遵守戒律，焚修於山林寂寞之區，布衣粗食，獨善其身，猶於民無害也。今則不事作業，甘食美衣，十百爲群，農工商賈，終歲竭蹶以奉之，而蕩檢踰閑，於其師之說，亦毫不能守，是不獨在國家爲游民，即繩以佛老之教，亦爲敗類，而可聽其耗民財，涸民俗乎？著直省督撫飭各州縣按籍稽查，除名山古刹，收接十方叢林及雖在城市，而願受度牒，遵守戒律，閉戶清修者不問外，、其餘房頭應付僧火居道士，皆集衆面問，願還俗者聽之，願守寺院者亦聽之。但身領度牒，不得招受生徒，所有貲產，如何量給還俗，及守寺院者爲衣食計，其餘歸公，留爲地方養濟窮民之用，並道士亦給度牒之法⑥。

　　應付僧各分房頭，世守田宅。乾隆皇帝一方面以應付僧、火居道士等竊佛、道二氏之名，而無修持之實，甚至作奸犯科，難於稽查約束；一方面認爲農夫終歲辛勞，自食其力，於四民之中，最爲無愧，僧道不耕而食，不織而衣，耗費民財，多一僧道，即少一農民。乾隆皇帝認爲尼僧亦須接受約束。乾隆元年（1736）二月二十五日，所頒諭旨中有一段內容如下：

又聞外間有尼僧一種，其中年老無依情願削髮者，尚無他故，其餘年少出家之人，心志未定，而強令寂守空門，往往蕩閑踰檢，爲人心風俗之害。且聞江浙地方，竟有未削髮而號稱比丘者，尤可詫異，似亦應照僧道之例，不許招受生徒，免致牽引日眾。有情願爲尼者，必待年齡四十以上，其餘概行禁止⑦。

乾隆皇帝雖然認爲「釋道原爲異端」⑧，但朝廷給發僧道度牒，令地方官有所稽查，使無賴之徒，不得竄入其中，近似民間保甲，不致藏奸，亦如貢監有執照，不容假冒，並非禁絕釋道，不許人爲僧道。

乾隆皇帝整飭佛、道二教不遺餘力，直省督撫遵旨繳銷僧道牒照。據湖南巡撫范時綬奏報該省原頒僧尼牒照九千六百零三張，自乾隆二年（1737）起至十八年（1753）止，共繳銷二千二百五十四張；原頒道士牒照一千八百二十三張，自乾隆二年（1737）起至十八年（1753）止，共繳銷三百一十一張。浙江巡撫雅爾哈善奏報乾隆三年（1738）通省僧尼道士原頒牒照五萬二千五百六十六張，至十八年（1753）止，共減去一萬二千六百四十張⑨。湖北巡撫恆文奏報武昌等十府原頒僧尼道士牒照二萬九千一百五十二張，截至乾隆十七年（1752）止，共繳銷八千二百一十六張。江西通省僧尼道士原頒及續頒牒照共三萬一千零九十九張，節年繳銷八千二百四十二張。江蘇松常等十一府州縣原頒及續頒僧尼道士牒照二萬四千三百六十七張，節年繳銷一千三百八十張，其餘各省亦遵旨繳銷。乾隆皇帝裁汰僧尼道士，固在查禁游惰，勤力作，鼓勵生產，亦因當時宗教氣氛濃厚，必須稍加抑制。同時因邪教猖熾，動輒煽誘滋事，對社會發展產生了負面作用。因此，沙汰僧道，取締邪教，確實反映清朝政策的延續性

及一貫性。

　　佛教分顯密，除漢傳佛教外，還有藏傳佛教。藏傳佛教與清朝政府的關係，開始於清朝勢力入關前。清太宗崇德年間，五世達賴喇嘛所派遣的使者伊拉古克三呼圖克圖抵達盛京後，藏傳佛教與清朝政府開始建立了密切的聯繫，嗣後隨著形勢的變化，清朝與藏傳佛教的關係，變成了清朝中央政府與西藏格魯派即俗稱黃教地方勢力之間的關係。隨著清朝中央攻府對西藏地方關係的進一步強化，使清朝皇帝凌駕於西藏地方性質而成為高高在上的中央政教首領。清廷通過與黃教領袖的密切關係，以維持清朝對西藏和蒙古的統治。順治九年（1652），五世達賴喇嘛入京觀見，順治皇帝招待他住在太和殿，為他修建西黃寺。五世達賴喇嘛離京回藏時，順治皇帝授他金冊、金印，封他為西天大善自在佛。康熙五十二年（1713）四月，康熙皇帝冊封五世班禪呼圖克圖為班禪額爾德尼，並賜滿、漢、藏文全冊、金印，這是西藏歷世班禪正式稱為班禪額爾德尼的開始，同時標誌著班禪額爾德尼轉世系統已在宗教信仰上和政治上取得了與達賴喇嘛轉世系統平行的地位。雍正皇帝即位後，貫徹因其教不易其俗的統治政策，為了懷柔西藏、蒙古而制定了護持黃教的基本政策。乾隆皇帝為了促進西藏、蒙古內部的穩定發展，而極力支持黃教的政教合一，即所謂興黃教以安西藏、蒙古。然而乾隆皇帝對黃教實行保護政策是有條件的，他一方面因其教不易其俗，因俗而治；一方面強調中央與地方的關係，積極設法由中央直接治理西藏，以加強國家的統一，即所謂「易其政，不易其俗。」⑩

　　藏傳佛教的活佛轉世傳承法，是以佛教的輪迴轉世理論為依據，在西藏特殊環境中逐漸發展起來的一種特殊的宗教信仰，他們相信活佛或大喇嘛生前修佛已經斷除妄惑業困，證得菩提心

體，身死之後，能不昧本性，不隨業而自在轉生⑪。《清史稿》
對活佛轉世有一段記載說：

> 呼畢勒罕者，華言化身，達賴、班禪即所謂二大弟子。達
> 賴，譯言無上；班禪譯言光顯，其俗謂死而不失其眞，自
> 知所往，其弟子輒迎而立之，常在輪迴，本性不昧，故達
> 賴、班禪易世互相爲師，其教皆重見性度生，斥聲聞小乘
> 及幻術小乘，當明中葉，已遠出紅教上⑫。

引文的「呼畢勒罕」，滿語讀如“Húbilhan”，漢譯爲化
身，意即轉世靈童或再生人。乾隆年間，理藩院明文規定，蒙古
哲布尊丹巴的呼畢勒罕今後不能出生在蒙古貴族之家，只能在西
藏的平民子嗣中指認。

乾隆四十五年（1780），是乾隆皇帝的七十歲壽辰，六世班
禪額爾德尼率三堪布、高僧喇嘛及隨從一千多人爲乾隆皇帝祝
壽，他們由駐藏大臣護送，從後藏日喀則啓行，途經西寧塔爾
寺。爲提供六世班禪額爾德尼講經居住場所，乾隆皇帝在避暑山
莊北面山麓建造一座須彌福壽廟，又稱班禪行宮，這是外八廟最
晚建造的一座喇嘛寺廟。乾隆四十五年七月二十一日，六世班禪
額爾德尼等抵達避暑山莊行宮。八月十三日，乾隆皇帝七十歲萬
壽慶典，西藏堪布大喇嘛祝誦無量壽經，六世班禪額爾德尼親自
爲乾隆皇帝施無量壽佛大灌頂。須彌福壽寺廟的修建及六世班禪
額爾德尼的祝壽活動，反映了清朝中央政府對西藏地方管理及統
治的加強⑬。

護持正道，取締異端，壓抑紅教，以振興黃教，是清初以來
對藏傳佛教所遵循的宗教政策，清朝官方文書已指出，「紅帽一
教，本屬喇嘛異端，自元季八思巴流傳至今。」⑭紅帽喇嘛，又
稱紅教喇嘛，《清史稿》也指出，黃教喇嘛不近女色，紅教喇嘛

留髮娶妻，盡失戒定慧宗旨，為黃教喇嘛所輕視，紅教因此被清朝政府斥為異端。廓爾喀與後藏壤地相接，十八世紀以來，廓爾喀崛起，恃強侵略，覬覦藏邊，藉口界務及商務糾紛，在紅帽喇嘛沙瑪爾巴的唆使下兩次入寇後藏，擾至札什倫布，肆行搶掠，寺中文物，洗劫一空，不僅侵犯宗教聖地，甚至威脅到中國領土主權的完整，於是聲罪征討廓爾喀，同時利用出兵擊敗廓爾喀的有利時機，對藏傳佛教進行改革，釐剔積弊。

　　札什倫布寺是歷輩班禪額爾德尼轉輪駐錫的宗教聖地，寺中喇嘛約有三千餘名，寺內供奉歷輩班禪額爾德尼舍利，金塔上鑲嵌珍寶、珊瑚、松石，塔前供器俱係金銀鑄造。乾隆五十六年（1791）八月，廓爾喀分兵兩路入侵西藏，札什倫布寺內眾喇嘛耳聞廓爾喀兵將至日喀則，十分驚恐。八月二十日，濟仲喇嘛羅卜藏丹巴及四學堪布喇嘛等至吉祥天母前占卜龍丹，寫了「打仗好」、「不打仗好」兩簽將糌粑和為丸，放入磁碗占卜，結果占得「不打仗好」龍丹一丸，於是告知眾人毋庸打仗，並告知仲巴呼圖克圖，以致人心渙散。八月二十一日，廓爾喀輕易攻佔札什倫布寺，寺中法器、文物，被搶掠一空。乾隆皇帝指出，《賢愚因緣經》第一卷內記載佛捨身割肉喂鳥一節，況於前輩班禪塔座廟宇，尤應不惜軀命加意護持，而仲巴呼圖克圖祇為身謀，棄捨逃避，實為佛法所不容，於是將他拏解入京。濟仲喇嘛、堪布喇嘛等既皈依佛教，竟假託占辭，妄行搖惑，以致僧俗相率散去，喪心叛教，即命成都將軍鄂輝入藏查辦。乾隆五十六（1791）十一月二十八日，鄂輝傳集眾噶布倫及各寺大喇嘛等眼同將濟仲喇嘛羅卜藏丹巴剝黃正法，其餘四學堪布喇嘛羅卜藏策登等四名，奉旨解京安插於德壽寺⑮。乾隆皇帝護持黃教，以黃教為正信宗教，以紅教為異端，但他對黃教中的迷信占卜或巫術靈異崇拜卻

極端排斥，認爲左道異端，喇嘛犯法或出賣國家利益時，即按律治罪，繩之以法，強調國家利益的重要，強調大清律例的不可侵犯，不允許喇嘛有凌駕於國家律法之上的特權。

藏傳佛教中拉穆吹忠降神作法的巫術活動，由來已久。降神附體是原始宗教信仰中常見的活動，在東北亞文化圈中的薩滿（saman），就是使用巫術降神附體的靈媒，其荒誕不經，乾隆皇帝耳熟能詳，西藏拉穆吹忠假託神諭指認呼畢勒罕的辦法，相沿已久。但是，乾隆皇帝認爲吹忠並無降神附體的法力，吹忠假藉邪術，妄指靈童，固不可信，流弊滋多，於是以中央政府中掣籤的辦法，採行了金瓶掣籤制度，由拉穆吹吹忠四人指出靈童若干名，各寫一籤，貯於金瓶內，由達賴喇嘛會同駐藏大臣公同掣籤，或由理藩院一體掣籤，可以避免或阻止貴族勢力對活佛轉世過程中的干涉，把達賴喇嘛和班禪額爾德尼繼任人選的決定大權，由西藏地方集中到朝廷中央，這是清朝中央對西藏地方行使主權的一項重要決策。從乾隆皇帝對藏傳佛教的改革，可以了解清朝政府對藏傳佛教的態度。在藏傳佛教各派中有正信宗教，也有左道異端，黃教是正信宗教，紅教是左道異端。但在黃教中有正道，也有異端，注重見性度生，以虛寂爲宗，護持佛法的黃教喇嘛是正道；拉穆吹忠降神作法，假託占卜邪術搖惑眾心，爲佛法所不容的黃教喇嘛則爲異端，質言之，同是黃教，有正道，也有異端。

本波教（Bon Po）又作本鉢教，簡稱本教，佛教傳入西藏等地以前，當地盛行的原始宗教信仰，稱爲本教。蓮花生大師入藏開創密宗後，本教勢力逐漸退縮至西藏東陲康地及大小金川等地。西藏早期本教是以禱神伏魔爲人禳病爲業，後期受到佛教的影響而抄襲佛教的理論。本教崇奉的神祇，名目繁多，佛教中相

信各種神祇，可以上天入地，伏魔降妖，醫治百病。佛教盛行以後，康藏等地的本教吸收了佛教的內容，逐漸發展成爲藏傳佛教的一個教派。藏傳佛教盛行旣久，西藏本土的本教雖然日趨式微，但在川康邊境及各土司地區，本教仍極盛行。明清時期，大小金川等地，本教寺廟，到處林立。本教寺廟，習稱喇嘛寺，寺中僧侶，習稱喇嘛，受到社會百姓的崇敬，土司多由出家的土舍承襲。乾隆四十一年（1766）九月三十日，乾隆皇帝頒發諭旨說：

> 內閣奉上諭，兩金川喇嘛，均係奔布爾邪教，不便仍留其地。第思番人習尚，素奉佛教，今附近兩金川之各土司，均有喇嘛，而該處獨無，似尚非從俗從宜之道，自應於噶喇衣、美諾兩處，酌建廟宇，並照伊犁之例，即于京城喇嘛內選派前往住持，所有應派人數，著理藩院查議具奏，其修建廟宇事宜，並著明亮、文綬妥酌辦理，欽此⑯。

引文中「奔布爾教」，又作「奔波教」，或「卜樸爾教」，都是本教的同音異譯。奔布爾教喇嘛寺內所塑佛像神祇，都是青面藍身，形狀詭異，多不穿寸縷。《奔布爾經》是奔布爾教各種經卷的總名，其中有禳解的，也有坐功的⑰。《奔布爾經》也是喇嘛隨身攜帶的經卷，例如大金川都甲喇嘛被清軍俘獲時，其隨身攜帶的物件，除銅鈴、鐵杵、鼓等法器及彩繪佛像外，最主要的就是《奔布爾經》一卷，都甲喇嘛供稱這卷經是在早晨燒松柏枝，念了敬佛的。至於《綽沃經》也是《奔布爾經》的一種，念誦《綽沃經》，可以祈保平安⑱。

都甲喇嘛名叫雍中澤旺，原是金川人，從十歲起便在舍齊寺內出家，去過西藏。乾隆十四年（1749），雍中澤旺返回金川，在思都甲溝廟當喇嘛，有十三、四個徒弟。據都甲喇嘛供稱：

　　　我學奔波的教，會用藥材，並長流淨水，念著經求雨，有
　　　時靈，也有時不靈，不曾學過札達，求雪打雷，我也不
　　　會。思都甲寺離著噶喇依不遠，索諾木待我好，因我會念
　　　保護身子的經，常教我跟隨，就將軍在木果木的時候，索
　　　諾木的兄弟同著僧格桑都出來劫營，我也同在那裡。後來
　　　害了將軍回去，索諾木給了我四十五兩銀子。到了阿將軍
　　　攻克小金川之後，索諾木叫我在噶爾丹喇嘛寺念經詛咒大
　　　兵。我原領著眾徒弟在寺裡念的《綽沃經》保佑他的兵得
　　　勝，要咒大兵不利，還將五個牛角埋在地裡，彼時莎羅奔
　　　等打發來一個畫匠，畫了一條蛇，一隻鵰，一匹馬，一個
　　　狐狸，一個豬⑲。

　　引文中「奔波教」，就是奔布爾教，都甲喇嘛雍中澤旺念誦
《綽沃經》，主要是保佑平安，打仗得勝，也會用藥材，雖然不
曾學過札達，但是他會念經求雨。奔布爾教喇嘛平日就為人禳解
祈福，以保佑平安的僧侶。奔布爾教的崇奉者相信一個人生病
時，可藉把人放生，以積功德來禳解災病。例如大金川噶喇衣對
河喇嘛寺女喇嘛手下一名大喇嘛，名叫額哩格，他害病時，即看
索卦，說要放生，纔得病好。但須尋找一個屬龍的人來放生。當
時有一個雜谷腦土兵薩克甲穆，被金川拏送噶喇衣對河喇嘛寺
裡，為鑄造銅佛的銅匠搧風箱，背柴炭。乾隆三十八年
（1773），薩克甲穆三十八歲，正是屬龍的，女喇嘛下令將薩克
甲穆帶去見害病的喇嘛後，就給了薩克甲穆一件麻布衣服，眾喇
嘛一齊念經，然後把薩克甲穆從金川放出來⑳。

　　大小金川等地的奔布爾教喇嘛，其法力各有高低，一般喇嘛
只會念經看病，祈福禳災，有的喇嘛能詛咒鎮壓人，法術較高強
的大喇嘛，還會念經做札達。當清軍征剿大小金川後期，土司索

諾木爲防部屬叛逃，於是下令各頭目起誓，取下頭髮指甲，每人各封一句，上面寫了名字，交給都甲喇嘛，盛在匣內，若有逃散的，就教都甲喇嘛咒他㉑。堪布喇嘛也會咒語，被大小金川擄去的官兵，就交給堪布喇嘛等問明領兵將領的名字，念咒鎮壓。或將姓名及咒語寫好，捲成一卷，並將畫好的一條蛇、一隻鵰、一匹馬、一隻狐狸、一隻豬，用五個牛角，每一個牛角配成五樣東西，一併裝入牛角裡，埋在喇嘛寺大門外及路口地下二、三尺深處，然後由大喇嘛念經詛咒，相信可以使人「心裡迷惑，打仗不得勝。」㉒清軍征剿大小金川期間，常因喇嘛念誦咒語，而使土兵裹足不前。當地會做札達的大喇嘛，例如獨角喇嘛、堪布喇嘛等人都有請雨下雷求雪的法術㉓。當官兵猛攻撲碉，軍事吃緊之際，突然疾風暴雨，雷電交作，倏來倏止，寒暖驟變，使官兵吃了很大的虧。土兵相信大小金川喇嘛都善用札達，每當下雨降雹，俱怯而不進，必俟晴霽，始肯進兵。總督桂林等皆奏稱札達邪術在番地山中用之頗效，必須以札達回阻。乾隆皇帝鑒於大小金川詭施札達，爲破其邪術，曾頒降諭旨令阿桂等領兵大員於大小金川等土司地界訪求能回風止雪喇嘛隨營聽用，並祭山祈神，以求助順。乾隆四十一年（1776）三月初九日，清廷頒降詔諭，略謂：

> 崇尚佛法，信奉喇嘛，原屬番人舊俗，但果秉承黃教，誦習經典，皈依西藏達賴喇嘛、班辰喇嘛，修持行善，爲眾生祈福，自無不可，若奔布喇嘛傳習咒語，暗地詛人，本屬邪術，爲天下所不佑㉔。

乾隆年間，大小金川等地的奔布爾教已經是屬於藏傳佛教系統的一個教派，但是，由於奔布爾教保留了較多的原始巫術成分，動輒使用邪術，以黑巫術詛咒人，甚至公然以邪術抗拒官

兵，而遭到乾隆皇帝的取締，因此，相對黃教而言，黃教是正
道，是正信宗教，奔布爾教是異端，是左道邪教。將各地奔布爾
教喇嘛寺，俱改爲黃教寺廟，並令章嘉呼圖克圖將改奔布爾教寺
廟爲黃教寺廟的諭旨譯成藏文，寄往各土司。在大小金川境內。
以雍中喇嘛寺的規模最爲可觀，倘若概行燬棄，實覺可惜，因
此，乾隆皇帝諭令將雍中喇嘛寺銅瓦及裝飾華美物件拆運京師，
擇地照式建蓋，並諭令四川總督文綬等人在金川建造廣法寺，裝
塑佛像，派班第達堪布喇嘛桑載鄂特咱爾前往住持，以振興黃
教。他抵達金川廣法寺後，見寺內舊供塑像及畫像形狀詭異，即
令撤燬，改塑黃教所奉佛像。

佛教和道教以外，還有伊斯蘭教，清朝沿明舊稱，習稱伊斯
蘭教爲回教，信奉伊斯蘭教的穆斯林，統稱之爲回民。回教傳入
中國後，因其信仰的特殊，在文化上、社會上、生活上都保持著
一種獨特的系統。封疆大吏對回教誤解甚深，多指回教爲異端邪
教。山東巡撫陳世倌專摺奏請將出仕紳衿以及衙門行舖諸色人等
概令出教，其心志堅信回教不可化誨者，不許混入仕籍應考充
役，各處禮拜寺悉令拆燬，或改立書院，或另祀神明。但雍正皇
帝卻較謹慎，他批諭說：

> 此種原一無可取，但其來甚久，二者此教人皆鄙而笑之，
> 即其回回中十居六、七皆不得已而爲之者，況無平人入其
> 教之理，亦不過止於此數耳，非無限量之可比，即禮拜寺
> 回回堂，亦彼類中敬奉而已，不能惑眾也，代代數千百年
> 亦未能爲，爲甚大過。二者朕當日在藩邸有好佛之名，若
> 舉此事無私而有私也，只可嚴其新奇駭人動眾之事，如僧
> 道、回回、喇嘛斷不能一時改革也，此待徐徐再看，相機
> 而爲之㉕。

　　雍正皇帝認爲回教由來已久，如同僧、道、喇嘛，斷不能一時改革，只能徐徐相機而爲之。引文中「只可嚴其新奇駭人動衆之事」，確實也受到官府的注意。雍正七年（1729）四月，山東巡撫陳世倌又具摺指出國家車書一統，萬國來王，薄海內外，罔不一道同風，乃獨有回民自主教門，因此認爲回教是「顯違定制」，並列舉應該查禁回教的原因，計四款，列舉如下：

> 普天率土莫不凜遵正朔，恪守王章，惟回教不問晦朔盈虛，不論閏餘寒暑，計滿三百六十日爲一年，即定歲首，往來賀節，並不遵奉寶曆，又崇尚白色，製爲布帽，往來街市，略無顧畏，其應禁者一也；且種類遍滿天下，聲氣周通遠近，凡行客出外，以誦經咒爲號，即面生無不相留，雖千里不攜資斧，連植黨羽，互相糾結，其應禁者二也；凡城市鄉鎮關津渡口之所，把持水陸行埠，壟斷罔利，恃其齊心併力，輒敢欺凌行客，嚇壓平民，其應禁者三也；又各處創立禮拜寺，千百成群，入寺誦經，而其性兇悍，好習拳勇，打降匪類，人命盜案，類多此輩，其應禁者四也㉖。

　　陳世倌就一般回教而言，並未對各地新、舊教的差異進行分析。原奏所述查禁回教的條款，亦不盡符合事實。清朝境內的回教信徒穆斯林，分佈甚廣，大致可以分爲兩大部分：一爲陝甘及內地各省的回教；一爲天山南路的回教。以陝甘地方爲例，西安省會及其附近屬邑回民最爲聚居，而甘肅自平涼西北至寧夏，則比屋皆是，其餘如西寧、河州、甘涼等處回民，亦人數衆多。各處回民的宗教信仰，雖然都是伊斯蘭教，但有新教與舊教之分。《循化廳志》有一段記載如下：

> 回教一而已矣，所傳天經三十本，云出自唐時，其祖師馬

哈嘛所為，回民世守之。至乾隆初年，而河洲始有前開、後開之異。前開者，先開齋而後禮拜也；後開者，先禮拜而後開齋也。其始不知何時，然教遂自是分而為二，首開之教簡而便，趨之者眾，顧其異者，即節目之不同耳，無二經也㉗。

引文中的「後開」，即後開齋，指的是阿拉伯人的格底目（Gedimu），意指老的、舊的。「前開」即前開齋，是指馬來遲所纂輯的《冥沙經》。據甘肅皋蘭縣知縣劉鶴鳴稟稱：「河州回民，東南兩鄉，前開齋、後開齋各居其半；西北兩鄉附城關廂盡屬前開。馬來遲亦係前開，教內州屬回民三萬餘戶，前開居十分之七，不止二、三千人。」㉘雍正元年（1723），馬來遲赴麥加朝觀，並且在葉門及中亞布哈拉等地遊學。學習蘇非教義及儀式。雍正十二年（1734），馬來遲回國，在河州西寧、循化等地傳教，成立「花寺門宦」。教中儀式，既簡而省費，又新其耳目，即所謂回教中的新教。乾隆十二年（1747）五月十二日，乾隆皇帝從暢春園向皇太后請安還宮，舊教回民在西直門外控訴馬來遲邪教惑眾，經戶部右侍郎步軍統領舒赫德面加詢問，據馬應煥供稱：

小的是陝西臨洮府河州回民，在本州南鄉馬家集清淨禮拜寺掌教。本處居住回民共有四十餘家，小的遵祖父所傳古教之化，他們俱服小的管束。小的古教是要孝順父母，平素禮拜七日，遇喪事念經、炸油香、放布施。於十年前，有同教的馬來遲、馬四、馬寬便、馬天錫、王三等忽行邪教，並不講孝順父母道理，平素只禮拜六日，遇喪事也不念經、設油香、布施，用明沙土吹入人耳內，皈依他們的邪教，就是小的教內人也歸了他們。教內有三十多家，目

今小的寺內只剩約四、五家，每逢小的們有婚喪事情，不
准行我們的古教，他們即來打搶，將布施、油香等物，盡
行搶去。再他們的邪教六日起一會，名爲明沙會，耳內吹
土，聚集銀錢吃喝使用。他教中現今約有二、三千人，馬
來遲不但另立邪教惑眾，二、三年前，又引誘小的歸他們
的教，要給小的耳內吹這明沙土，因小的不肯，他將小的
父母喪事上所設香油等物搶過兩次㉙。

　　供詞中對回教中新教和舊教的差異，頗多描述。川陝總督張
廣泗具摺時亦稱：

甘省各地回民甚繁，河州聚處尤多，大概誦習經典，設寺
禮拜，通教無異，惟開齋有先後之不同，誦經有繁簡之微
異。先開齋者，每禮拜之日，先飲食而後禮拜，後開齋
者，先禮拜而後飲食。遇喪事則延同教誦經散喫油香㉚。

　　回民每歲把齋一月，晝日勺水不入口，見星始相飲食，稱爲
把齋。前開齋者，至夜晚先飲食後禮拜；後開齋者至夜晚先禮拜
後飲食，其餘月分每逢七日，掌教帶領眾回民赴清眞寺禮拜。馬
來遲新教，與馬應煥舊教，確實頗有差異，歸納而言，其禮拜日
數，舊教七日，新教六日；禮拜儀式，舊教先禮拜後開齋，新教
先開齋後禮拜；喪葬儀式，舊教念經、炸油香、布施，先辦喪
事，後喫油香。新教不唸經、炸油香、布施，先喫油香後辦喪
事；經典名稱，舊教誦《卯路經》，新教誦《冥沙經》㉛。

　　撒拉爾回人居住青海西寧地方，向來信奉回教中的舊教，俗
稱回番，又稱番回。乾隆三十五年（1770），蘭州府屬循化廳回
人馬明心另立新教，自爲掌教，蘇阿渾即蘇四十三等爲其信徒，
勢力日盛，新舊教遂仇殺不已。據肅州鎮標都司馬雲稟稱：

我係回教，祖居在河州，後住移西寧，我就是在西寧生

的。西寧在薩拉爾西北，相離不過二百八十里路，所有那裡的情形，我都知道。那裡住的回番共有二萬餘户，這種回番，叫做狗西番。那裡有土司千户一名，百户一名，他們實是番子，因他也吃豬肉，所以又叫番回。但與我們回教不同，他說話我們也不懂，就與番子一樣。至於爭教一事，都司在蘭州時，聽見他們要到府裡告狀。這種回教本只有舊教一教，又有西安州所屬官川堡的回子哈志不遵我們這一教，自己又作了經卷，到薩拉爾回番地方另立了一個新教，攪亂人心，回番教中的人隨他的甚多，所以舊教的回番與新教的人爭鬥㉜。

乾隆四十五年（1780）九月間，蘇阿渾因與舊教相殺，而起意鬧事。次年，陝甘總督勒爾謹派遣知府楊士璣及河州協副將新柱前往查辦，行至白庄子時，被新教回民千餘名包圍。三月十八日，楊士璣、新柱等俱被殺害。三月二十一日二更時分，蘇阿渾等率領回民二千餘人，圍困河州城，殺死守城官兵，河州城被攻陷。乾隆皇帝命大學士阿桂督率滿漢官兵進剿，歷時三個月，始平定回亂。阿桂頒發告示曉諭回民，節錄一段內容如下：

照得本年撒拉爾逆回蘇阿渾即蘇四十三借名新教，煽惑愚民，肆擾不法一案。本閣部堂奉命督率滿漢屯土奮勇官兵擒拏搜捕，業將賊巢全行掃蕩，首逆蘇四十三及黨惡回眾等殲戮淨盡，並將華林山賊營墳墓屍身概行揚灰剉骨，刨挖鏟平，妻子家屬正法緣坐，今欽遵諭旨將逆賊蘇四十三首級傳示各省，曉諭回民㉝。

清軍剿洗的是新教回民。乾隆四十六年（1781）四月，勒爾謹被革職，以李侍堯爲陝甘總督。同年五月二十三日，乾隆皇帝頒降諭旨，節錄一段內容如下：

昨經降旨將分別辦理新舊教並移駐添兵善後事宜，傳諭阿桂、李侍堯，自能妥商籌辦。此案用舊教而除新教，最為吃緊關鍵。蓋舊教相沿已久，回人等耳濡目染，習慣性成，今欲去之，勢有不可。譬如僧道，未嘗非異端，亦勢不能盡使為民也，而新教則如白蓮等邪教，其平日雖亦拜佛念經，而惑眾滋事，其名目斷不可留，將來辦理之法，首先分別新舊名色，即其中有已歸新教而仍自認為舊教者，是尚知畏罪避禍，查辦時亦只可因其避就量予生路，所謂法外之仁，不得不網開一面也㉞。

回教中的新教如同白蓮教等邪教，惑眾滋事，所以用舊教，而除新教，就是清朝政府對回教的政策。清軍平定蘭州回亂後，陝甘總督李侍堯查辦新教餘黨，拆燬新教禮拜寺，胥役騷擾肆虐，回民田五藉詞為馬明心、蘇四十三復仇，又暗興新教，新舊教仇殺再起。乾隆四十九年（1784）四月十五日，田五率領新教回民於甘肅鹽茶廳屬小山地方起事，攻破西安城堡。乾隆皇帝詔逮陝甘總督李侍堯，押解熱河。據李侍堯供稱：

向來回民初一、十五俱聚集禮拜寺，從蘇四十三剿滅後，通省新教禮拜寺，概行拆燬，其舊教禮拜寺仍聽回民照常守奉，伊等亦俱自稱都是舊教，其齊集禮拜寺，遂習以為常。本年田五等在寺內糾眾商同謀逆，訂期起事，係該犯等陰謀密約，不肯洩露於人，所以預先竟不能覺察㉟。

新教田五等照常在寺內禮拜，也在寺內聚眾密謀起事，說明清軍剿平亂事後，新教勢力並未被徹底摧毀。除田五外，張文慶、馬四娃等回民，也是新教阿渾。據張文慶供稱：

我係石峰堡大頭人，坐在馬四娃上頭，我會念經，馬四娃也會念經。五月初四日，本縣差役張金到草芽溝上來叫我

父子並三個掌教，我因聽見人說剛大人要來洗回回，心上
疑心，推病不曾去，張金就回去了，我就糾合庄上的人連
夜逃上石峰堡。堡內先有姓馬、姓楊四、五百家人家在裡
頭住著，我住下三天，又有馬營住的馬四娃也進堡來，我
同馬四娃就做石峰堡頭人，叫楊塡四、馬尚德、馬廷海帶
領千數人去打通渭縣㊱。

引文中「剛大人」，即甘肅提督剛塔，他奉命前往石峰堡等
地剿洗新教回民。張文慶又供稱：「我們回人都是皇上的百姓，
四十六年，蘇四十三經官兵剿殺，掌教馬明心亦已正法，此事原
因與舊教爭教而起。舊教是我們新教的仇人，今年田五在小山起
事前，聽見說是舊教回子舉首的，所以我們越恨舊教，立誓要與
舊教仇殺，後來聞得官兵勢大，恐怕要剿洗新教，就逃往石峰堡
藏躲。」㊲

馬明心是張文慶的姑父，田五是馬明心的徒弟。乾隆四十六
年（1781），馬明心伏誅後，新教回民立誓要爲馬明心報仇，新
舊教仇殺不已。清朝政府以新教惑衆起事，被指爲異端邪教，所
以剿洗新教，而袒護舊教，舊教動輒赴官控訴新教滋事，新教回
民愈加仇恨，彼此仇殺，永無寧日。德成具摺時指出：

查甘省回民新、舊二教，屢生事端，節經懲創，而猶怙惡
不悛者，蓋因舊教念經須用羊隻布疋，新教念經僅取懺錢
五十六文，小民希圖省費，是以易歸新教。若今舊教亦照
新教僅取懺錢五十六文，該教設立多年，勢難更改，此
新、舊二教爭持起釁之由來也。奴才愚昧之見，與其懲創
於敗露之後，莫若預防於未犯之先，此等回民，該省督撫
等果能諄切訓飭文武地方官等善爲設法留意防閑，並傳諭
鄉牌保甲人等逐戶稽查，遇有無故糾合人眾夜聚曉散，形

跡可疑者，即稟官禁約，如仍不改悔，即隨時懲處，以示
警戒，如此杜漸防微，庶不至釀成大案，殺戮多人，有違
我皇上天地好生之心，亦不必崇舊斥新，紛紜擾攘，而地
方自得寧謐矣㊳。

　　伊斯蘭教是正信宗教，但教中有正道，也有異端，伊斯蘭教
中的新教是新興教派，相對新教而言，舊教是正道；相對舊教而
言，新教是左道異端，是邪教。因此，用舊除新，崇舊斥新，就
成為乾隆皇帝對伊斯蘭教的宗教政策。

三、西洋天主教在內地民間的活動及其遭受查禁的原因

　　近代中西文化的交流，是開始於十六世紀新航路發現以後，
絡繹東來的西洋人，固然有不少覓取財富的冒險家，但是，有更
多的是為了傳播福音的宗教家，明末清初以來，就是西洋天主教
傳教士東來活動最顯著的時期。來華傳播福音的傳教士，大都為
不求利祿的宗教，他們不僅富於殉道精神，亦多博通西學，他們
藉西學為傳道媒介，入京供職，以博取統治階層的合作，清朝皇
帝亦多嚮往西學。由於天文、地理、曆算、醫學、藝術等西洋知
識的輸入，有助於清初實用主義的興起。為了便於說明西洋傳教
士來華後在中國社會上層的活動，先列出簡表如下：

清代盛清時期天主教傳教士入京供職簡表

年　　分	天主教傳教士入京記要
順治十七年（1660）	是年五月，比利時人南懷仁奉召入京。
康熙十年（1671）	意大利人閔明我等奉召入京效力。
康熙十一年（1672）	徐日昇奉召入京供職。
康熙十八年（1679）	李守謙奉召進京，佐理曆政。
康熙二十四年（1685）	命閔明我赴澳門召安多進京供職。

康熙二十七年（1688）	正月初六日，法國傳教士洪若翰、白晉、李明、張誠、劉應五人入京；三月十三日，江寧府天主堂傳教士蘇霖奉召入京供職。
康熙三十年（1691）	閏七月十四日，西洋人羅里珊奉召入京。
康熙三十三年（1694）	日爾曼傳教士紀理安奉召入京佐理曆政。
康熙四十四年（1705）	十月二十九日，教皇特使多羅入京，住西安門內天主堂。
康熙四十六年（1707）	是年三月，龍安國、薄賢士進京；是年八月，龐嘉賓、石可聖、林濟格奉召進京。
康熙四十九年（1710）	十二月十八日，德理格、馬國賢、山遙瞻奉召入京。
康熙五十年（1711）	六月初三日，傅聖澤入京，奉命與白晉共同研習《易經》。
康熙五十四年（1715）	八月初六日，意大利畫家郎世寧、外科大夫羅懷忠抵達廣州，奉召入京，供奉內廷。
康熙五十五年（1716）	九月二十六日，戴進賢、嚴嘉樂、倪天爵與廣東琺瑯工匠潘淳由廣州啓程進京。
康熙五十八年（1719）	是年六月，外科大夫安泰、會燒琺瑯藝人格雷弗雷等奉命進京；十月二十二日，福建住堂西洋人利國安進京觀見。
康熙五十九年（1720）	九月十六日，費理伯、何濟格親齎教皇信函進京；九月十七日，教皇特使嘉樂由廣州啓程入京。
康熙六十年（1721）	七月二十日，能刻銅版的西洋人法良，能造砲位的西洋人利白明奉召入京。
雍正六年（1728）	西洋人沙如玉來華，奉准入京。
雍正十二年（1734）	二月十九日，巴多明奏准西洋人吳鈞、曹士林請求入京效力，奉准進京。
乾隆二年（1737）	十二月初九日，西洋人張純一、席澄源、任重道、傅作霖等啓程進京。
乾隆三年（1738）	法國耶穌會修士王致誠、南斯拉夫人劉松齡等來華，奉准入京供職。
乾隆四年（1739）	西洋人魏繼晉、鮑友管入京效力，是年九月二十六日，王致誠奉命在啓祥宮行走。
乾隆六年（1741）	是年十月，波希米亞人音樂家魯仲賢來華，奉旨進京。
乾隆七年（1742）	七月二十四日，西洋人趙聖修入京供職。

乾隆八年（1743）	十二月十二日，西洋人龐進仁、馬德昭等人由廣州啓程進京。
乾隆九年（1744）	九月二十七日，西洋人蔣友仁、艾啓蒙、吳植芳、那永福等人俱准進京效力。
乾隆十五年（1750）	西洋人錢德明，精通漢學，奉准進京。
乾隆十六年（1751）	西洋人高愼思，奉召進京。
乾隆十七年（1752）	是年七月，葡萄牙國王遣使臣巴哲格進京通好，並帶有精通天文、算法、外科西洋人林德瑰、溫德徵、張繼賢進京效力。
乾隆二十三年（1758）	是年十月，素諳天文的西洋人安國寧、索德超進京供職。
乾隆二十六年（1761）	西洋人安德義、李衡良進京供奉內廷。
乾隆二十七年（1762）	五月十七日奉旨，意大利畫人安德義著在如意館行走。
乾隆二十八年（1763）	是年七月，意大利國人素習醫治內科的葉尊孝來華，奉准入京供職。
乾隆三十一年（1766）	西洋人汪達汪供職內廷。
乾隆三十二年（1767）	是年十一月，法國傳教士趙進修通曉天文、算法，金濟時通曉雕刻，俱奉召入京效力。
乾隆三十六年（1771）	是年四月，廣州洋商潘同文稟報法國人賀清泰，長於繪畫，向東仁明白外科醫理，能做玻璃器具，俱願入京效力。
乾隆三十七年（1772）	是年五月，熟悉鐘錶的西洋人李俊賢，長於繪畫的潘廷章，俱奉准入京效力。

資料來源：故宮典藏《宮中檔康熙朝奏摺》；《宮中乾隆朝奏摺》；《軍機處檔・月
　　　　摺包》；《乾隆朝上諭檔》。《故宮博物院院刊》，一九八八年，第二期
　　　　（北京，一九八八年五月）。

　　探討清初以來的文化發展，不能忽視外部世界的影響，西學
的輸入，中西文化的交流，西洋天主教傳教士，扮演了重要的角
色，清初諸帝接觸西洋文化後所選擇的是西洋科技文明。由前列
簡表可知盛清諸帝在位期間，來華入京供職的西洋傳教士，凡有
一技之長者，多召入京中，供奉於內廷，或佐理曆政，或幫辦外

交，或測繪地圖，或製作工藝，或從事繪畫，或醫治疾病，可謂人才濟濟。譬如耶穌會士南懷仁（Ferdinandus Verbiest）繼湯若望（Joannes Adam Schall Von Bell）之後，採用新法，完成曆法的改革。南懷仁精通滿文，除了將《幾何原本》前六卷譯成滿文外，又將日食推算分秒時刻繪圖譯出滿文，有助於八旗天文生的學習。意大利國人閔明我（Philippus Maria Grima Idi）奉召入京後，經南懷仁推薦，從事修曆和機械工程等工作。南懷仁病逝後，由閔明我接掌治理曆法工作。耶穌會士洪若翰（Joannes de Fontaney）、李明（L. Le Comte）、劉應（Claudius de Visdelou）等人精通天文、曆法、輿地等西學。康熙二十八年（1690）十二月二十五日，康熙皇帝召徐日昇（Thomas Pereira）、張誠（Joames Franciscus Gerbillon）等人至內廷，諭以自後每日輪班至養心殿，以滿語講授量法等西學㊴。安多（Antonius Thomas）履勘渾河，繪圖進呈御覽。雷孝思（J. B. Regis）、白晉（Joachim Bouvet）等人奉命前往各地測繪地圖。清朝所頒發的《皇輿全覽圖》，由馬國賢（Matteo Ripa）攜往歐洲鐫刻銅版印刷。康熙皇帝認為供職內廷的西洋人多能各獻所長，真實可信，說明中西文化在基本上，並非不能相容。

民間曆書向來是由欽天監頒發時憲曆，不許刊刻私曆，天文、曆算等西學，對民間並無裨益。探討西洋傳教士來華活動，不能將注意力都集中在入京供職的耶穌會士身上，以致忽視了傳教士在民間的活動。盛清諸帝選擇了西學的物質文明，民間卻接受了他們傳播的福音，有許多傳教士深入內地各省傳教，建立教堂，內地百姓，受洗信教者，絡繹不絕。據統計，在康熙初年，全國已有耶穌會士所建教堂一五九所，至康熙末年，增加為三百所㊵。截至康熙四十年（1701），在直隸、江南、山東、山西、

陝西、河南、湖廣、江西、浙江、福建、廣西、廣東等十二省區
傳播福音的西洋傳教士共有一一九人，其中耶穌會士共六十五
人，約佔百分之五十五，方濟各會士共二十五人，約佔百分之二
十一，多明我會士共八人，約佔百分之七，奧斯定會士共六人，
約佔百分之五，不明會籍教士共十五人，約佔百分之十二㊶。東
南沿海地區，天主教傳播更為迅速，康熙三年（1664），上海附
近鄉村已建教堂六十六所，教徒多達五萬人。在江南地區的教徒
就多達六萬人以上，截至康熙三十九年（1700），全國已有天主
教信徒三十萬人以上。康熙二十八年（1689）二月，康熙皇帝南
巡至杭州，耶穌會士殷鐸澤（Prospen Intercetta）等乘船前來迎
接，並登御艦入覲，獲賞銀兩、嘉果、乳酪。駕至江寧，耶穌會
士畢嘉（Joannes D. Gabiani）等登御舟覲見。康熙三十八年
（1699）三月，南巡至鎮江金山，巴多明（Dominigue Paren-
nin）等九名傳教士奉命與康熙皇帝共坐一艙，康熙皇帝垂詢各
人專長，並聆聽演奏西樂㊷，反映江浙等地區天主教的盛行。由
於天主教傳教士易服改裝深入各省傳播福音，其活動地區與民間
秘密宗教各教派的地理分佈大致重疊，傳播迅速，以致引起各省
督撫的重視。康熙三十年（1691）九月，浙江巡撫張鵬翮飭令府
縣地方官員將杭州府天主堂拆除，書板銷燬，視天主教為邪教，
下令逐出境外。住堂傳教士殷鐸澤差人入京告知欽天監治理曆法
大臣徐日昇等人，徐日昇等具題，請求解禁。康熙三十一年
（1692）二月初二日，大學士伊桑阿等奉上諭云：「前部議得各
處天主堂照舊存留，止今無西洋人供奉，已經准行。現在西洋人
治理曆法，前用兵之際，製造軍器，效力勤勞。近隨征阿羅素，
亦有勞績，並無為惡亂行之處，將伊等之教目為邪教禁止，殊屬
無辜，爾內閣會同禮部議奏。」禮部尚書顧八代等遵旨會議具

題，其要點是，「各省居住西洋人，並無爲惡作亂之處，又並非左道惑衆異端生事，喇嘛僧道等寺廟，尚容人燒香行走，西洋人並無違法之事，及行禁止，似屬不宜，相應將各處天主堂，俱照舊存留，凡進香供奉之人，仍許照常行走，不必禁止。」㊸直省督撫將天主教與民間秘密宗教相提並論，視天主教爲邪教，爲了防範未然，多主張取締傳播於民間的天主教。康熙皇帝和京中部院大臣對督撫的禁教主張，頗不以爲然。康熙皇帝等人認爲西洋人並無爲惡作亂之處，天主教亦非左道異端，因此，不必禁止。中央與地方對待天主教的態度，並不一致。

康熙皇帝對天主教的態度由容教轉變爲禁教，主要是因爲所謂禮儀之爭而引起的。敬孔祭祖是中國傳統禮俗，所謂禮儀之爭，就是西洋傳教士誣指耶穌會士對中國傳統禮俗採取寬容態度所引發的紛爭，教皇派多羅（Garlo Tommaso Maillard de Tournon）爲特使，攜帶教皇禁約，來華交涉，康熙皇帝認爲羅馬教廷干涉中國禮俗，他堅決表示，西洋人若反對敬孔祭祖，就很難留居中國，同時規定所有在華傳教士必須領取永居票，長期居住中國，今年來明年去的西洋人，不許他居住。康熙皇帝態度強硬，不容許教皇立於大門之前，論人屋內之事。康熙五十六年（1717），九卿議准禁止西洋人立堂設教。康熙五十七年（1718）二月初七日，因兩廣總督楊琳疏請禁止天主教，經兵部議准㊹。康熙皇帝、部院大臣與各省督撫亦即中央與地方對於禁止西洋人立堂設教，均持一致態度，這是一種不可忽視的轉變。康熙五十八年（1719），教皇再度發佈教令，凡不服從一七〇四年教書的傳教士，一概處以破門律，同時任命嘉樂（Carlo Mezzabarba）爲特使，於次年十一月來華交涉。他請求康熙皇帝允許他管理在中國的西洋傳教士，中國入教之人俱遵守教皇禁

約。康熙皇帝表示「以後不必西洋人在中國行教，禁止可也，免得多事。」㊺這個禁令標誌著中國天主教黃金時代的結束，中西教務，從此多事。

雍正初年以來，對禁止天主教更加嚴厲，史學家多以西洋傳教士捲入清朝宮廷政爭爲雍正皇帝嚴禁天主教的主要原因。西洋傳教士穆敬遠（Joannes Mourao）與皇九子胤禟交厚，據穆敬遠供稱，「我因向年羹堯說允禟像貌大有福氣，將來必定要做皇太子的。」㊻皇九子胤禟在西寧寄北京家書，多用西洋字拼寫，史學家大都相信是穆敬遠曾傳授他將滿文轉寫羅馬拼音的方法，秘密通信。其實，雍正皇帝對天主教並非深惡痛絕，對西洋人也一切從寬，其所以嚴禁天主教，一方面是康熙末年禁教政策的延續，有其一貫性；一方面也是採納直省督撫的建議，貫徹禁教政策。閩浙總督覺羅滿保奏陳西洋人在各省起蓋天主堂，潛住行教，人心被煽惑，毫無裨益，請將各省西洋人除送京效力外，餘俱安插澳門。經禮部議准所請，將天主堂改爲公所，誤入其教者，嚴行禁飭㊼。雍正二年（1724）五月十一日，西洋人戴進賢奏請勿令催逼西洋人往住澳門，原奏奉硃批，「朕即位以來，諸政悉遵聖祖皇帝憲章舊典，與天下興利除弊。今令爾等往住澳門一事，皆由福建省居住西洋人在地方生事惑衆，朕因封疆大臣之請，廷議之奏施行。政者公事也，朕豈可以私恩惠爾等，以廢國家之輿論乎？」㊽雍正年間，一方面是遵行康熙年間的禁教政策；一方面是俯順各省督撫的輿論。兩廣總督孔毓珣具摺時也指出，「西洋人在中國未聞犯法生事，於吏治民生，原無大害，然曆法、算法各技藝，民間俱無所用，亦無裨益，且非中國聖人之道，別爲一教，愚民輕信誤聽，究非長遠之計。」㊾地方民衆所接受的是天主教的福音，不是天文、曆算。監察御史伊拉齊認爲

傳教士潛匿州縣，不獨煽惑地方愚民，且有讀書生監入天主教
者，不但無益於中國，反而有損於政教⑩。雍正皇帝鑒於自雍正
二年（1724）降旨不許西洋傳教士潛匿州縣傳教後，各省多有私
從天主教者，以致漸爲民風之害，雍正七年（1729）閏七月二十
五日，雍正皇帝又密諭各省督撫遵旨查辦。各省督撫即行文各府
州縣將天主堂改爲育嬰堂、義學、公所、廟宇。浙江總督李衞具
摺指出，海洋之中，惟天后最顯靈，凡近海地方，俱有大廟，商
民往來祈福，杭州爲省會重地，控扼江海，竟未有專祀，因此，
他奏請將杭州天主堂改爲天后宮，不用更造，只須裝塑神像，擇
德性羽流供奉香火，如此則「祀典旣清，而異端亦可靖其萌
蘗。」⑪雍正皇帝認爲李衞所辦甚好。此外，浙江蘭溪、平湖天
主堂改爲節孝祠，江寧螺絲轉灣天主堂改爲積穀倉，上海安仁里
天主堂改爲武廟及敬業書院⑫。

　　清初以來，直省漢人崇信天主教者，固然不可勝數，其旗人
入教者，亦極衆多。方豪撰〈清代旗人之信奉天主教與遭禁〉一
文已指出，清初以來，旗人信教者，與日俱增，肅親王妃與家人
信教，宗室佟氏昆仲侍衞趙昌都信教，宗室蘇努及其子九人，熱
誠奉教⑬。乾隆皇帝即位後，沿襲康熙、雍正兩朝禁教政策，一
方面嚴禁旗人信奉天主教，一方面嚴禁西洋傳教士深入內地州縣
傳教。據記載，乾隆元年（1736）五月初三日，郎世寧在如意館
作畫時，乘乾隆皇帝到館觀賞繪畫之機，奏請緩和教禁，乾隆皇
帝諭以「朕未嘗阻難卿等之宗教，朕唯禁旗人信奉。」⑭旗人出
教後，復行入教者，不乏其人。各省州縣拏獲西洋傳教士及內地
信教民人，爲數衆多。例如，江西南昌縣人馬士俊，充當贛州幫
舵工，他入教後的教名是馬西滿，據他供稱，「乾隆三十一年七
月內，船到山東地方，小的患了熱病，適有搭船的陝西人婁姓習

天主教，教名保祿，將病治好，勸小的習教念經，可以消災卻病，小的拜他為師，給與經一帙、像一紙，就取名西滿。因小的不識字，婁保祿又口授經語記熟，時常念誦。」供詞中所述傳習天主教的方式，與民間祕密宗教頗相近似。江西人姜保祿因接引西洋傳教士被捕，並解送刑部歸案辦理，他供出入教的動機，「小的本名祖信，年四十歲，金谿縣人。乾隆三十八年，小的因母親患病，求神問卜，有貴溪縣人紀煥章說天主教最是靈應，能保佑病人，小的就聽信奉教持齋，取名保祿。」民眾深信奉教可以保佑病人，為了本人或父母患病求神消災除病，所以信奉天主教，就下層社會的善男信女而言，皈依天主教與皈依民間宗教並無不同，為的都是治病靈應。傳教士張若瑟（de Araujo）奉澳門會長季類斯（Ludovicus de Sequeira）之命到江蘇傳教，他被捕後由兩江總督鄂容安等親提研審，據張若瑟供稱，「止欲傳教以報天主，並無姦騙及邪術迷人情事。傳教時以油塗額，取其清浮向上；以鹽塗口，欲其宣講彼教；以水灑頭，取其清淨，至死後昇天，係教內相傳之語，並非伊等造作。所帶銀兩，係在澳門天主堂生息取利，以供伊等衣食用度。」⑤張若瑟傳教，並無不法情事，但鄂容安等人指出，天主教煽惑人心，以荒誕不經之談，設為種種幻術，誘人入教，於風俗人心，甚有關係，為杜漸防微，必須嚴禁天主教。四川巡撫紀山奉旨查禁天主教，查獲王尚義等家所藏天主教經書，紀山指出，經書雖無悖逆之語，究係異端，俱令銷燬。

　　乾隆四十六年（1781），陝甘回亂以後，深恐天主教與伊斯蘭教勾結煽惑，各省查禁天主教更加嚴厲。乾隆四十九年（1784）十二月十七日，〈寄信上諭〉指出，「甘肅逆回滋事，而西洋人前往陝西傳教者，又適逢其會。且陝甘兩省民回雜處，

恐不無勾結煽惑情事。」⑯乾隆皇帝屢頒諭旨，凡西洋人私赴內
地傳教，內地民人接受其神甫者，即與接受其官職無異，必須按
名查拏解送邢部質審，發往伊犁，給厄魯特爲奴。嘉慶初年以
來，由於川陝楚等省以白蓮教爲通稱的民間秘密宗教大規模起
事，中央與地方查禁天主教，更加嚴厲，嘉慶皇帝屢斥天主教爲
「異端邪教」，「與其日後釀成巨案，莫若先事豫爲之防。」⑰

　　清初以來，由於民間秘密宗教的盛行，清廷承襲明代律例，
制訂《禁止師巫邪術》的律例，作爲直省審擬「邪教」案件的法
理依據。凡傳習白蓮教、白陽教等「邪教」，其爲首者擬斬立
決。雍正、乾隆年間，直省取締天主教，多奉密諭辦理。嘉慶十
六年（1811），因給事中甘家斌奏聞四川無爲老祖等教派活動，
白蓮教死灰復燃，被官府誤指與天主教「煽惑人心」，大略相
同，恐致蔓延，因此，具摺奏請制訂嚴禁天主教治罪專條。其原
奏經刑部議覆，嘉慶皇帝頒降懲治條例，並由刑部等衙門正式寫
入大清律例之中，《欽定大清會典事例》詳載西洋人在內地傳習
天主教，及旗民人等向西洋人轉爲傳習，私立名號，爲首者擬絞
立決；其無名號者擬絞監候；僅止聽從入教者，發新疆給厄魯特
爲奴⑱。其禁止天主教條例，就是沿襲取締民間秘密宗教的原例
制訂的。康熙、雍正年間，雖然查禁天主教，但教難罕見，乾隆
年間以來，直省督撫遵旨嚴厲取締天主教，逮捕傳教士，以致教
難疊起，就現存檔案資料的記錄，可將乾隆、嘉慶年間的天主教
教難列出簡表如下：

清代乾嘉時期天主教教難記要簡表

年　　分	事件記要
乾隆十一年（1746）	福建查禁天主教，三法司題准桑主教白多祿正法，華敬、施黃正國、德黃正國、費若用依擬應斬。
乾隆十二年（1747）	桑主教白多祿殉道。
乾隆十三年（1748）	閩浙總督奏請將華敬等人處斬；乾隆皇帝密諭瘐斃談方濟各等人；密諭監斃華敬等四人。
乾隆十八年（1753）	湖北逮捕天主教信徒。
乾隆十九年（1754）	江蘇常熟等縣逮捕西洋人張若瑟等人；江蘇南匯縣逮捕西洋人劉瑪諾等人；四川華陽縣逮捕西洋人費布仁。
乾隆三十二年（1767）	廣東保昌縣逮捕安富、呢都等人。
乾隆三十四年（1769）	湖北磨盤山發生教難。
乾隆四十九年（1784）	山東武城縣逮捕西洋人吧地哩啞喥；平陰縣逮捕格雷西洋諾；廣東逮捕西洋人哆囉、戴加爵；陝西逮捕方濟各馬諾等人；湖廣押解劉西滿等人入京審訊。
乾隆五十年（1785）	四川雅安縣逮捕西洋人馮若望，崇寧縣逮捕李多林等人，安岳縣逮捕彭得爾朋等人，巴縣逮捕額地咦德窩等人；江西宜黃縣逮捕西洋人方濟覺，萬安縣逮捕李瑪諾；山西逮捕安多呢等人。
嘉慶二年（1797）	貴州貴陽教難，教友被捕。
嘉慶十年（1805）	西洋人德天賜發往熱河圈禁；西洋人若亞敬奉旨在廣東監禁三年。
嘉慶二十年（1815）	湖南耒陽縣逮捕西洋人蘭月旺，奉旨著即處絞。

資料來源：國立故宮博物院藏《宮中檔》、《軍機處檔‧月摺包》、《上諭檔》。

　　由前列簡表可知乾隆、嘉慶時期天主教案件層出不窮，教難疊興。乾隆十一年（1746）四月，福建巡撫周學健查辦福安縣天主教案，逮捕西洋傳教士桑主教白多祿（Petrus Sanz）、華敬（Joachim Royo）、費若用（Zohannes Alcobel）、施黃正國（Francisco Diaz）、德黃正國（Francisco Serrano）等人。同年十一月，經三法司核擬，奉諭旨白多祿著即處斬，華敬、施黃正

國、德黃正國、費若用等人分禁省城司府縣各監，俟秋後處決。乾隆十二年（1747）十月，呂宋商船到廈門探詢華敬等人信息後，閩浙總督喀爾吉善奏請明正典刑。乾隆十三年（1748）九月初六日，將軍新柱陛辭返回福州，將面奉密諭札知喀爾吉善，即將「擬斬監候之西洋人華敬四犯，但行監斃，以絕窺探。」⑤隨著福安教難，也觸發了江浙等省教難。乾隆十二年（1747）十二月，蘇州府逮捕西洋傳教士談方濟各（Tristand' Attimis），嘉興府逮捕西洋傳教士王安多尼（Antoine Joseph Henriques）。翌年閏七月，署江蘇巡撫安寧以談方濟各、王安多尼煽惑內地民人入教，審擬具題，擬絞監候。清高宗諭以「外夷奸棍潛入內地，誆誘愚民，恣行不法，原應嚴加懲處，但此等人犯，若明正典刑，轉以於外夷民人故為從重。若久禁囹圄，又恐滋事，不如令其瘐斃，不動聲色，而隱患可除。」⑥所謂「瘐斃」，就是暗中掠笞飢寒而死，以速完案，不經司法審判，不公開執刑。因恐傳播消息，乾隆皇帝密諭署江蘇巡撫安寧等人嗣後似此教案，不必將各犯供語敘入題本內。由此可知乾隆年間取締天主教，辦理過當，乾隆皇帝誅戮西洋傳教士是於法無據的。嘉慶十六年（1811）五月，御史甘家斌奏請嚴定西洋人傳教治罪專條一摺，經刑部議覆，奉旨允准後，正式載入例冊，而成為〈禁止師巫邪術〉增訂的新例，嗣後直省大吏取締天主教活動，始於法有據。在新增條例中規定教犯為首者定為絞決，或絞候，為從者發往黑龍江給索倫、達呼爾為奴，旗人銷去旗檔⑥，比照照民間秘密宗教判例理。

　　乾隆四十一年（1776），西洋方濟亞國人徐鑒牧即李多林，本名都費斯，經內地民人接引前往四川傳教。乾隆五十年（1785），被拏獲解京訊明釋放。嘉慶十八年（1813）四月間，

徐鑒牧又由廣東、雲南入川傳教。嘉慶二十年（1815）八月，四川總督常明審擬徐鑒牧時所援引的條例為：「例載妄布邪言煽惑人心為首者斬立決，又西洋人在內地傳習天主教蠱惑多人為首者擬絞立決，聽從入教不知悛改者發新疆給厄魯特為奴，如有妄布邪言，關係重大，仍臨時酌量各從其重者論。」四川總督常明具摺時指出「徐鑒牧即李多林，本名都費斯，前經犯案釋回西洋之後，復行潛匿來川傳徒惑眾，已屬愍不畏死，乃該犯又倡為世界窮末，萬物被火燒盡，耶穌再來判斷禍福等語，以致愚民深信不疑，關係重大，即與妄布邪言無異，徐鑒牧即李多林應依妄布邪言煽惑人心為首斬立決例，應擬斬立決。」⑫常明以徐鑒牧年老多病，恐稍稽顯戮，不足以靖人心而彰國法，故於審訊後即恭請王命，飭委按察使曹六興、督標中軍副將阿洪阿將徐鑒牧綁赴市曹即行處斬，比例加重，以邪教謀叛罪從重用刑。

　　自從嘉慶年間制訂天主教案件治罪專條後，直省督撫審擬天主教要犯，雖然因有明文規定法理依據，但是，中外教務交涉，卻從此多事，徒增齟齬。有清一代，朝廷制訂律例，取締民間秘密宗教，在相當程度內確實產生了社會控制的正面作用，然而對天主教的取締卻徒增中外糾紛，實為乾隆皇帝、嘉慶皇帝等人始料所不及。西洋人在中國傳教的禁令，直至英法聯軍利用「堅船利礮」，始打開桎梏。

四、直省民間秘密宗教的活動及其遭受取締的原因

　　有清一代，除佛教、道教等正信宗教以外，最不可忽視的就是民間秘密宗教。所謂民間秘密宗教是指在民間秘密流傳的各種新興教派，其特點是在於它是屬於下層社會的潛文化或隱文化的範疇，其所以不同於佛、道等正信宗教，主要在於民間宗教各教

派的創立背景和發展過程，受到不同傳統文化層次的影響，而具
有不同的特點。民間秘密宗教雖然是建立在小傳統的一種社會制
度，各教派也多具有生存、整合與認知的社會功能。但因朝廷制
訂律例，取締民間秘密宗教，各新興教派的組織及其活動，都是
不合法的，只能在社會底層暗中傳佈，秘密發展，更增加其神秘
色彩。因此，所謂民間秘密宗教，一方面是對朝廷或官府而言，
新興各教派都是一種秘密性質的不合法宗教組織；一方面也是相
對於正信宗教而言，民間秘密宗教各教派都是佛教和道教等正信
宗教以外的異端邪教。李世瑜撰〈民間秘密宗教史發凡〉一文中
指出，「民間秘密宗教是指做爲正規的、公開的宗教，如佛教、
道教等的異端，在民間秘密流傳的各種宗教，它們是廣大人民群
衆所崇奉的宗教。這種宗教的源遠流傳，生命力極強，發展變化
很複雜；教理、儀節俱收並蓄，存世經卷雖不如佛、道教爲多，
但對它的研究在我國宗教哲學思想上的關係綦重。」㊃將被定位
爲正信宗教異端的民間新興教派概稱之爲民間秘密宗教，頗能反
映下層社會的宗教信仰特點。喻松青撰〈關於明清時期民間秘密
宗教研究中的幾個問題〉一文中也指出，將明清時期的民間新興
教派稱爲民間秘密宗教，能比較確切地反映民間秘密宗教所研究
的對象和內容。但後來民間秘密宗教各教派都逐漸地被排入「邪
教」之列，隨著朝廷的查禁，各教派遂從公開潛入地下，於是進
行秘密的串聯傳教活動，而成爲它們的特點㊄。誠然，民間秘密
宗教是明清時期下層社會文化很重要的部分，透過宗教學的縱向
研究和橫向研究，我們可以較充分地分析民間秘密宗教的本質及
其社會作用。

　　有清一代是中國民間秘密宗教較爲活躍的時期，新興教派的
出現，如雨後春筍，教派林立，名目繁多，屢禁不絕，各教派案

件，層出不窮。早在崇德、順治時期，官府所查禁的教派包括遼寧錦州的東大乘教，直隸境內的白蓮教、聞香教、無爲教、混元教、弘陽教，山西等地的大成教，陝西境內的三寶大教，江蘇境內的大乘數，浙江境內的天圓教等教派，主要是明代後期民間秘密宗教的延長及其派生現象。各教派的規模雖然不算大，但它所以引起清朝政府的重視，主要原因有二：其一，總結歷代秘密宗教反政府的教訓，認爲各種秘密教派，名目雖然各異，但其本質都一樣，都是張角、劉福通一類的謀反者，往代覆轍昭然，必須嚴加防範；其二，清初以來，民間秘密宗教的活動，往往帶有政治色彩，且以明裔相號召，這在當時滿漢民族矛盾十分尖銳的環境下是一個極爲敏感的問題。所以清朝政府對民間秘密宗教十分注意⑥。

　　康熙年間，朝廷採取各種措施，以恢復舊秩序，使社會日趨穩定，經濟逐漸繁榮，這些條件，頗有利於民間秘密宗教的發展。爲了防範各教派的活動對清朝政權的鞏固及社會發展產生負面的作用，康熙皇帝極力取締民間秘密宗教。他認爲黃天、弘陽等教派對社會有害無益，男女雜處，妖言惑眾，情罪可惡，自應預行禁止，依律處治。直省督撫遵旨取締民間秘密宗教，所查獲的教派，名目繁多。可將康熙年間所查辦的教案列表如下：

康熙年間民間秘密宗教案件分佈簡表

年　　分	教派名稱	分佈地點	備　　註
康熙初年	五葷道收元教	山東單縣	
十一年（1672）	黃天道	直隸	
十一年（1672）	弘陽道	直隸	
十六年（1677）	羅祖教	江蘇蘇州	
十九年（1680）	聖人教	直隸	

二十五年（1686）	羅祖教	廣東乳源縣	
二十六年（1687）	羅祖教	廣東乳源縣	
二十七年（1688）	弘陽教	奉天	
二十八年（1689）	弘陽教	奉天	
三十年（1691）	源洞教	山西安邑縣	
三十九年（1700）	天圓教	浙江杭州	
四十一年（1702）	黃天教	直隸萬全縣	
四十四年（1705）	收元教	山西定襄縣	
四十五年（1706）	收元教	山東單縣	
四十八年（1709）	羅祖教	廣東乳源縣	
五十二年（1713）	大乘教	江蘇蒜州	
五十三年（1714）	八卦教	山東城武縣	
五十六年（1717）	神捶教	山東、河南	
五十六年（1717）	收元教	山東單縣	
五十六年（1717）	白蓮教	山東、河南	
五十七年（1718）	白蓮教	山東、河南	
五十八年（1719）	弘陽教	奉天	
五十八年（1719）	收元教	山西、山東	
六十年（1721）	羅祖教	廣東乳源縣	
康熙年間	大乘教	直隸溧州	

資料來源：《起居注册》、《宮中檔》奏摺、《軍機處檔·月摺包》等。

　　由前列簡表可知康熙年間（1662-1722）六十一年之間，所查獲的教派名目，共計十二種，活動較頻繁的教派，主要是黃天道、弘陽教、羅祖教、大乘教、白蓮教、天圓教等教派是明末以來流傳較久信衆較多的較大教派，神捶教是白蓮教的別名，聖人教、源洞教等是小教派，信衆不多。五葷道收元教或八卦教的創立，對後來的宗教運動，產生了重大的作用，可以說是清代民間

秘密宗教更加活躍的重要標誌。由前列各教派的地理分佈可知康熙年間民間秘密宗教的活動，已不限於華北地區，江南、廣東等地各教案的頻繁發生，也是值得重視的事實。雍正年間（1723-1735），由於地方財政及吏治的積極整頓，使社會經濟更加繁榮，有利於新興教派的出現，枝幹互生，名目更多，可將雍正年間直省所查獲的教案列出簡表如下：

雍正年間民間秘密宗教案件分佈簡表

年分	教派名稱	分佈地點	備註
元年（1723）	白蓮教	河南	
元年（1723）	一炷香教	山東	
元年（1723）	空子教	山東	
元年（1723）	無爲教	山東	
元年（1723）	羅祖教	山東、浙江、江西	
元年（1723）	大成教	山東	
二年（1724）	空子教	山東安邱縣	
二年（1724）	順天教	直隸邢台縣	
二年（1724）	空子教	山東東平州、魚台縣	
二年（1724）	大成教	江蘇鄒州	
三年（1725）	道心教	福建、浙江	
三年（1725）	白蓮教	山西長子縣	
三年（1725）	混元教	山西長子縣	
三年（1725）	羅祖教	廣東樂昌縣	
五年（1727）	橋樑教	河南	
五年（1727）	哈哈教	河南	
五年（1727）	悟眞教	河南	
五年（1727）	龍華會	山西澤州	
五年（1727）	羅祖教	浙江金衙所	

五年（1727）	龍華會	山西澤州	
五年（1727）	羅祖教	浙江杭州	
五年（1727）	長生教	浙江西安縣	
六年（1728）	羅祖教	江蘇蘇州	
六年（1728）	空子教	山東高密縣	
六年（1728）	空子教	山東東平州	
六年（1728）	三元會	山東嶧縣	
六年（1728）	白蓮教	山西長子縣	
六年（1728）	混沌教	山西長子縣	
七年（1729）	少無爲教	直隸永平府	
七年（1729）	羅祖教	江西南安府	
七年（1729）	無爲教	浙江縉雲縣	
七年（1729）	一字教	江西臨川縣	
八年（1730）	羅祖教	江西南安府	
八年（1730）	大乘教	雲南大理府	
九年（1731）	大成教	湖北羅山縣	
九年（1731）	大成教	湖北黃安縣	
十年（1732）	大成教	江蘇陽湖縣	
十年（1732）	儒理教	直隸隆平縣、唐山縣	摸摸教
十年（1732）	大成教	直隸灤州	
十年（1732）	大成教	直隸灤州、深州	
十年（1732）	大成教	河南	
十年（1732）	衣法教	直隸饒陽縣	
十年（1732）	大乘教	直隸	
十年（1732）	收元教	山東、山西	
十年（1732）	三皇聖祖教	江西南昌府	圓頓大乘教
十二年（1734）	朝天一炷香教	山東高唐州	愚門弟子教
十二年（1734）	三乘會	江南南陵縣	糍粑教

十三年（1735）	三乘會	江南南陵縣	
十三年（1735）	大乘教	雲南大理府	
十三年（1735）	一炷香教	直隸	
十三年（1735）	老君會	直隸	
十三年（1735）	羅爺會	直隸	
十三年（1735）	大成教	直隸	
十三年（1735）	朝陽會	直隸	
十三年（1735）	清淨無爲教	直隸	
十三年（1735）	皇天教	山西平定州	

資料來源：《宮中檔雍正朝奏摺》、《硃批奏摺》、《軍機處檔・月摺包》等。

　　簡表中所列民間秘密宗教名目，共計三十一種，教案共計五十六起，其中直隸共計十三起，約佔百分之二十三，山東次之，計十二起，約佔百分之二十一，山西又次之，計七起，約佔百分之十三，都是教案較頻繁的地區。直隸境內查獲的教案名目，主要是順天教、少無爲教、儒理教即摸摸教、大成教、衣法教、大乘教、一炷香教、老君會、羅爺會、朝陽會、清淨無爲教等，山東境內查獲的教案名目，主要是一炷香教、空子教、無爲教、羅祖教、大成教、三元會、收元教等，山西境內查獲的教案名目，主要是白蓮教、混元教、龍華會、混沌教、收元教、皇天教等，其中含有頗多新興教派。明末清初以來，民間秘密宗教主要是盛行於華北各省，如直隸、山東、山西、河南等省，然後由北向南傳播，雍正年間，江蘇、江西、浙江、福建、湖北、廣東、雲南等省境內，民間秘密宗教，亦逐漸盛行。雍正皇帝爲防微杜漸，一方面密諭各省督撫暗中訪拏各要犯，一方面不許地方官擾民，累及無辜，採取了審愼的態度，因此，各教派並未因官府的取締而產生宗教叛亂。在乾隆朝（1736-1795）六十年間，民間秘密

宗教的活動，更加活躍，也出現了更多的新興教派，教案疊起，
可以列出簡表如下：

乾隆年間民間秘密宗教案件分佈簡表

年　　分	教派名稱	分佈地點	備　　註
元年（1736）	大乘教	雲南、四川	
三年（1738）	大乘教	四川	
三年（1738）	大乘教	江蘇常州府	
四年（1739）	西來教	江蘇常州府	
五年（1740）	山西老會	山西介休縣	
五年（1740）	燃燈教	江蘇太倉府	
五年（1740）	大乘教	廣東樂昌縣	
五年（1740）	白蓮教	河南	
五年（1740）	收緣會	直隸沙河縣	
六年（1741）	白蓮教	湖廣安陸府	
六年（1741）	清淨無爲教	直隸	
七年（1742）	榮華會	直隸通州	
七年（1742）	龍天道	山東新城縣	
七年（1742）	收源教	山西	源洞教
十年（1745）	龍華會	江蘇丹徒縣	
十一年（1746）	大乘教	雲南、貴州、四川	
十一年（1746）	紅陽教	直隸	
十一年（1746）	彌勒教	湖北襄陽縣	
十一年（1746）	大乘教	雲南、貴州	
十一年（1746）	大乘教	陝西西安	
十一年（1746）	羅祖教	福建政和等縣	
十一年（1746）	拜祖教	陝西	
十一年（1746）	四正香教	山西、陝西	
十一年（1746）	無爲教	直隸宛平縣	

十一年（1746）	無極教	四川	
十二年（1747）	大乘教	貴州貴筑等縣	
十二年（1747）	橋樑會	山西臨汾縣	
十三年（1748）	長生道	浙江紹興府	子孫教
十三年（1748）	收元教	山西定襄等縣	
十三年（1748）	金童教	福建莆田等縣	
十三年（1748）	大乘教	江西龍南縣	
十三年（1748）	一字教	江西石城縣	
十三年（1748）	祖師教	福建海澄縣	
十四年（1749）	大乘無爲教	廣東乳源縣	
十四年（1749）	羅祖教	湖南宜章縣	
十五年（1750）	羅祖教	廣東	
十七年（1752）	橋樑會	山西臨汾縣	
十七年（1752）	白蓮教	湖北羅田縣	
十七年（1752）	三元會	山東嶧縣等地	
十八年（1753）	榮華會	直隸、河南	
十八年（1753）	龍華會	浙江寧波	
十八年（1753）	混元教	山西長治縣	
十八年（1753）	混元教	直隸	
二十年（1755）	大乘教	湖北應城縣	
二十二年（1757）	榮華會	河南洧川縣	
二十八年（1763）	黃天教	直隸萬全衛	
二十八年（1763）	天圓教	浙江杭州、湖州	
二十八年（1763）	天圓教	江蘇蘇州	
二十八年（1763）	無爲教	浙江錢塘等縣	
二十九年（1764）	大乘教	江蘇蘇州	
三十三年（1768）	羅祖教	浙江杭州	
三十三年（1768）	龍華會	甘肅文縣	

三十三年（1768）	彌勒教	貴州思南府	
三十三年（1768）	大乘教	浙江杭州	
三十四年（1769）	大乘無爲教	江蘇蘇州	
三十四年（1769）	無爲教	浙江江陰等縣	
三十四年（1769）	長生教	江蘇蘇州、常州	
三十四年（1769）	天圓教	浙江湖州	
三十四年（1769）	未來教	湖北江陵縣	
三十六年（1771）	白陽教	河南杞縣	
三十六年（1771）	白陽教	直隸東安等縣	
三十六年（1771）	白陽教	江蘇江都等縣	
三十六年（1771）	白陽教	安徽天長、盱眙	
三十七年（1772）	羅祖教	江西寧都州	
三十七年（1772）	喫素教	江蘇崇明等縣	
三十七年（1772）	白陽教	直隸東安等縣	
三十七年（1772）	八卦教	山東單縣	
三十七年（1772）	未來教	河南桐柏縣	
三十七年（1772）	收元教	江蘇銅山縣	
三十七年（1772）	收元教	山東單縣	
三十七年（1772）	收元教	直隸容城等縣	
三十八年（1773）	太陽經教	湖北應山縣	
三十九年（1774）	清水教	山東臨清等縣	
四十年（1775）	無爲教	浙江遂昌縣	
四十年（1775）	未來眞教	直隸清河縣	
四十年（1775）	青陽教	河南鹿邑縣	
四十年（1775）	混元教	河南鹿邑縣	
四十年（1775）	混元教	安徽亳州	
四十年（1775）	混元紅陽教	奉天海城縣	
四十年（1775）	一炷香如意教	奉天承德等縣	

四十二年（1777）	混元教	河南	
四十二年（1777）	沒劫教	河南	
四十二年（1777）	離卦教	山東館陶縣	
四十二年（1777）	元頓教	甘肅河州	
四十三年（1778）	源洞教	山西安邑、陽曲等縣	收源教
四十三年（1778）	義和拳門	山東冠縣	
四十三年（1778）	震卦教	直隸元城縣	
四十三年（1778）	乾卦教	直隸元城縣	
四十四年（1779）	混元教	河南商邱縣	
四十五年（1780）	白蓮教	山東曹縣	
四十五年（1780）	八封教	直隸	
四十五年（1780）	紅陽教	山西平遙縣	
四十五年（1780）	空字教	湖北孝感縣	
四十六年（1781）	羅祖教	湖北應城縣	
四十六年（1781）	羅祖三乘教	江西贛縣、四川巴州	
四十六年（1781）	羅祖教	安徽亳州	
四十六年（1781）	無爲教	山西介休縣	
四十六年（1781）	離卦教	山東館陶縣	
四十七年（1782）	混元教	安徽亳州	
四十七年（1782）	白蓮教	河南虞城等縣	
四十七年（1782）	震卦教	山東單縣	
四十八年（1783）	天一門教	直隸清豐縣	
四十八年（1783）	紅陽教	山西平遙縣	
四十八年（1783）	八卦教	山東鄒縣	
四十八年（1783）	收元教	直隸南宮縣	
四十八年（1783）	震卦教	山東菏澤縣	
四十八年（1783）	八卦教	直隸南宮縣	
四十九年（1784）	羅祖教	湖廣德安府隨州	

五十一年（1786）	儒門教	河南永城縣	
五十一年（1786）	八卦教	直隸元城縣	
五十一年（1786）	泰山香會	山東鄒縣	
五十一年（1786）	震卦教	直隸開州	
五十二年（1787）	坎卦教	山東鄒縣	
五十二年（1787）	白陽教	直隸蠡縣	
五十二年（1787）	消災求福會	山東歷城縣	
五十二年（1787）	念佛會	直隸南信縣	
五十二年（1787）	三佛會	直隸文安縣	
五十三年（1788）	悄悄會	陝西寶雞縣	
五十三年（1788）	白陽教	陝西扶風縣	
五十三年（1788）	震卦教	山西壺關縣、直隸大名縣、河南內黃縣	
五十三年（1788）	八卦教	直隸開州	
五十三年（1788）	邱祖龍門教	直隸任邱縣	
五十四年（1789）	震卦教	山東菏澤縣	
五十四年（1789）	三益教	河南新野縣	
五十五年（1790）	三陽教	安徽太和縣	
五十五年（1790）	收元教	湖北穀城縣	
五十六年（1791）	八卦教	貴州貴筑縣	
五十七年（1792）	西天大乘教	陝西安東縣	
五十八年（1793）	西天大乘教	湖北襄陽縣	
五十九年（1794）	無爲教	浙江仙居縣	
五十九年（1794）	三陽教	甘肅	
六十年（1795）	儒門教	河南商邱縣	
六十年（1795）	長生教	浙江蕭山縣	
乾隆末年	末劫教	山東單縣	

資料來源：台北國立故宮博物院典藏《宮中檔》、《軍機處檔・月摺包》、北京中國第一歷史檔案館典藏《硃批奏摺》、《軍機處錄副奏摺》等。

　　由前列簡表可知乾隆年間民間秘密宗教案件共計一三四起，各教派案件的地理分佈，遍及南北各省。各教派的發展過程及其活動，大致可以畫分爲三個階段說明。自乾隆元年（1736）至二十年（1755）爲乾隆朝前期，教派案件共計四十四起，約佔乾隆朝教案的百分之三十三。其中大乘敎、白蓮教、羅祖教、無爲教、紅陽教即弘陽教、龍華會、三元會、混元教、橋樑會、長生道、一字教、老官齋等都是清初以來曾經查禁的教派。但新見於官方文書的教派名稱也不少，例如西來教、西來正宗、山西老會、燃燈教、拜祖教、收緣會、祖師教、彌勒教、子孫教、金童教、四正香教、無極教等都是新興教派，其地理分佈，遍及華北、華南各省。自乾隆二十一年（1756）至四十年（1775）爲乾隆朝中期，教派案件共計三十六起，約佔乾隆朝教案的百分之二十七。其地理分佈，除關內各省外，奉天承德、海城等縣，也查出教案，反映民間秘密宗教信仰的日趨普及。乾隆皇帝取締民間秘密宗教不遺餘力，但由於各大教派的組織，日趨嚴密，經費充足，勢力雄厚，以致逐漸走上宗教叛亂的途徑。乾隆四十一年（1776）至六十年（1795）爲乾隆朝後期，教派案件共五十四起，約佔乾隆朝教案的百分之四十。乾隆朝後期，各大教派的規模明顯擴大，社會整合力逐漸加強，各大教派的勢力更加雄厚，其中收元教的組織分隸八卦，習稱八卦教，乾隆朝後期，八卦教的勢力，日趨強大，信徒眾多。各小教派也是此仆彼起，相當活躍。

　　儒、釋、道各具治世、治心、治身的長處，以儒治世，以佛治心，以道治身，各有所長。民間秘密宗教各教派的共同宗旨，主要在勸人燒香念經，導人行善，求生淨土，解脫沉淪，其思想觀念，與佛教的教義最相切近。各教派傳授坐功運氣，爲村民療治時疾，其修眞養性的途徑，與道家頗相近似。各教派也雜糅了

儒家的道德觀念，接受了儒家的生活規範。民間秘密宗教的性
質，是屬於雜糅儒、釋、道教義思想而產生的混合宗教。儒、
釋、道各有所長，也各有不及之處，混合式的民間秘密宗教，卻
可截其所長，補其所短，以適應下層社會的需要。人類在求生存
的過程中，遭遇的挫折與困難，不一而足，舉凡天災、人禍、疾
病、死亡等等，都帶給人們極大的恐懼。在傳統下層社會裡，幾
乎所有的挫折，都倚靠民俗醫療，它應用最廣的，就是在人們憂
樂所繫的健康方面，民間秘密宗教的教首，幾乎被視爲民俗醫療
的靈媒，兼具巫術與醫術，具有神力治療的功效，幾乎是無病不
醫的神醫。在傳統下層社會裡的貧苦眾生，多因其本人或親人染
患疾病，亟待治療，於是加入各教派，以求消災除病。乾隆年
間，江西寧都州查辦羅祖教案件，拏獲要犯羅奕祥等人，他們供
出入教的原因是聽說入教拜師可以消災獲福，醫治疾病。教犯羅
奕祥是寧都州人，向來開張點心舖營生。乾隆三十年（1765）二
月，有素識的河樹菴齋工孫先懋信奉羅祖教，他告知羅奕祥信奉
羅祖教，可以消災求福，羅奕祥即拜孫先懋爲師，皈依羅祖教，
聽受五戒，羅奕祥入教後轉收廖廷瞻爲徒。張煥彩與廖廷瞻素
識，乾隆三十八年（1773），張煥彩染患傷寒病，請求廖廷瞻醫
治，廖廷瞻告知信奉羅祖教，可以消災祈福，張煥彩即拜廖廷瞻
爲師，聽受五戒。下層社會的民眾深信消災祈福後，疾病即可痊
癒。湖北襄陽縣人孫貴遠復興收元教，曾收同縣人姚應彩爲徒。
姚應彩犯案被捕枷杖，他被釋放後改立三益教，爲人治病。乾隆
五十四年（1789）正月間，河南人宋子寬因母臂疼痛，延請姚應
彩醫治痊癒，宋子寬即拜姚應彩爲師㉖。

　　民間秘密宗教各教派多以茶葉爲人治病，下層社會的善男信
女深信各教首將茶葉供佛祝禱後，即可產生神力治療的功效。直

隸涿州人包義宗是紅陽教信徒，乾隆十九年（1754），包義宗之母董氏患病，包義宗憶及紅陽教內有將茶葉供佛祝禱治病的方法，於是將茶葉放在家中觀音菩薩像前供奉祝禱，然後煎熬，給與母親服用，其病即痊癒。良鄉人霍振山之母董氏患病，包義宗將供過佛的茶葉送給霍振山之母董氏煎服，其病亦痊癒，霍振山即拜包義宗爲師，皈依紅陽教。乾隆二十九年（1764），良鄉人李士勤亦因茶葉治病痊癒而皈依紅陽教。民間秘密宗教以茶葉治病的方法，除了將茶葉供佛禱祝後給病人煎服外，也可以將茶葉嚼爛，敷在傷口上。茶葉也可以和生薑煎服，或與花椒等物混合煎服，都頗具效驗。因紅陽教常以茶葉治病，民間又稱紅陽教爲茶葉教。

　　針灸是針法和灸法的總稱，是以針刺和艾灼人體穴位的醫術。按摩推拿是以按、摩、掐、揉、推、運、搓、搖的治療方法。人體脈絡不通，採用針灸和按摩推拿，可以代替醫藥，每有奇效，也都是民間秘密宗教常用的治療方法。直隸隆平縣人李思義，他從小就學會二十四種針法，還會揉掐治病。雍正十年（1732），李思義以治病爲由，傳習儒理教，因爲李思義擅長揉掐按摩的方法治療疾病，所以民間習稱儒理教爲摸摸教⑥⑦。乾隆年間，山東陽穀縣人袁公溥，他傳習清水教，擅長推拿治病，曾替清水教教首王倫之妻用推拿治好病痛⑥⑧。山西平遙縣人王毓山、王增元復興紅陽教，他們素善針灸治病，村鄰患病，多經他們治療，並皈依紅陽教。乾隆四十七年（1782）七月初四日，王毓山、王增元共同做會，村民段立基等人，均因針灸治病痊癒，到王增元家做會，拜佛佈施⑥⑨。八卦教勢力雄厚，信衆分佈很廣，教中也傳習針法。直隸開州郝成是木匠，素善針治心疼的疾病。乾隆四十八年（1783），郝成傳習東方震卦教，藉針法治病

吸收信徒⑩。

　　打坐運氣，稱爲坐功，是民間秘密宗教常用的一種健身治病方法，針灸按摩兼坐功運氣，兼具身心治療的功效。直隸隆平縣傳習儒理教的李思義，除了擅長揉掐按摩治病外，也傳授坐功運氣，他宣傳劫變思想，皈依儒理教後，每日三次向太陽磕頭，早上朝東，晌午朝南，晚上朝西，禮拜太陽，並供奉三代宗親牌位，早晚燒香，即可免除災難⑪。直隸大興縣人屈得興，他素患怯病，自稱因得佛法護持，病即痊癒。乾隆三十四年（1769），有同縣人趙美公久病不癒，屈得興勸令趙美公傳習白陽教，每夜盤膝打坐，默念「眞空家鄉，無生父母」八字眞言，相信日久即可消災除病。乾隆四十五年（1780）十月，直隸中衛縣人劉成林拜徐卿雲爲師，入八卦教。教中信衆於每月初一、十五日的早晨向東，傍晚向西，朝著太陽合掌焚香，兩眼合閉，身不聽外聲，心不可亂想，閉口把舌尖頂住上顎，稱爲捲簾塞隊，緊閉四門，撥開天堂，塞住地獄門，清氣上昇，濁氣下降，相信功夫成熟後，可以保佑身體平安⑫。直隸清河縣人尹資源曾拜南宮縣人田薏忠爲師入離卦教，教中傳習坐功，閉目運氣，從鼻孔收入，名爲採清，又從鼻內放出，名爲換濁，相信功夫成熟後，生前免受災病，死後不致轉生畜類。直隸鉅鹿縣人孟見順先入離卦教，傳習坐功運氣的方法。乾隆五十九年（1794），鉅鹿縣人侯岡玉因身上生瘡，請求孟見順醫治，即在孟見順家燒香供茶，學習坐功運氣，相信功成後就不生瘡患病，並可延年得道。侯岡玉被捕後供認，坐功運氣，練習長久，即可免受三災八難，死後不入輪迴⑬。坐功運氣是各教派普遍的修行功夫，具有身心治療的功效，善男信女相信功夫成熟後，可以消災除病，可以延年益壽，往生以後可以不入輪迴，把平常的健康運動，賦與宗教價値以後，使

愚夫愚婦深信不疑，趨之若鶩，民間秘密宗教的盛行，確實不能忽視民俗醫療的作用。

養生送死是人類人面臨的共同人生問題，民間秘密宗教在下層社會裡所扮演的角色，除了民俗醫療之外，其養生送死的儀式，亦多由各教派來主持，或舉行法會超度亡魂，或爲往生者念經發送，或吹打樂器，或選擇墳地。各教派相信爲村鄰喪家辦理喪葬儀式，使往生者安息，就是廣結善緣，多積陰德的具體表現。湖北咸寧縣人陳萬年在隨州利山店開設煙舖，平日吃齋。乾隆二十二年（1757）十一月，直隸灤州人王亨恭路過利山店，勸令陳萬年皈依清淨無爲教，並告以若引人入教，可以超度父母，自免災難，來生還有好處。陳萬年聽信，與王亨恭同往京山縣素識的黃秀文家入教佈施，應允爲其先人超度亡魂⑦。愼終追遠，爲先人超度亡魂，就是孝道觀念的具體表現。

乾隆三十四年（1768）二月，直隸取締紅陽教，拏獲大興縣李國聘等人，據他供稱，遇有近鄰貧民喪葬之事，無力延請僧道時，村民即邀請紅陽教信徒前往念經發送⑦。乾隆四十年（1775），直隸宛平縣人劉從禮的母親患病，劉從禮許願吃長齋，村民王九勸他入紅陽教，告知教中遇有本村人家往生，即約同四、五人前往喪家念經行好。劉從禮即拜王九爲師，入紅陽教，玉九教劉從禮念誦《十王經》，遇有往生之家，就去念經行好⑦。大興縣人周應麒也傳習紅陽教，他平日爲人治病外，若遇村鄰中有人辦理喪事時，他也帶領信徒前往念經發送，周應麒等人遂被稱爲紅陽道人。民間秘密宗教在下層社會裡，扮演了相當重要的角色，也確實具有許多正面的社會功能，民間秘密宗教的盛行，反映下層社會的生老病死等問題，亟待救濟。

民間秘密宗教從人類的生存功能而言，確實產生了社會適應

或心理調節的作用，也是佛、道世俗化的新興混合教派，頗能爲下層社會的民衆所接受，這可以說是民間秘密宗教盛行的主要原因。但政府對民間秘密宗教始終是抱持否定的態度，不能接受民間秘密宗教，而斥其爲左道異端。雍正元年（1723），河南巡撫石文焯陛辭，雍正皇帝諭以河南有白蓮教惑衆斂錢，令其訪聞辦理，其他各省督撫亦遵奉諭旨嚴加取締。翰林院庶吉士董思恭，他籍隷山東，對山東地區的宗教活動，頗爲留意。是年四月，董思恭具摺指出，山東邪教分爲二派：一派是一炷香教；一派是空子教。一炷香教專以燒香惑衆，聲稱領香一炷，諸福立至，百病皆除，愚夫愚婦奉一炷香教首爲師，或五日，或十日，輪流做會，不事生理，荒棄農業。空子教較一炷香教更甚，其教惟以邪術哄誘人心，一家之內有一人入其教者，勢必舉家歸教，如痴如迷，賣田宅，棄物利，以恣其掌教者之欲，甚至男女雜處，晝則散居於各村，夜則相聚一堂，恬不知恥⑰。一炷香教深信領香一炷，就可以請來諸仙佛及各位祖師，百病皆除。乾隆十九年（1754），直隷涿州人包義宗傳習紅陽教，每年五月十六日、十一月十六日，教中上供誦經，希圖消災降福。包義宗被捕後，直隷總督楊廷璋訊以茶葉治病，究竟是使用何種邪術？包義宗堅稱，將茶葉供奉於佛前，焚香叩頭祈禱，然後給與病人煎服，並無別項邪術⑱。山東清水教教首王倫常藉捉邪治病，吸收信衆。陽穀縣人李貴充任教中傳事官，常在王倫跟前伺候。李貴被捕後供稱，「王倫平日運氣，教拳棒，常和梵偉講過陰做夢的話，又會捉邪治病，各處的人多隨他入教做徒弟的。從前梵偉過陰回來，曾說王倫是收元之主，眞紫微星，衆人越發信服他了。」⑲山東巡撫徐績具摺時亦稱，「親見賊人內有持刀疾走，宛如獼猴之人，餘亦不避鎗砲。」德州城守尉格圖肯齎摺家人亦聞外間傳

言，「賊夥往來行走，有忽見忽不見之語。」乾隆皇帝認為「障眼隱身之法，本不足信，既或有之，亦不過一兩人，邪術暫時迷惑衆人，斷不能使成群逐隊之賊黨盡皆隱跡不見。」⑧⓪民間秘密宗教活動頻繁，不事生產，荒棄農業，對社會經濟的發展，產生負面的作用，因此，官府要取締它。各教派多藉「邪術」招人入教，妖言惑衆，官府也要查禁它。

　　三乘會是無爲教的一個支派，雍正年間，安徽南陵縣人潘玉衡傳習三乘會，凡逢諸佛菩薩生日，信衆都到潘玉衡家念經吃齋。江南總督趙弘恩提解潘玉衡審訊，趙弘恩指出，潘玉衡詐騙銀錢，誘姦婦女，傷風敗俗，而將潘玉衡發回本籍，奏准密令知縣傳集鄉保人等當堂將潘玉衡杖斃⑧①。雍正年間，湖廣沔陽州的白蓮教，頗爲盛行，州民向彥升入教後，曾勸令妹夫王在一入教，遭到堅拒後，向彥升又勸令其妹向氏入教。王在一因其妻向氏入教後捨夫棄子，破壞倫常，事關風化，地方官縱容白蓮教，不能秉公究辦。乾隆六年（1741）六月，王在一親赴都察院呈控向彥升傳習白蓮教。原呈中指控向彥升等夜聚曉散，招搖男女，誘妻入教，棄夫捨子，全不思歸，幼子無依，倫常大變，此風一倡，邪教不息⑧②。因事關風化及家庭倫常，官府取締民間秘密宗教，從未放鬆。

　　民間秘密宗教各教派爲了傳佈其教義思想，多編有寶卷，以供教中信衆誦習。各教派的寶卷，多屬於變文的形式，敷衍故事，雜糅儒釋道經典，各種詞曲及戲文的形式與思想，編成寶卷，通俗生動，容易爲下層社會識字不多的善男信女所接受。各種寶卷的抄寫翻刻，流傳頗廣，成爲下層社會裡常見的宗教讀物。但因官府認爲各種寶卷或因內容荒誕不經，或因含有政治意識而禁燬殆盡，可將盛清時期禁燬的寶卷列出簡表如下：

清代盛清時期禁燬寶卷書籍名稱簡表

年分	教派名稱	分佈地點	寶卷書籍名稱	備註
康熙四十四年（1705）	收元教	山東單縣	錦囊神仙論、五女傳道書、稟聖如來	
康熙四十四年（1705）	收元教	山東定襄縣	錦囊神仙論、五女傳道書、稟聖如來、八卦圖	
康熙五十三年（1714）	收元教	山東	五女傳道書、小兒喃孔子	
康熙六十一年（1722）	收元教	河南虞城縣	五女傳道論、八卦說、小說喃孔子、蒙訓四書、金丹還元寶卷	
雍正三年（1725）	教門	浙江永嘉縣	推背圖	
雍正三年（1725）	混元教	山西長子縣	李都御救母經、立天卷	
雍正五年（1727）	白蓮教	山西長子縣	立天後會經	
雍正七年（1729）	羅祖教	江西南安縣	淨心經、苦工經、去疑經、泰山經、破邪經	
雍正七年（1729）	羅祖教	福建汀州府	苦心悟道經	
雍正十年（1732）	大成教	直隸	老九蓮經、續九蓮經	
雍正年間（1723-1735）	無為教	江南	聖論寶卷、懇切嘆世歌	
乾隆十年（1745）	收元教	山西定襄縣	錦囊神仙論、六甲天元	
乾隆十二年（1747）	收源教	山西安邑	天佛寶卷、萬言詩註	
乾隆十三年（1748）	收元教	山西定襄縣	錦囊神仙論、稟聖如來、六甲天元	
乾隆十三年（1748）	明宗教	山西代州	明宗牟尼注解祖經	
乾隆十三年（1748）	收元教	直隸長垣縣	金丹還元寶卷、五女傳道書、告妖魔狀式	

乾隆十五年（1750）	三乘正教	江西贛州	本名經、心經、金剛經、護道榜文	
乾隆十五年（1750）	羅祖教	廣東	人天眼目經	
乾隆二十三年（1758）	羅祖教	廣西恭城縣	皇極收元寶卷、護道榜文	
乾隆二十五年（1760）	羅祖教	湖北應城縣	霧靈山人天眼目經、扶教明宗	
乾隆二十八年（1763）	黃天教	直隸	朝陽三佛腳冊、皇極寶卷、普明寶卷、普靜如來鑰匙寶卷、清淨經	
乾隆三十三年（1768）	羅祖教	浙江仁和縣	苦工經、破邪經、正信經、金剛經	
乾隆三十四年（1769）	未來教	湖北江陵縣	定劫經、五公未劫經、大唐國土末劫經	
乾隆三十六年（1771）	羅祖教	江西寧都州	苦功悟道經、嘆世無為經、正信除疑經、巍巍不動泰山經、破邪顯證鑰匙經	
乾隆三十七年（1772）	羅祖教	江西寧都州	五公尊經、紅爐接續、護道榜文	
乾隆三十八年（1773）	羅祖教	江西寧都州	西來法寶經、明宗孝義經、護道真言	
乾隆三十九年（1774）	青陽教	河南鹿邑縣	青陽經	
乾隆四十五年（1780）	羅祖教	福建建寧縣	金剛經、蓮華經、黃庭經、楞伽經、護道真言	
乾隆四十六年（1781）	羅祖教	江西寧都州	五公尊經、紅爐接續、護道榜文	
乾隆四十六年（1781）	大乘教	湖北應城縣	大乘諸品經咒、銷釋金剛經科儀、大乘歎世無為經、大乘苦功悟道經、大乘破邪顯證鑰匙經。大乘正性除疑無修證自在經、巍巍不動太山深根結果經、姚秦三藏西天取經解論、霧靈山人天眼目經、扶教明宗經	

乾隆四十六年（1781）	紅陽教	山西平遙縣	觀音普門品	
乾隆四十八年（1783）	大乘教	江西安仁縣	大乘大戒經	
乾隆四十九年（1784）	收元教	直隸長元縣	金丹還元寶卷、告妖魔狀式、五女傳道書	
乾隆四十九年（1784）	紅陽教	山西平遙縣	觀音普門品、祖明經	
乾隆五十年（1785）	清茶門教	湖北襄陽縣	一心頂叩經	
乾隆五十一年（1786）	收元教	直隸蠡縣	收圓經、收元經、救度經、九蓮經	
乾隆五十一年（1786）	八卦教	山東武府	苦功悟道經	
乾隆五十二年（1787）	白陽會	直隸蠡縣	收圓經、收元經、九蓮經	
乾隆五十三年（1788）	悄悄會	陝西寶雞縣	數珠經	
乾隆五十五年（1790）	紅陽教	直隸衡水縣	十王經	
乾隆五十七年（1972）	西天大乘教	湖北襄陽縣	太陽經	
乾隆五十七年（1792）	金丹門圓頓教	山西曲沃縣	金丹九蓮經	
乾隆五十九年（1794）	三陽教	安徽太和縣	三陽了道經	
乾隆六十年（1795）	長生教	浙江蕭山縣	四恩經、十報經、法華經、金剛經、妙法蓮華經	
乾隆末年	混元紅陽教	直隸景州	混元紅陽經	

資料來源：《宮中檔》硃批奏摺、《軍機處檔·月摺包》奏摺錄副、《上諭檔》。

　　表中所列經卷，多屬存目，除民間秘密宗教各教派的寶卷外，也含有佛道經典及相關宗教讀物。雍正三年（1725）五月，浙江永嘉縣查禁教門，搜獲《推背圖》⑧。《推背圖》是一種政

治性、宗教性的預言書，其主要內容是推演術數家之言，以讖語寓意，力求玄妙，其中涉及胡漢忌諱者頗多。官府以書中有「悖逆」等字跡，含有政治意識而加以禁燬。乾隆年間，江西起出《五公尊經》等寶卷，江西巡撫郝碩等認為《五公尊經》假託誌公、唐公、化公及觀音大士偈語，「妖妄悖逆」[84]。乾隆年間，直隸查禁黃天道，起出《普明如來無為了義寶卷》等寶卷，在同時起出的符印字蹟內有三角符三張，每張各有四字，各嵌入「大王朱相」、「朱王後照」、「日月天下」等字樣。在《先天敕箚》內有「走肖傳與朱家，朱家傳與木子」等語。教中印篆詞中涉及吳三桂。協辦大學士兆惠等指稱，「逆詞怪誕狂悖，隱然欲以僭亂誣民創為邪說，道籙梵經中所未曾有。」[85]《普明無為了義寶卷》簡稱《普明寶卷》，或《普明經》，經文中的三世說，反映了民間秘密宗教的理想概念，由無極、太極、皇極三世佛分別代表過去、現在、未來三世，其中皇極古佛即暗指李普明。皇極古佛是未來掌世佛，一年十八個月，八百一十日，一月四十五日，晝夜一百四十四刻，十八時辰。未來佛掌世的乾坤世界，人人老少，脫胎換體，都是丈八金身，天地無圓無缺，人無老少，亦無女相，無生亦無死，是一個眾生平等的社會。三世說對民間秘密宗教的教義思想，起了很大的作用。直隸總督方觀承等人具摺時已指出，近年邪教，所有設教名色，其說皆本於普明，「普明一脈，實為諸案邪教之總。」[86]因此，禁燬各種寶卷就成為各省督撫的當務之急。

五、直省民間信仰的活動及其遭受查禁的原因

進香是民間信仰的重要活動，明清時期，進香活動，蔚為風氣，其中前往普陀山進香，成為政府官員和民間善男信女的盛

會。康熙年間，學士王鴻緒具摺奏聞普陀山的進香活動，節錄原摺內容如下：

> 臣於普陀山每年正月進香齋僧，虔祝聖壽。今年臣家人於
> 正月十三日到山，十五日於合山寺觀及靜室進香。二十
> 日，請和尚心明拈香，並設齋。本山各處寺宇，與朝山僧
> 眾共有一千三百餘人，皆合掌唸佛，同祝聖壽萬年。是
> 日，天氣晴和，白雲繞殿，咸頌皇上洪福齊天，感應大士
> 之所致也，其萬壽殿前石工，亦即於二十日陸續做起⑧⑦。

由引文可知官員及其家人前往普陀山進香，是不被禁止的。
但大清律例記載，若有官及軍民之家，縱令妻女於寺觀神廟燒香
者，罪坐夫男，其住持守門之人不為禁止者，與同罪。因此，乾
隆年間，浙江巡撫方觀承具摺奏請查禁普陀山進香活動，節錄原
奏內容如下：

> 浙省定海縣屬之普陀山，有前寺、後寺、僧眾多人，因其
> 遠在大洋，藉四方進香各色布施，以資衣食，各寺復籌招
> 致之法，散遣僧徒四出勸誘，因之並及婦女。每逢正、二
> 月，各城村地，香頭者，領集多人，乘船前往，男婦雜
> 沓，共住一船，遠涉外洋，動經多日。及到普陀，則招致
> 之僧，各有房頭引之住址，有如主客。如遇風汛阻隔，輒
> 亦動經多日。臣思男女偪處一船經旬，住宿山寺，既於風
> 化有關，而海洋關汛，例應稽查，一切違禁之物，其有婦
> 女在船藉稱進香名色，即恐關口查驗疏懈，保無船戶乘機
> 挾帶偷漏。且從前報案婦女之由，彙明上海，遠涉者每遭
> 覆溺，鮮能救渡，殊堪憫惻，臣因出示明白曉諭，嚴禁各
> 關口及船戶等，不許裝載婦女出洋⑧⑧。

浙江縣普陀山的進香活動，是在每年正月、二月間。普陀山

僧眾藉四方朝山進香佈施，以資衣食。前寺、後寺僧眾也四出招攬香客，安排住宅，已有觀光遊覽的性質。由於男女雜沓，妨害善良社會風俗，又因出海覆溺案件多起，因此，浙江巡撫方觀承奏請禁止婦女前往遠在大洋中的普陀山進香。《大清律例》規定，凡有迎神賽會者，照〈師巫邪說〉例，將為首之人從重治罪。又律載：若有官及軍民之家，縱令妻女於寺觀神廟燒香者，罪坐夫男，其住持守門之人不為禁止者，與同罪。官府認為立廟祀神，任意迎賽，反成褻瀆，婦女禮不踰閑，出入寺廟，尤非所宜。監察御史倉德具摺奏請禁止入廟進香，節錄一段內容如下：

> 近見京師城外寺廟，如西頂、北頂、南頂等處，每有不務本業之人，於四、五月間裝扮神像，擊鼓鳴鑼，名曰進香，實係聚集多人，從中取利。更有甚者，近京百里內外，如西山髻髻山、涿州等處寺廟，於春秋設立會場，動經旬月，男女老少，遠近爭趨，其間或百人為一會者，奔走往來，絡繹不絕。夫民之業在農，農之時在春，乃時值農忙，罔顧本業，從事迎賽，必至有誤耕耘，且小民素惜資財，風俗最為儉樸，惟遇此無益之事，多為所愚，肆行耗費，實於民力有虧，況此等會場，並非春秋祈報，止於鄉邑之間，其中人數眾多，難免作姦為非之事，至於男女混雜，尤為風化攸關，急宜並行嚴禁⑧⑨。

引文內指出，京師城外西頂、北頂、南頂等處，都有寺廟，京師附近西山、髻髻山、涿州等處，也有寺廟，廟會活動很盛。每年四、五間，數百人裝扮神像，前往進香，男女混雜，有傷風化。正當農忙，農民罔顧本業，而從事迎賽，必至有誤耕耘。因此，監察御史倉德奏請敕下步軍統領、都察院、順天府五城各衙門遍行曉諭，禁止迎神賽會，縱令妻女出入寺廟。

　　占卜是術數家預測吉凶禍福的一種傳統方法。古人將占卜徵
兆看作是祖靈或神鬼對人們的啓示或警告。所以當人們面對困惑
時，即使是國家君臣也常藉占卜起課，以便決疑問難。直隸元城
縣人邢士花，他自幼殘疾，兩腿從膝蓋以下都爛去，短了小腿。
但他殘而不廢，平日勤勞種地，得有空閒，則提錢占卦，以貼補
家用。乾隆四十八年（1783）九月間，邢士花拜徐克展爲師，皈
依八卦教，分在震卦。乾隆五十一年（1786）閏七月初一日，八
卦教的教首段文經與徐克展商議搶佔大名府城，令邢士花占卜吉
日動手。邢士花占了一卦，起事日是同年八月十五日。段文經因
所占日期太遠，恐人多走漏消息，又令邢士花再占一卦，於閏七
月十五日動手。八卦教起事失敗後，邢士花被解送軍機處，軍機
大臣遵旨令邢士花當場提錢起課，以便追捕段文經、徐克展各要
犯。邢士花即用九個銅錢團鋪地上，手提穿繩銅錢百十文，口念
「關王大士，無生老母」等句眞言，以錢動爲準。邢士花看了卦
後即推算出段文經、徐克展二人的下落是在東方，即在山東單縣
一帶。乾隆皇帝雖然認爲邢士花所占爲懸揣之詞，但他仍令軍機
大臣寄信傳諭山東巡撫在單縣附近嚴切查究⑨。

　　侍讀學士吉夢熊精於占課，因逃犯燕起久逸未獲，乾隆皇帝
諭令軍機大臣將何時可以擒獲燕起之處，傳諭吉夢熊占課。乾隆
五十一年（1786）二月初五日己卯巳時，吉夢熊占得六壬課辭釋
文云：

　　　支上酉爲旬空，其陰神爲卯，元武加之，元武爲賊，卯爲
　　　林木，賊應在多樹木之處。占逃亡看遊都，巳日以丑爲遊
　　　都。天后加丑，疑爲陰人所庇，而丑之陰神爲未，巳日以
　　　未爲遊都，青龍加之，以青龍貴神沖天后，宜可擒獲，惟
　　　酉係旬空，元武卯，遂坐空鄉，或此賊已伏冥誅。如果尚

藏深林密菁之地，即須塡實旬空，或係酉日酉月擒獲也。
擒賊要勾陳得力，勾陳加申臨於寅，寅係東北方，元武卯
臨於酉，酉爲西方，應令東北方之人向西擒賊也⑨。

　　六壬占課是用陰陽五行占卜吉凶的一種方法，在六十甲子天
干中因有六個壬，所以叫做六壬。六壬占法，分爲六十四課，並
以天上十二辰分野刻有干支的天盤，地上十二辰方位也刻有干支
的地盤，彼此相疊，天盤隨時運轉，地盤固定不動。占課時，即
轉動天盤，然後得出所値的干支及時辰的部位，藉以判別吉凶，
是明清時期民間流行的一種占卜方法。

　　我國占卜之術，流傳久遠，不僅形式和內容多樣化，其問卜
項目，亦極廣泛。舉凡征戰、農事、祭祀、婚姻、治病等等，多
以占卜來預測行動的後果。在台灣早期移墾社會裡，來自閩粵內
地的流動人口中，從事卜卦算命者，可謂不乏其人。乾隆末年，
台灣南北兩路天地會起事以後，許多卜卦拆字的江湖術士也多投
入了天地會的陣營。例如福建泉州人陳梅，他渡海來台後，寓居
笨港，倚靠算命起課度日。他被捕後供稱：「我素日起課，不過
借此度日，不能靈驗。後來入了林爽文的夥，亦曾替他起過課，
我總說是吉利，這都隨口答應。」⑨因爲陳梅常爲林爽文起課算
命，又總說是吉利，所以陳梅被林爽文封爲軍師。連清水原籍福
建，他渡海來台後，寄居鳳山縣，平日替人測字算命爲生，每占
一卦，約收二、三十文不等。乾隆五十一年（1786）十二月，漳
州籍移民王周載投入鳳山縣莊大田領導的天地會陣營，莊大田封
他爲北門大將軍。乾隆五十二年（1787）二月，王周載勸令連清
水替莊大田測字起課，要連清水占卜出陣打仗是否能得到勝利。
連清水被捕後供稱：

　　我係鳳山縣人，年四十一歲。家裡有父親連錦志，年六十

歲；母親郭氏，年五十八歲。我平日算命測字爲主，有漳
州人王周載，素日原與我相好。上年十二月內，有賊匪莊
大田在鳳山一帶搶劫，到今年二月十二日，我在鳳山縣門
口，遇見王周載。他說他於去年十二月內從了莊大田打
仗，封他做北門大將軍，叫我替他起一課，問出陣可能得
勝。我測了一個田字，我說好的。他給了我五百大錢，並
說事成之後封我爲巡檢，他就去了，以後總沒見面。我仍
舊在鳳山城內測字度日。到二十三日，有官兵將我拿獲，
說我同王周載相好，又會測字，一定是他們軍師了，是實
㉝。

會黨的成員，主要是下層社會的市井小民，或販夫走卒，測
字算命是常見的一種行業。會黨出兵打仗，也要起課測字，連清
水便隨手一占，測了一個「田」字。軍機大臣詰問連清水如何替
莊大田主謀？據連清水供稱：

那日王周載叫我測字，我隨手拿著田字，那田字的歌訣
是：「兩日不分明，四口暗相爭。半憂又半喜，不行又不
行。」本不是好話，我要得他的錢，就哄他說是好的。他
給了我五百錢，又問我會打仗不會，我說不會。他說帶你
去無用，將來事成後，封你做個巡檢罷。我實沒有跟他
去，不敢謊供㉞。

「田」字歌訣的意思，本非吉利意思，連清水一方面爲了要
多得錢文，一方面不敢得罪於會黨，就哄說是好卦。測字算命的
靈驗，雖然是偶然的，不是必然的，靈驗在所有的巫術行爲中只
佔極少數，但是，任何民間信仰無不期求一結果，有求必應，久
而久之，人們必然揚棄不靈驗的事例，只傳誦靈驗的事例，深信
心誠則靈，對不靈驗的事例，往往視而不見，或歸咎於心不誠。

在這種氛圍裡，人們往往產生靈驗的心理反應和生理反應。當信則靈，靈即信的心理和生理交織在一起時，就已經在一定程度上擴大了民間信仰的社會影響作用。雖然「田」字歌訣的意思並不吉利，但會黨首領除了期盼現實利益之外，還希冀精神上的解脫和昇華。

　　畫符治病也是原住民社會裡常見的一種民間信仰，擅長畫符治病的原住民婦女，可謂不乏其人。天地會首領林爽文起事以後，在天地會的陣營裡也有畫符治病的原住民婦女。其中鳳山縣上淡水社婦女金娘就常為人畫符醫病，金娘被捕後供稱：

> 小婦人名叫金娘，年四十歲，是鳳山縣上淡水社番。父母已故，並無兄弟，曾招內地人洪標為夫，三年就死了，並無子女。小婦人三十二歲那年患病，曾從番婦賓那學畫符醫治，後來就替人畫符醫病。這幾本請神治病的經，又是鳳山人林乞寫的，傳給小婦人，林乞已死過三、四年了。這莊大田自稱大元帥，是林爽文夥黨，共有一百多枝旗，賊夥有萬餘人，亦有脅從的在內。小婦人向不熟識，是今年正月間，請小婦人在打狗港祭神，又醫好他們同夥的病，就請小婦人做女軍師，假說會請神保佑眾人不著槍炮。到三月初，莊大田兒子莊天位【畏】，要攻鳳山，小婦人假說鄭王即鄭成功顯神助戰的話，莊大田叫畫符哄騙眾人，稱做仙姑。三月初八日攻破鳳山，小婦人同去念咒，眾人就信果有法術。及莊大田每次來攻府城，小婦人帶一把劍在山頭念咒打鼓，假說神人保佑，不受槍炮。其實槍炮打死的甚多，小婦人只說是他命裡該當，眾人就不疑了。四月二十外，莊大田又將林爽文的札諭交給小婦人，封做一品夫人。其實小婦人並不認識林爽文，亦未曾

　　入他天地會。這林紅五、六年前在鳳山，小婦人認做兄
　　弟，學習治病，去年才和小婦人通奸，每次打仗，他也幫
　　著打鼓。莊大田還請有一個番婦，名叫岡仔，是上淡水社
　　番，也會念咒請神，眾人稱他仙媽，現在往上淡水去了
　　95。

　　乾隆年間，台灣天地會起事期間，原住民巫師在天地會陣營
裡扮演了相當重要的角色，其中金娘被稱爲仙姑、岡仔被稱爲仙
媽，都是鳳山縣上淡水社原住民婦女，都會念咒請神。金娘曾拜
原住民婦女賓那爲師，學習畫符治病，曾經醫治莊大田黨夥的疾
病。會黨成員相信金娘法術高強，能作法請神，保佑眾人不受槍
砲傷害，刀槍不入，鄭王即鄭成功也顯靈助戰。天地會假藉民間
信仰，以鼓舞士氣，對衝鋒陷陣的會黨成員，產生了激勵的作
用。

　　台灣位於太平洋西側颱風路徑的要衝，每年夏秋之時，經常
遭受到颱風的侵襲，這種颱風常常發生，以致海難頻傳，渡海入
台文武大員，多裹足不前。閩粵移民渡海來台時，爲祈求媽祖保
佑，以免遭遇海難，所以媽祖崇拜，久已成爲閩粵沿海十分普遍
的民間信仰。藏傳佛教則相信右旋白螺是一種具有法力的定風
珠。班禪額爾德尼曾將「大利益吉祥右旋白螺」進呈乾隆皇帝，
其螺既白又右旋，是吉祥靈物，乾隆皇帝期盼憑藉右旋白螺使眾
生可以蒙福無量。乾隆五十二年（1787）八月，因林爽文領導天
地會起事，規模擴大，乾隆皇帝命大學士福康安渡海來台督辦軍
務，並將右旋白螺賜給福康安帶赴台灣，往來渡海時祈佛保佑。
清軍平定林爽文後，福康安等人於乾隆五十三年（1788）五月初
九日由鹿耳門登舟內渡。五月十四日，福康安等至廈門。五月十
五日，福康安奏聞內渡情形云：

伏念臣上年奉命赴台灣剿捕，疊次被風吹回，及徵調各兵
到齊，風色即爲轉順。自崇武澳放洋，一帆即達鹿仔港，
兵船百餘號，同時並到，爲從來未有之事。此次凱旋内渡
途次，雖遇風暴，瀕危獲安，此皆仰賴我皇上誠敬感孚，
神明默佑，並恩賜右旋白螺，渡海得以益臻穩順。臣欣幸
頂感，莫可名言，登岸後即至懸掛御書聯匾廟内敬謹拈香
瞻禮，敬謝神庥。茲復奉到加贈諭旨及御書匾額，一面令
於海口廟宇應懸處所一併懸掛。竊臣上年由崇武澳徑渡鹿
仔港，風帆恬利，因於鹿仔港寬敞處所恭建天后廟宇，令
駐防兵丁等即在該處港口被風，遇危獲安，疊徵靈異，請
將奉到御書匾額齎交徐嗣曾在鹿仔港新建廟内敬謹懸掛，
以昭靈貺⑯。

由於乾隆皇帝賞賜右旋白螺，使福康安等渡海大員獲得神明
默佑，吉祥穩順。鹿仔港海口已有廟宇，福康安渡海入台時，即
由鹿仔上岸，風帆恬利，所以又另於鹿仔港寬敞地方另建天后
宮。乾隆皇帝令軍機處發下藏香一百炷，交兵部由驛站馳遞福建
督撫，令地方大吏於媽祖降生的原籍興化府莆田縣地方及濱海一
帶各媽祖廟，每處十炷，敬謹分供，虔心祈禱，以迓神庥，而靜
風濤。閩浙總督魁倫遵旨將藏香每十炷爲一份，共計十份，派員
遞送，一份交給興化府知府祥慶親身敬謹齎赴莆田縣湄洲媽祖廟
供奉。閩浙總督魁倫會同陸路提督王彙率同道府親送一份前往福
州府南台海口天后廟内供奉。其餘分送福寧府、台灣府、廈門、
金門、海壇、南澳、澎湖等處，交提鎮道府親赴瀕海各廟宇敬謹
分供，虔誠祈禱，希望從此船隻往來海上，帆檣安穩，免除遭風
沉船之虞。清朝皇帝順應福建台灣民間信仰的習俗，提高媽祖信
仰的地位，反映乾隆皇帝也能接受利益衆生的民間信仰。福康安

等人往返台灣海峽時，一方面將藏傳佛教的右旋白螺供奉於船中，一方面虔敬祈禱媽祖護佑，果然風靜恬利，渡洋安穩。

六、結語

明清之際，中西海道大通，隨著天主教會傳教士的絡繹東來，西方文明遂源源不絕的輸入中國，耶穌會傳教士多供職於內廷，天文曆算、輿地測量等科學技術的受到中國君臣的重視，促成了中國實用主義的興起。明末清初以來，由於理學的方興未艾，對清初諸帝也產生了很大的影響。滿洲入關後，積極漢化，清初諸帝亦以中華君主自居，他們為鞏固統治政權，於是制訂了崇儒重道的文化政策。清初諸帝在加強統治政權的同時，又竭力鼓吹儒家倫常思想，他們深信儒家的政治理念及生活規範，能為清朝政府帶來長治久安、社會穩定的積極作用。康熙皇帝也認為帝王之道，以堯舜為極，孔孟之學，就是堯舜之道。康熙皇帝以上接二帝三王的正統自居。在政治上而言，清朝政府是正統政權；在文化上而言，康熙皇帝也認為繼承了堯舜孔孟的道統文化。提倡堯舜之道，講求孔孟之學，闢異端，黜邪說，就是崇儒重道的宗旨，儒家思想遂成為清朝的正統思想，也是主流思想。

雍正皇帝對正道與異端，進一步作了詮釋，他認為聖功王道，悉本正學，凡非聖之書，不經之典，驚世駭俗之言，都是應當摒棄的異端。他也指出，同是一事，就有是非邪正之分，是者，正者，就是正道，非道，邪者，就是異端。易言之，儒、釋、道三者，都有正道，也有異端。儒者守先王之道，讀聖賢之書，就是正道。若以詩書為弋取功名的工具，甚至離經叛道，編造邪說，就是儒中異端。儒、釋、道各具治世、治心、治身的長處，各具正面作用，亦即以儒治世，以佛治心，以道治身，儒、

釋、道各有所長，可以相輔相成。儒家學說是正統思想，佛、道
二氏是正信宗教，以佛、道二氏的教義思想，作爲儒家學遷的輔
助力量，可以加強化民成俗，潛移默化的教化功能，更有助於政
治和社會的穩定發展。但是，倘若佛、道二氏有昧於君臣之義，
忘父子之親，棄置倫常，妄談禍福，藉口空門，潛藏奸宄，就是
佛教和道教的異端。江西貴溪縣龍虎山爲道教聖地，雍正皇帝對
高深道教眞人，頗加禮遇，賞賜頻仍。但是，京師白雲觀道士賈
士芳挾其左道邪術，欺世惑衆，居心叵測，於是諭令將賈士芳拏
交三法司審擬，按照左道惑衆蠱毒壓魅律從重治罪。

　火居僧道飲酒食肉，各畜妻子，每藉佛道之名作奸犯科，肆
無忌憚，並無修持之實，地方官難於稽查，同時深慨於農夫的辛
苦耕耘，自食其力，於四民之中最爲無愧，惟僧道卻不耕而食，
不織而衣，耗費民財，多一僧道，即少一農民，因此，恢復度牒
之法，以便地方官的稽查和約束。基於社會經濟生產策略的考
量，乾隆皇帝認爲國家昇平，人人俱應努力耕織，以促進社會經
濟的繁榮和富庶。乾隆皇帝爲了促進西藏、蒙古內部的穩定，而
極力支持黃教的政教合一，即所謂興黃教，以安西藏、蒙古，於
是極力打壓紅教及本教或奔布爾教，佛教原爲正信宗教，乾隆皇
帝則以藏傳佛教中的黃教爲正統宗教，而以紅教爲左道異端，被
斥爲邪教。然而乾隆皇帝對黃教實行保護政策是有條件的，他一
方面因俗而治，一方面因勢利導，採取一系列的措施，對黃教進
行改革，採行金瓶掣籤制度，喇嘛犯法或出賣國家利益時，即按
律治罪，以強調國家利益的重要，並加強清朝中央政府對西藏地
方主權的行使。大致而言，康熙皇帝對儒、釋、道三者的態度是
以儒家學說爲正道，而以佛、道爲異端。雍正皇帝和乾隆皇帝基
本上肯定了佛、道二氏的正面教化功能，但他們接受佛、道爲正

信宗教是有條件的，他們不容許竊取佛、道二氏之名，妄談禍福，惑衆誣民，聚衆滋事。

民間秘密宗教是由佛、道等正信宗教派生出來的世俗化新興混合宗教，同時依附於儒、釋、道的思想信仰而流佈於民間，教派林立，名目繁多，有其多元性、群衆性，亦有其社會性、政治性。清初諸帝對民間秘密宗教的態度一致，他們視各教派俱爲儒、釋、道的左道異端，並且制訂禁止師巫邪術的律令嚴加取締。爲貫徹崇儒重道的文化政策，同時有鑒於歷代邪教反政府的歷史教訓，他們對民間秘密宗教的態度可謂深惡痛絕。他們認爲邪教妄立教門，誑誘善男信女，念經祈福，妄談禍福。乾隆皇帝曾經指出，「念經祈福，即爲惑衆之漸。」⑰乾隆皇帝曾經指出，江浙等地風俗，篤信師巫，病不求醫，惟勤禱賽，是蠱惑善男信女的迷信⑱。顧琮在浙江巡撫任內，曾針對取締民間秘密宗教的活動，提出他的看法，他認爲「邪教惑民，最爲人心風俗之害，其始竊取佛、老之說，別立名號，或幻稱因果，或假托修持，勸人食素誦經，燒香結會，不過圖騙錢財，若被誘旣多，人心皈向，則肆其邪妄，瀆亂不經，甚或聚衆橫行，敢爲悖逆之事，此等匪類，自昔有之。」⑲葉存仁在河南巡撫任內，亦曾具摺指出，「倡爲邪教者，開口即言行善，而又可求福避禍，即群相附和，方以爲求福之緣，而不知其爲犯法之事。」⑳清初諸帝對佛、道二氏雖多批評，但尙稱寬容，然而他們對民間秘密宗教卻是絕不寬容的。從清初以來，中央與地方取締民間秘密宗教的活動，都一致主張嚴禁，並不曾鬆動過。

進香祈福，是民間信仰常見的活動，但官府認爲立廟祀神，越境進香，動經多日，婦女入廟，男女雜沓，妨害社會善良風俗。進香團人數衆多，正當農忙，善男信女罔顧耕耘，而影響生

產，因此，朝廷也制訂律例，禁止迎神賽會，不許祈福，嚴禁縱令婦女出入寺廟。畫符治病、測字算命、占卜決疑，都是下層社會裡常見的民間信仰活動。乾隆末年，台灣林爽文、莊大田領導天地會起事期間，原住民巫師金娘等人曾經畫符念咒請神醫治天地會成員的疾病，保佑會黨不受鎗砲傷害，對會黨產生了激勵作用。寄居鳳山縣的閩人連清水也曾替莊大田起課測字，對會黨精神上的影響，也產生鼓舞的作用。金娘、連清水等人後來都被解送京師熬審，從重治罪。

伊斯蘭教有舊教和新教之分，由於新教聚眾起事，官兵進剿新教穆斯林。乾隆皇帝認為新教如同白蓮等邪教，惑眾滋事，所以採取用舊教，而除新教的策略。清軍平定蘭州新教叛亂後，陝甘總督李侍堯查拏新教餘黨，拆燬新教禮拜寺。新教是伊斯蘭教的新興教派，也被斥為左道異端，是邪教，所以遭到鎮壓。因此，用舊除新，崇舊抑新就成為乾隆皇帝處理伊斯蘭教的宗教政策。

清初以來，天主教耶穌會士絡繹東來，入京供職，康熙皇帝相當禮遇傳教士，雖然直省督撫奏請查禁天主教，但康熙皇帝頗不以為然。康熙年間，由容教政策到禁教政策的轉變，主要是由於教廷干涉中國敬孔祀祖的禮俗。雍正年間延續康熙朝的禁教政策，耶穌會士穆敬遠等人的捲入政爭，不是雍正皇帝禁教的唯一因素。耶穌會士來華後奉召入京供職者，固然不乏其人，但是傳教士私入各省內地傳教者，更是絡繹不絕。乾隆年間，入京效力的傳教士日益減少，其不容忽視的一個原因，就是由於傳教工作走向鄉村，轉入民間，而引起直省督撫的重視。乾隆初年以來，傳教士未經地方許可而潛居內地的案件層出不窮。例如乾隆十九年（1754）五月間，四川成都縣知縣陳履長等人訪知西洋傳教士

一名潛往省城，四川總督黃廷桂等據稟後，恐傳教人有煽惑情
事，即委員前往華陽縣民人李安德家拏獲西洋傳教士費布仁一
名，並會同按察使周琬審訊。據費布仁供稱，他現年二十九歲，
是大西洋杜魯所管之人，於乾隆十五年（1750）二月，到澳門。
乾隆十八年（1753）冬天，費布仁因聞知從前在四川傳教之西洋
人牟天池身故，欲接牟天池在四川行教，適遇在澳門貿易的四川
人王尙忠，說及曾入天主教，費布仁即請求王尙忠帶他前往成
都。同年十二月，從澳門啓程，沿途有人盤問，都由王尙忠應
答，並無阻擋。乾隆十九年（1754）四月二十日至成都，引至李
安德家同住。黃廷桂具摺時指出，「天主一教，原屬異端，且係
外方遠夷，不便容留內地。」⑩審擬將王尙忠、李安德嚴加懲
辦，費布仁押解澳門，令其出口。江西盧陵縣知縣元古中探知境
內仍有民人崇奉天主教，隨即拏獲縣民吳均尙、蔣日達等人，供
出西洋人林若漢在縣境社下村傳習天主教。江西巡撫吳紹詩具摺
指出，「西洋人倡行天主教，挾其左道，煽惑人心，欽奉皇上傳
諭各省督撫密飭拏究，當時江西查有南昌等數縣習天主教者自
一、二人至十餘人不等。」⑩吳紹詩認爲西洋人到江西傳習煽
誘，於風俗人心殊有關係。乾隆三十二年（1767）十二月，奉旨
將吳均尙改發伊犁，蔣日達等人照例發遣黑龍江等處，給與披甲
人爲奴。乾隆皇帝也認爲「西洋人私至內地傳教惑衆，最爲風俗
人心之害。」⑩因此飭令各省徹底查辦。在直省督撫的心目中，
深入內地鄉村傳播福音的天主教傳教士的活動，與民間秘密宗教
的活動，都是煽惑愚民，有害於風俗人心的左道異端，嘉慶年
間，遂將天主教視同邪教，增訂條例，與民間秘密宗教一體查
禁。

　　在宗教的體系中，宗教史的研究，是屬於宗教學的縱向研

究，以編年體的方法來分析宗教的階段性和歷史的發展變遷，以重視已往宗教面目的輪廓，進而綜合說明宗教發展的規律。至於各教派之間的比較研究，則屬於橫向研究。這種方法注意到宗教在空間地域上的不同和形式種類的多樣性，從不同教派的比較來尋找宗教的共同本質及其意義，並且歸納宗教的典型形式和特徵⑭。通過宗教學的縱向研究和橫向研究，我們已較充分地理解清朝政府爲求社會的穩定發展，鞏固統治政權，於是制訂了崇儒重道的文化政策，盛清諸帝以上接堯舜孔孟道統文化的正統者自居，由於正統主義的形成，對於黜邪崇正，樹立正統，打壓異端，可謂不遺餘力，乾隆年間的民間宗教政策就是受到文化政策制約的投射。

【註　釋】

① 《康熙起居注》（北京，中華書局，1984 年 8 月），（一），頁 125。

② 《康熙起居注》，（一），頁 127。

③ 《起居注冊》（台北，國立故宮博物院），雍正九年正月二十四日，內閣奉上諭。

④ 《雍正朝起居注冊》（北京，中華書局，1993 年 9 月），第二冊，頁 1176。雍正五年四月初八日，諭旨。

⑤ 《起居注冊》，雍正八年九月二十五日，內閣奉上諭。

⑥ 《起居注冊》，雍正十二年十一月初六日，特諭。

⑦ 《起居注冊》，乾隆元年二月二十五日，諭旨。

⑧ 《起居注冊》，乾隆二年三月十一日，諭旨。

⑨ 《宮中檔乾隆朝奏摺》，第七輯（台北，國立故宮博物院，民國七十一年十一月），頁 34，乾隆十八年十二月初四日，雅爾哈善奏

摺。

⑩　昭槤著，《嘯亭雜錄》，見《筆記大說大觀續編》（台北，新興書局，民國五十一年八月），第二十四冊，卷 10，頁 28。

⑪　巴桑羅布撰，〈活佛轉世傳承的文化內涵〉，《西藏研究》1992年，第 4 期（拉薩，西藏社會科學院，1992 年 11 月），頁 72。

⑫　《清史稿校註》，第十五冊（台北，國史館，民國七十九年五月），頁 12022。

⑬　黃崇文撰，〈須彌福壽之廟的建立及其歷史意義〉，《西藏研究》，1989 年，第 3 期（1989 年 8 月），頁 81。

⑭　《欽定廓爾喀紀略》（台北，國立故宮博物院，內府朱絲欄寫本），卷 41，頁 1。乾隆五十七年九月初五日，據和琳奏。

⑮　《廓爾喀檔》（台北，國立故宮博物院），乾隆五十七年十月初六日，軍機大臣奏稿。

⑯　《上諭檔》（台北，國立故宮博物院），乾隆四十一年九月三十日，內閣奉上諭。

⑰　《金川檔》（台北，國立故宮博物院），乾隆三十八年八月二十一日，供單。

⑱　《金川檔》，乾隆四十一年四月十七日，都甲喇嘛物件清單。

⑲　《金川檔》，乾隆四十一年四月十七日，都甲喇嘛供詞。

⑳　《金川檔》，乾隆三十八年九月二十五日，薩克甲穆供詞。

㉑　《金川檔》，乾隆四十年八月二十一日，達固拉僧格供詞。

㉒　《金川檔》，乾隆四十年八月二十三日，達固拉僧格供詞。

㉓　《金川檔》，乾隆四十一年四月十七日，堪布喇嘛色納木甲木燦供詞。

㉔　《金川檔》，乾隆四十一年三月初九日，詔諭。

㉕　《宮中檔雍正朝奏摺》，第三輯（台北，國立故宮博物院，民國六

十七年一月），頁 178。雍正二年九月十二日，陳世倌奏摺。

㉖ 《宮中檔雍正朝奏摺》，第十二輯（台北，國立故宮博物院，民國六十七年十月），頁 900。雍正七年四月二十一日，陳世倌奏摺。

㉗ 《循化廳志》（台北，成文出版社，民國五十七年），頁 176。

㉘ 《軍機處檔・月摺包》（台北，國立故宮博物院），第 2772 箱，1 包，858 號。乾隆十一七月初三日，黃廷桂奏摺錄副。

㉙ 《軍機處檔・月摺包》，第 2772 箱，1 包，591 號。乾隆十二年五月十三日，舒赫德奏摺錄副。

㉚ 《軍機處檔・月摺包》，第 2772 箱，1 包，1176 號。乾隆十二年八月初六日，張廣泗奏摺錄副。

㉛ 鄭月裡撰，《清中代中期西北穆斯林的新舊教衝突》（台北，國立政治大學民族系碩士論文，民國八十六年六月），頁 46。

㉜ 《剿滅逆番檔》（台北，國立故宮博物院），上冊，乾隆四十六年四月初一日，馬雲稟稿。

㉝ 《剿滅逆番檔》，下冊，乾隆四十六年，告示。

㉞ 《剿滅逆番檔》，下冊，乾隆四十六年五月二十三日，寄信上諭。

㉟ 《剿滅逆番檔》，下冊，乾隆四十九年七月二十七日，李侍堯供詞。

㊱ 《剿捕逆回檔》（台北，國立故宮博物院），下冊，張文慶供詞。

㊲ 《剿捕逆回檔》，下冊，張文慶供詞。

㊳ 《軍機處檔・月摺包》，第 2778 箱，173 包，41888 號，德成奏摺。

㊴ 〈清宮廷畫家郎世寧年譜──兼在華耶穌會士史事稽年〉，《故宮博物院院刊》，1988 年，第 2 期（北京，紫禁城出版社，1988年），頁 31。

㊵ 《清代全史》，第三卷（瀋陽，遼寧人民出版社，1991 年 7 月），

頁 266。

㊶ 《清代全史》，第二卷，頁 407。

㊷ 《故宮博物院院刊》，1988 年，第 2 期，頁 32。

㊸ 《軍機處檔‧月摺包》，第 2751 箱，7 包，48450 號，抄寫西洋
堂內康熙三十一年碑文。

㊹ 《清聖祖仁皇帝實錄》（台北，華聯出版社，民國五十三年九
月），卷 277，頁 21。康熙五十七年二月丁亥，兵部議覆。

㊺ 《文獻叢編》（台北，台聯國風出版社，民國五十三年三月），上
冊，頁 175。

㊻ 《文獻叢編》，上冊，允禩允禟案，頁 1。

㊼ 《清世宗憲皇帝實錄》，卷 14，頁 14。雍正元年十二月壬戌，禮
部議覆。

㊽ 《故宮博物院院刊》，1988 年，第 2 期，頁 41。

㊾ 《宮中檔雍正朝奏摺》，第三輯（台北，國立故宮博物院，民國六
十七年一月），頁 392。雍正十二年十月二十九日，孔毓珣奏摺。

㊿ 《宮中檔雍正朝奏摺》，第十三輯（民國六十七年十一月），頁
804。雍正七年閏七月初四日，伊拉齊奏摺。

51 《宮中檔雍正朝奏摺》，第十六輯，頁 465。雍正八年五月二十二
日，李衛奏摺。

52 方豪著，《中西交通史》（台北，中華大典編印會，民國五十七年
七月）第五冊，頁 161。

53 方豪撰，〈清代旗人之信奉天主教與遭禁〉，《故宮文獻季刊》，
第四卷，第四期（台北，國立故宮博物院，民國六十二年九月），
頁 7。

54 《故宮博物院院刊》，1988 年，第 2 期，頁 47。

55 《宮中檔乾隆朝奏摺》，第八輯（台北，國立故宮博物院，民國七

十一年十二月），頁 628。乾隆十九年五月二十九日，鄂容安等奏摺。

㊱　《清高宗純皇帝實錄》，卷 1221，頁 3。乾隆四十九年十二月十七日，寄信上諭。

㊲　《上諭檔》（台北，國立故宮博物院），嘉慶十年五月二十日，內閣奉上諭。

㊳　薛允升著，《讀例存疑》（台北，中文研究資料中心，1970 年），（三），頁 425。

㊴　《軍機處檔・月摺包》，第 2772 箱，23 包，3337 號。乾隆十三年十月初二日。喀爾吉善奏摺錄副。

㊵　《清高宗純皇帝實錄》，卷 320，頁 12。乾隆十三年閏七月己未，上諭。

㊶　《清仁宗睿皇帝實錄》，卷 243，頁 32。嘉慶十六年五月丙午，上諭。

㊷　《宮中檔》（台北，國立故宮博物院），第 2723 箱，100 包，19703 號。嘉慶二十年八月二十七日，常明奏摺。

㊸　李世瑜撰，〈民間秘密宗教史發凡〉，《世界宗教研究》，1989 年，第 1 期（北京，中國社會科學出版社，1989 年 3 月），頁 1。

㊹　喻松青撰，〈關於明清時期民間秘密宗教研究中的幾個問題〉，《明清白蓮教研究》（成都，四川人民出版社，1987 年 4 月），頁 326。

㊺　秦寶琦著，《中國地下社會》（北京，學苑出版社，1994 年 1 月），頁 73。

㊻　《軍機處檔・月摺包》，第 2778 箱，171 包，41214 號。乾隆五十四年七月初一日。梁肯堂奏摺錄副。

㊼　《宮中檔雍正朝奏摺》，第十九輯（台北，國立故宮博物院，民國

六十八年五月），頁 827。雍正十年閏五月初六日，李思義供詞。

⑱ 《軍機處檔·月摺包》，第 2764 箱，96 包，19441 號。乾隆四十三年二月十八日。國泰奏摺錄副。

⑲ 《軍機處檔·月摺包》，第 2776 箱，150 包，36027 號。乾隆四十九年三月初七日。農起奏摺錄副。

⑳ 《宮中檔乾隆朝奏摺》，第六十二輯（民國七十六年六月），頁 839。乾隆五十二年正月初七日，畢沅奏摺。

㉑ 《宮中檔乾隆朝奏摺》，第十九輯，頁 826。雍正十年閏五月初六日，劉於義奏摺。

㉒ 《軍機處檔·月摺包》，第 2751 箱，36 包，53692 號，劉成林供詞。

㉓ 《軍機處檔·月摺包》，第 2751 箱，13 包，49509 號，侯剛玉供詞。

㉔ 《軍機處檔·月摺包》，第 2765 箱，86 包，，15603 號。乾隆三十六年十二月十六日。富明安奏摺錄副。

㉕ 《史料旬刊》（台北，國風出版社，民國五十二年六月），第十六期，天 579。乾隆三十四年二月十二日，楊廷璋奏摺。

㉖ 《外紀檔》（台北，國立故宮博物院），道光五年十一月二十八日，據英和等奏。

㉗ 《雍正朝漢文硃批奏摺彙編》（江蘇，古籍出版社，1991 年），（一），頁 328。雍正元年四月，董思恭奏摺。

㉘ 《史料旬刊》，天 580，乾隆三十四年二月十二日，楊廷璋奏摺。

㉙ 《東案口供檔》（台北，國立故宮博物院），頁 71。乾隆三十九年，李貴供詞。

㉚ 《東案口供檔》，乾隆三十九年，頁 13。

㉛ 《史料旬刊》，第十一期，天 373。雍正十三年五月十二日，趙弘

恩奏摺。

⑧² 《明清檔案》，第 103 冊（台北，中央研究院，民國七十六年七月），頁 B58359。乾隆六年六月二十六日，杭奕祿等奏副。

⑧³ 《宮中檔雍正朝奏摺》，第四輯（民國六十七年二月），頁 452。

⑧⁴ 《軍機處檔‧月摺包》，第 2705 箱，128 包，2966 號。乾隆四十六年正月二十四日，郝碩奏摺錄副。

⑧⁵ 《宮中檔乾隆朝奏摺》，第十七輯（民國七十二年九月），頁 378。乾隆二十八年四月初五日，兆惠等奏摺。

⑧⁶ 《宮中檔乾隆朝奏摺》，第十七輯，頁 457。乾隆二十八年四月十四日，方觀承奏摺。

⑧⁷ 《宮中檔乾隆朝奏摺》，第七輯（台北，國立故宮博物院，民國六十五年九月），頁 846，王鴻緒奏摺。

⑧⁸ 《軍機處檔‧月摺包》，第 2740 箱，27 包，2981 號。乾隆十四年正月二十五日，方觀承奏摺錄副。

⑧⁹ 《宮中檔雍正朝奏摺》，第二十五輯（民國六十八年十一月），頁 370。雍正十三年十一月初三日，監察御史倉德奏摺。

⑨⁰ 中國第一歷史檔案館編，《乾隆朝上諭檔》（北京，檔案出版社，1991 年 6 月），第十三冊，頁 394。乾隆五十一年八月十七日，邢士花供詞。

⑨¹ 《乾隆朝上諭檔》，第十三冊，頁 25。乾隆五十一年二月初五日，吉夢熊占辭。

⑨² 《天地會》（北京，中國人民大學出版社，1983 年 3 月），（四），頁 399。乾隆五十三年三月初三日，陳梅供詞。

⑨³ 《天地會》，（二），頁 370。乾隆五十二年六月二十九日，連清水供詞。

⑨⁴ 《天地會》，（二），頁 370。乾隆五十二年六月二十九日，連清

水供詞。

⑨⑤　《天地會》，（二），頁 257。乾隆五十二年五月十四日，金娘供
　　　詞筆錄。

⑨⑥　《宮中檔乾隆朝奏摺》，第六十八輯（民國七十六年十二月），頁
　　　270。乾隆五十三年五月十五日，福康安奏摺。

⑨⑦　《清高宗純皇帝實錄》，卷 1132，頁 13。乾隆四十六年閏五月初
　　　八日，諭旨。

⑨⑧　《起居注冊》（台北，國立故宮博物院），乾隆元年五月十七日，
　　　諭旨。

⑨⑨　《軍機處檔‧月摺包》，第 2772 箱，15 包，2069 號。乾隆十三年
　　　三月初八日，顧琮奏摺錄副。

⑩⑩　《宮中檔乾隆朝奏摺》，第十七輯（民國七十二年九月），頁79。
　　　乾隆二十八年二月二十八日，葉存仁奏摺。

⑩①　《宮中檔乾隆朝奏摺》，第八輯（民國七十一年十二月），頁
　　　560。乾隆十九年五月二十一日，黃廷桂奏摺。

⑩②　《宮中檔乾隆朝奏摺》，第二十七輯（民國七十三年七月），頁
　　　580。乾隆三十二年閏七月十九日，吳紹詩奏摺。

⑩③　《清高宗純皇帝實錄》，卷 1221，頁 3。

⑩④　卓新平撰，〈論西方宗教學研究的主體、方法與目的〉，《中國社
　　　會科學研究院學報》，1988 年，第四期（北京，1988 年 7 月），
　　　頁 53。

法古與仿古：從文獻資料看清初君臣對古代書畫器物的興趣

一、同化融合－滿族漢化與歷代傳統文化的提倡

　　探討仿古的問題，不能忽略文化的概念。文化是一系列的規範或準則，文化的特點，它是學得的，一體化，共有的，以象徵符號爲基礎的。文化也具有民族性，地域性，不同的民族，不同的地理環，各有不同的文化。

　　漢文化是指漢民族的文化，但是漢民族在歷史上曾經不斷吸收、融合許多其他不同的民族，無論在體質人類學或文化人類學上都具有一定的複雜性，因而所謂漢文化，實際上是泛漢民族文化，以中原地區的典型漢民族文化爲主體和統治地位的共同體文化①。

　　滿族是以女眞族爲主體的民族共同體，清朝皇室統治者是建州女眞族的後裔，探討清代的仿古，不能忽略女眞族的漢化。民族間的同化過程，往往是雙向進行的，這也是形成民族共同體的重要條件。女眞族本身有它自己的民族文化，隨著形勢的發展，女眞族不斷吸收其他民族的成分，逐漸形成了新的民族共同體，包括蒙古族、建州地區的漢族及朝鮮族，一般稱之爲滿族。由於滿族進入漢文化覆蓋區的遼東地區，而使滿族的政治、文化及經濟體制產生了很大的變化。清太祖天命年間（1616-1626），金國內部出現了書房。清太宗皇太極繼承汗位後，書房擴大爲文館。天聰五年（1631），皇太極仿明體制，設立吏、戶、禮、

兵、刑、工六部。天聰十年（1636），改文館爲內三院，即內國
史院、內秘書院、內弘文院。內三院是按照參漢酌金的原則或準
則建構的，漢族文化是泛漢族文化，金是女眞族爲主體的政權，
金國文化含有濃厚的女眞族文化因素。內三院的設立，幾乎承襲
了明朝內閣、翰林院、六科中書、通政司等機構的職掌。皇太極
爲了健全新的政治體制，於崇德元年（1636）五月又在六部、內
三院的基礎上設立了督察院，這個機構基本上是按照明朝制度建
立起來的政權監察系統②。滿族從建立六部到改文館爲內三院以
及設立督察院，大都本著官制有配套，仿明制要根據滿族的實際
情況斟酌損益等準則進行的，也可以反映滿族的漢化過程，其特
點是政治制度的仿古。皇太極在位期間，積極提倡翻譯漢文典
籍，例如《大明會典》、《素書》、《三略》、《三國志通俗演
義》等。其中《大明會典》的譯出滿文，對皇太極仿明制度改組
其政權體制，產生了極大的影響。崇德元年（1636），皇太極派
遣大學士范文程去祭祀先師孔子。皇太極翻譯儒家經典，祭祀先
師孔子，都說明他已經開始把滿族的民族文化納入了泛漢民族傳
統文化的系統之中，落實於文化層面的法古與仿古。此外，《資
治通鑑》等史書，也譯出滿文。清朝定鼎中原後，經史子集如
《周易》、《書經》、《國語》、《詩經》、《春秋》、《孝
經》、《四書》等，都有滿文譯本。康熙五十年（1711），耶穌
會士傅聖澤奉命與白晉共同學習《易經》，撰有《易經稿》。乾
隆二年（1737），馮秉正將滿文本的《資治通鑑》譯成法文，取
名《中國通史》。是書，費時六載，譯書稿寄送里昂圖書館③。
清初以來，清朝君臣對歷代善本古籍及書畫器物的保存、整理，
都是滿族漢化的具體表現。由於滿族的積極漢化，爲清初君臣的
法古與仿古提供了有利的條件。

二、臨摹法帖－康熙皇帝對古代名家墨蹟的臨摹

　　清聖祖康熙皇帝玄燁是清世祖順治皇帝的第三子。《清史稿·聖祖本紀》記載康熙皇帝六齡，偕兄弟問安。世祖問所欲，皇二子福全言：「願爲賢王。」康熙皇帝則言：「願效法父皇。」康熙皇帝在位期間，潛心於孔孟之道和程朱理學，他認爲帝王之道，以堯舜爲極，孔孟之學，就是堯舜之道，他不僅立志效法父皇，而且以上接二帝三王的道統文化爲己任。他勤求治理，也留心學問，在日理萬幾餘暇，常舉行經筵，御門聽政前後，由講官逐日進講《四書》、《五經》等書，他偶遇身體違和，仍進講不輟。或有一字不解，即與講官，反覆討論，期於貫通義理。康熙皇帝不僅武功頗有表現，其整理古籍，也是不遺餘力，《康熙字典》、《佩文韻府》、《淵鑑類函》、《駢字類編》、《古今圖書集成》等書編纂刊印，留下了不朽的學術貢獻。

　　康熙皇帝採行密奏制度後，臣工奏摺，都由他親手批諭發還，從不假手於人，這與他的勤習書法有關，他自己說過：

> 朕自幼好臨池，每日寫千餘字，從無間斷。凡古名人之墨蹟石刻，無不細心臨摹，積今三十餘年，實亦性之所好。即朕清字，亦素敏速，從無錯誤。凡批答督撫摺子，及硃筆上諭，皆朕親書，並不起稿④。

　　康熙皇帝親書硃批諭旨，並不起稿，得力於對古代名家墨跡的細心臨摹。書法、繪畫，都是一種藝術的表現。康熙皇帝說過：

> 人果專心於一藝一技，則心不外馳，於身有益。朕所及明季人與我國之耆舊善於書法者，俱壽考而身強健，復有能畫漢人，或造器物匠役，其巧絕於人者，皆壽至七、八

十，身體強健，畫作如常。由是觀之，凡人之心志有所
專，即是養身之道⑤。

寄情於書畫器物，可以延年益壽，身體強健。康熙皇帝認為
書法是心體所寓，心正則筆正，書大字如小字。他認為善書法
者，雖然多出自天性，但大半還是靠勤學。他一再說「朕自幼好
書」，雖至年老，政務繁忙，亦必書寫幾行字，一日也不曾間
斷。南巡期間，他在行宮讀書寫字，每至夜分，仍然樂此不疲。
康熙皇帝的書法，自幼就是得自真傳，《聖祖仁皇帝庭訓格言》
記載他自述學習書法的經過說：

> 朕八歲登極，即知黽勉學問。彼時教我句讀者，有張、林
> 二內侍，俱係明時多讀書之人，其教書惟以經書為要。至
> 於詩文，則在所後。及至十七、八，更篤於學，逐日未理
> 事前五更即起誦讀，日暮理事稍暇，復講論琢磨，竟至過
> 勞，痰中帶血，亦未少輟。朕少年好學如此，更耽好筆
> 墨，有翰林沈荃，素學明時董其昌字體，曾教我書法，
> 張、林二內侍，俱及見明時善於書法之人，亦常指示，故
> 朕之書法，有異於常人者以此⑥。

翰林沈荃，字貞蕤，號繹堂，江蘇華亭人，工於書法，為時
人所仿效。沈荃所學的書法，就是董其昌的字體，他曾經親自教
康熙皇帝寫書法。閩浙總督范時崇具摺奏稱：「臣自幼時所寫之
仿，係臣父同榜進士沈荃所書，筆多帶行，字如栗大。」沈荃的
書法特點筆多帶行，字如栗大。康熙十六年（1677）五月十四
日，沈荃進呈奉旨草書《千字文》、《百家姓》。康熙皇帝令講
官喇沙里傳諭給沈荃說：「朕素好瀚墨，以爾善於書法，故時令
書寫各體，備朕摹仿玩味，今將朕所書之字賜汝，非以為佳，但
以摹仿爾字，故賜汝觀之，果相似否？」董其昌書法，主要源自

晉人，其最大特色，就是高秀圓潤，豐神獨絕。康熙皇帝喜歡臨
沈荃的書法，主要就是因爲沈荃的書法是學習董其昌的字體，康
熙皇帝喜歡董其昌的字體，康熙皇帝在〈跋董其昌書〉中指出，
「朕觀昔人墨蹟，華亭董其昌書〈書錦堂記〉，字體通媚，於晉
唐人之中，獨創新意，製以爲屏，列諸座右，晨夕流覽，寧不遠
勝鏤金錯彩者歟！」康熙二十一年（1682）二月初八日，屏風裝
潢告成，還剩下餘幅，康皇帝以沈全同是華亭人，與董其昌是同
鄉，又向來學習董其昌筆法，於是令沈荃在餘幅書寫題跋。由此
可知康熙皇帝喜歡臨摹沈荃和董其昌的書法。

　　《曹娥碑》和《快雪時晴帖》眞蹟，筆勢清圓秀勁，康熙皇
帝在萬幾餘暇，不時觀賞，披玩摹仿。康熙皇帝親跋王羲之《曹
娥碑》眞蹟云：

> 曹娥碑傳爲晉王右軍將軍王羲之之得意書。今睹眞蹟，筆
> 勢清圓秀勁，眾美兼備，古來楷法之精，未有與之匹者，
> 至今千餘年，神采生動，透出絹素之外。朕萬幾餘暇，披
> 玩摹仿，覺晉人風味，宛在几案間，因書數言識之⑦。

　　宮中收藏古人法書甚豐，康熙皇帝除留心經史之餘，亦常取
古人墨蹟臨摹。王羲之所書曹娥碑眞蹟，古來楷法之精，都不能
望其項背，因此，康熙皇帝時加披玩摹仿。

　　宋太原人米芾，與蘇軾、黃庭堅、蔡襄並稱四大家。米芾書
法在四大家中，特爲雄奇峭拔，史稱其書法沉著飛嘉，得王獻之
筆意，超妙入神。康熙皇帝也喜歡臨摹米芾墨蹟，他認爲米芾書
法，豪邁自喜，縱衡在手，肥瘦巧拙，變動不拘，出神入化，莫
可端倪，可以和晉唐諸家爭衡。

　　湖州人趙孟頫，他篆籀分隸眞行草書，冠絕古今。康熙皇帝
指出歷代書法，自宋四大家以來，盡變唐法，趙孟頫起而矯之，

全用晉人王羲之，王獻之矩矱。他比較米芾、趙孟頫二人書法後
指出，米芾是以天勝，趙孟頫則以人勝，天分得自性生，不可勉
強。康熙二十一年（1682）八月初八日，康熙皇帝御保和殿，舉
行經筵大典，講官徐元文、庫勒納進講《四書》，牛鈕、陳廷敬
進講《尚書》。經筵結束後，康熙皇帝御乾清宮練習書法，召牛
鈕、陳廷敬至乾清宮。《起居注冊》記載康熙皇帝和牛鈕、陳廷
敬君臣對話的內容頗詳，節錄一段內容如下：

> 時，上方御翰墨，命二臣近榻前，指所臨帖謂曰：「此黃
> 庭堅書，朕喜其清勁有秀氣，每暇時則一臨摹，汝等審視
> 果真蹟否？」二臣奏：「蘇、黃、米、蔡，宋書之最有名
> 者，而此書又庭堅得意之筆。皇上萬幾餘暇，留心青史。
> 至於書法，亦可陶養德性，有益身心。」
> 上曰：「然。」命近侍雜取晉唐宋元明人字畫真蹟卷冊，
> 置榻上，每進一卷冊，上於御案上手自舒卷，指點開示。
> 或誦其文句至於終篇，或詳其世代爵里事實，論其是非成
> 敗美惡之跡，且閱且語。中間所賜覽古今來諸名家真蹟神
> 品，至五、六十餘種，不可殫述。至顏真卿書，則諭謂此
> 魯公書，嚴氣正性，可卜後來臨難風節。二臣奏：「真卿
> 當唐明皇時，安祿山之亂，河朔盡陷，真卿固守平原。
> 初，明皇聞亂，嘆曰：河北二十四郡，無一忠臣耶？及真
> 卿奏至，帝謂左右曰：朕不識真卿為何如人？乃能若是。
> 此可見忠臣義士，人君貴養之於平時，然後用之於一旦。
> 今觀其書，可想見其嚴霜烈日，凜然生氣。上曰：
> 「然。」又論黃庭堅生平大節。二臣奏：「庭堅當宋哲
> 宗、徽宗時，以直貶謫，恬然不以為意。後屢遭斥逐，著
> 有清節。大抵文章翰墨可傳於後世者，類皆賢人君子為

多。」上曰：「然⑧。」

由前引君臣談話內容，可知清宮珍藏歷代名家字畫眞蹟之富，康熙皇帝召見大臣，所賜覽的名家眞蹟神品，及多至五、六十種。由於滿族的漢化，康熙皇帝的喜好，宮中收藏了晉唐宋元明名家字畫眞蹟手卷冊頁，相當豐富，使歷代名家字畫眞蹟得以保存下來，清初諸帝熱愛古代文物，珍惜字畫眞蹟，就是提倡傳統文化的具體表現。康熙皇帝對古人墨蹟，喜歡展玩，雅好臨摹，所仿卷軸，動至盈千。他認爲賞玩臨摹古人名家眞蹟，可以陶養德性，有益身心。

顏眞卿是唐朝萬年人，正色立朝，剛而有禮，世稱顏魯公，生平善正草書，筆力猶婉。論者謂宋四家書，皆從魯公入，康熙皇帝認爲顏眞卿的書法，「凝重沉鬱，奇正相生，如錐畫沙，直透紙背，覺忠義之氣，猶勃勃楮墨之間。」康熙皇帝旣重其人，更愛他的書法，他不同意宋四家書皆從魯公入的論點，因宋四家天份高出一時，神明變化於古人，實不盡拘於成法，是「以跌蕩取勢，以雄秀取態」，變化於古，而不專主於魯公。郭畀認爲「東坡晚歲自海外挾大海風濤之氣作字，如古搓怪石，如怒龍噴浪。」康熙皇帝同意他的說法，認爲蘇軾的書法，並非區區成法所能盡拘。

黃庭堅的文章學問，固然卓爾不群，而其行書和草書，亦自成一家。宋哲宗元祐年間（1086-1093），黃庭堅曾於僧舍作草書，蘇軾賞歎再四。康熙皇帝引黃庭堅自述後指出元祐間，黃庭堅筆意癡鈍，用筆多不到，晚歲入峽，見長年盪槳，乃悟筆法，其草書遂異。康熙皇帝在〈跋黃庭堅墨跡後〉文中指出黃庭堅匠作行書，「剗去姿媚，獨存風骨，直欲與蘇軾分道揚鑣，不肯俯循其轍間，或雄姿猛氣逸出常度，亦無傷其爲神駿。」康熙皇帝

不僅喜愛收藏歷代名家墨跡，同時也喜歡賞玩臨摹眞蹟，一方面是漢化的表現，一方面也有助於仿古風氣的盛行。

三、琳瑯滿目－清朝抄家檔案中的古玩字畫

有清一代，京外臣工，對歷代書畫器物的珍藏，蔚爲風氣。從現存抄家檔案清單的紀錄，可以了解京外文武職大小官員所珍藏的古代文物，各有千秋。大學士、軍機大臣和珅弄權舞弊，他「跌倒」後，家產被查抄，所列清單，共一百零九號，其中所藏金銀玉石古玩等類，不計其數，包括古銅瓶二十座，古銅鼎二十二座，漢銅鼎十一座，古銅海三十三座，古劍十口，端硯七百零六方，玉鼎十八座，宋硯十一方，玉磬二十八架，古玩舖十三座，磁器庫中的各種磁器共九萬六千一百八十四件。此外，他在劉、馬二家人宅內寄放的金銀古玩，估銀三百六十八萬六千兩，其中有內務府所無者。

乾隆二十二年（1757），雲貴總督恒文家產被鈔後，其解送內務府的古玩器物，包括漢玉松鸞花挿等項玩器計五十一件，估銀一千九百四十三兩，周壺、商罍等類古玩銅器十四件，約估銀六百四十八兩，樂鐘一座，約估銀兩一百兩，銅鼓五面，約估銀兩五十兩⑨。內務府將送到恒文鈔家物件繕寫清單進呈御覽，其中古玩器物包括漢玉松鸞花挿、漢玉豆漢玉雙龍罍、漢玉花囊、漢玉駱駝、漢玉長水盛、漢玉圜、漢玉天祿鎭紙、漢玉墨床、漢玉四方罍、漢玉梅壽花挿、漢玉珮、漢玉斧珮、周壺、商罍、漢硯頭瓶、古爐、古銅花挿、鈞窯瓶、成窯花囊、龍泉小畫碟、宣窯雙喜爐、定窯碗、定窯筆洗、漢玉暖手、漢玉拱璧等物件，此外，還有王原祁册頁一副，趙千里、仇十洲手卷二匣，唐寅畫一軸，眞是琳瑯滿目。

　　蔣洲，江南常熟人，他是大學士蔣廷錫之子，自主事累遷至山西布政使。乾隆二十二年（1757），遷山西巡撫，因貪縱虧空被劾抄家，其任所內所查出物件送到內務府後，內務府繕寫清單進呈御覽。除金銀珠寶外，珍藏各樣字畫五十八軸，各樣手卷四十一卷，各樣冊頁三十二副。古銅朝冠鼎、古銅三喜鼎、宋嵌彝罇、未嵌鷹熊觥、青綠古銅大花插、古銅天綠彝罇、石銅釜、古銅卣、古銅盆、古銅寶月瓶、古銅三元鼎、青綠古銅方瓶、古銅鐸、青綠古銅小花插、古銅圓連登爐、銅宣化鐸等等，品類繁多，每類數件，可以反映巡撫蔣洲對古玩的喜好。

　　貴州布政使錢度，原籍常州，寄居江寧等處。乾隆三十七年（1762），他被抄家，家產物件，造冊解送內務府，內務府按冊點收，繕寫清單，進呈御覽後，入庫存放，成了清宮文物。其中除銅器、玉器、磁器、傢俱、石器、石硯等古玩外，還查出了相當多的名家字畫，節錄清單中名家字畫項下名目如下：

　　　張照字一軸，董其昌字一軸，王鴻緒字一卷，王虛舟尺素一卷，陳白泉字一軸，趙子昂字一軸，朱子字手卷一軸，董其昌字手卷一軸，王孟津字一軸，董其昌字一軸，黃山谷字一軸，方亨咸字一軸，楊大鶴字一軸，董其昌煙雲萬里圖手卷一軸，董其昌觀音一軸，白陽山人陳道復山水一軸，惲壽平萬壑奔流圖一軸，郭河陽山水手卷一軸，劉松年畫卷一軸，唐寅者英圖一軸，唐寅山水一軸，文徵明蘭石一軸，文徵明山水一軸，文五峰秋山魚艇一軸，王石古山水一軸，王原祁山水一軸，王原祁山水二軸，惲壽平花卉一軸，惲壽平竹石一軸，惲壽平秋香玉兔一軸，惲壽平栢樹一軸，惲壽平牡丹一軸，薛辰令起蛟圖一軸，薛楚芳草蟲手卷一軸，趙子昂馬一軸，王蒙山水一軸，惲壽平山

水二軸，惲壽平桐菊一軸，惲壽平江帆圖一軸，王霖蘆渡
圖一軸，米友仁山水一軸，王原祁山水一軸，葉雨寒梅圖
一軸，唐寅山水耆英圖一軸，董其昌山水一軸，王翬山水
一軸，惲壽平山水一軸，惲壽平松鶴一軸，惲壽平蒲塘花
卉一軸，郭河陽山水一軸，呂紀松鶴一軸，文徵明山水一
軸，惲壽平花卉二軸，見齋八駿手卷一軸，關仝山水手卷
一軸，王原祁山水一軸，顧正誼書卷一軸，文徵明花卉一
軸，蘭亭手卷一軸，仇十洲漢宮春曉手卷一軸，王武花卉
一軸，惲壽平松石一軸，明人集錦扇面冊一本，錦面集錦
字畫扇面冊二本，集錦字畫扇面冊一本，王翬畫冊一本，
惲壽平扇面花冊一本，楠木面惲壽平扇面冊二本，字畫扇
二匣，計二十把，宋元畫冊一本，畫冊一本，明人畫冊一
本，宋元明畫冊一本，沈周畫冊一本，唐宋畫冊一本，集
錦畫冊一本，舊爛畫冊一本，趙子昂鄒文忠公碑一本，趙
子昂尺牘一本，張宗蒼畫冊一本，王翬畫冊一本，舊人畫
冊一本，文徵明眞蹟一本，楠木面假宋版陶詩冊十本⑩。

　　前列清單，包含唐宋元明名家字畫，例如趙孟頫
（1254-1322），字子昂，宋太祖子秦王德芳後人。入元，官刑
部主事，累遷翰林學士，其字畫都自成一家，書稱趙體，畫變南
宋畫院格調，開元代畫風。清單中列有趙子昂字、馬各一軸，鄒
文忠公碑、尺牘各一本。元畫家王蒙（1308-1385），是趙孟頫
的外甥，擅畫山水，前列清單中含有王蒙山水一軸。明書畫家董
其昌（1555-1636）的作品，亦見於前列清單，包括字三軸，煙
雲萬里圖手卷，觀音、山水各一軸。明畫家沈周
（1427-1509），與唐寅、文徵明、仇英並稱明代四大家，前列
清單中含有沈周畫冊一本，唐寅耆英圖二軸，山水一軸。文徵明

眞蹟一本，蘭石一軸，山水二軸，花卉一軸。仇十洲即仇英漢宮春曉手卷一軸。此外，也有朱子字手卷。至於清代名家字畫，爲數更多。抄家檔案確實可以反映官員對古玩字畫的收藏，形成了社會風氣。被抄的古玩字畫都解送內務府，入了宮，成了清宮的收藏。

　　乾隆四十六年（1781），浙江巡撫王亶望寓所被查抄後分項造冊、衣服等項解交崇文門，銀兩金珠寶玉、古玩字畫等項解交內務府。其應解字畫冊卷內容如下：

> 文衡山書絕句冊頁一本，東坡金剛經法貼冊頁一本，佑聖觀玄武殿碑法帖一本，文徵明墨字冊頁一本，貼絨花卉冊頁一本，九如圖冊頁一本，李邕法帖冊頁二本，新羅山人花卉山水冊頁一本，惲壽平花卉冊頁一本，冷文煒臨聖教序冊頁一本，御製農器圖冊頁一本，王石古山水冊頁一本，董其昌墨寶冊頁一本，羅源漢法帖冊頁一本，金農梅花冊頁一本，顏魯公法帖三部，計三件，陸瓚隸書帖二部，四冊，計二件，倪雲林山水畫一軸，惲慶生梅花畫一軸，沈周慈烏畫一軸，惲壽平臨宋眞蹟一軸，沈石田山水畫一軸，倪瓚山水畫一軸，陸治花卉畫一軸，張玉書畫一軸，董其昌字一軸，鐵梗海棠畫一軸，新羅山人寒鳩花竹畫一軸，錢選花卉畫一軸，惲壽平菊一軸，白雲外史眞蹟，沈石田山水畫一軸，錢穀人物畫一軸，錢穀山水畫一軸，王衡字一軸，王澍字一軸，宋懋晉山水一軸，盛子昭山水畫一軸，沈宗敬山水畫一軸，項元忭山水畫一軸，新羅山人牡丹畫一軸，李長衡山水畫一軸，王冕墨梅畫一軸，王蘭花畫一軸，王石谷山水畫一軸，陸包山臘梅花畫一軸，安仁仿趙千里漢宮雪景畫一軸，文徵明獨坐看泉圖

畫一軸，新羅山人畫眉畫一軸，黃大癡山水畫一軸，文伯仁山水畫一軸，周之冕梅花一軸，宋比玉光生墨妙畫一軸，王石谷山水畫一軸，荷花畫一軸，項墨林杞菊圖一軸，陸包山墨牡丹畫一軸，臘梅花一軸，王若水花鳥畫一軸，鐵生松壑圖一軸，雪景畫一軸，金壽門梅花一軸，董其昌字屏面捌條，時人畫屏面十條，董其昌字屏面十條，王鐸字屏面八條，王石谷山水畫一軸，顧繡歲兆圖一軸，新羅山人堂畫一軸，壽星蔴姑堂畫一軸，新羅山人松竹堂畫一軸，新羅山人花卉翎毛堂畫一軸，趙雍山水樓閣堂畫一軸，新羅山人松樹堂畫一軸，元管道昇竹樹堂畫一軸，華秋岳梧岡鳴鳳堂畫一軸，明周臣春疇柳陰堂畫一軸，新羅山人三星山水堂畫一軸，麻姑壽意畫一軸，浦文璿鶴堂畫一軸，新羅山人鳳桐畫一軸，惲壽平香國恒春堂畫一軸，松鹿圖畫一軸，明謀鶴諸仙祝壽畫一軸，時人竹鳥圖畫一軸，葛徵奇溪山秋水畫一軸，宋旭達摩祖師一軸，惲壽平山水畫一軸，壽星圖堂畫一軸，惲壽平群山祝壽圖堂畫一軸，燿卿打獵圖堂畫一軸，仇英海山樓閣畫一軸，仇英仙算圖畫一軸，惲壽平花卉畫一軸，大士出山墨碑像一軸，呂紀天香圖堂畫一軸，王翬秋林平遠畫一軸，漢宮春曉屏面十二條一卷，顧繡畫一軸，百壽圖畫一軸，刻絲八仙畫一軸，渤海藏眞帖四套，每套四冊，又一套，渤海藏眞帖四十部，未裱，計四十束，史閣部像贊一捲，明人字畫扇面冊頁二件一匣，沈周滄浪圖一捲，文衡山墨跡千字文手捲，明人字畫扇面冊頁一本，元宋明人冊頁一本，王武罌粟花一軸，趙松雪墨搨赤壁賦四件一匣，張風水墨畫四件一匣，周東邨山水畫一軸，仇英臨趙伯駒手卷，趙千

里瀛海仙人圖一捲，董其昌墨跡一捲，董文敏臨天馬賦手捲，董文敏臨米真蹟手捲，袁江花果手捲，沈周墨蹟一捲，泥金無量壽佛一軸，王翬山水畫一軸，錢選群仙圖一捲，仇英山水，馬遠大士像董其昌寫心經手捲，白陽山人陳道複四季畫四軸，計四匣，謝時臣山水大堂畫一軸，錢選放鶴圖手捲，沈石田巖桂香馥圖一捲，新羅山人畫冊頁一本，陸包山花卉冊頁一本，錢穀山水一捲，惲壽平翠柏春暉畫一軸，董其昌臨月儀帖手捲一軸，宋蘇子瞻法書真蹟手捲，歸昌世墨竹一捲，唐寅石秋林一卷，仇十洲七賢過關圖一捲，惲楠田龍池恩澤畫一軸，唐寅人物山水手捲，王汝鄰山水畫一軸，上官用山水畫一軸，彭翼麻姑仙畫一軸，杜陵女史海鶴蟠桃一軸，錢舜舉採芝獻壽畫一軸，顧繡花卉一軸，顧繡菊花一軸⑪。

　　前引清冊中含字畫冊卷共一百九十九件，包括唐宋元明清名家字畫。李邕（678-747），唐揚州江都人，字泰如。唐玄宗時，曾任北海太守，世稱李北海，善書，初學王羲之，後來擺脫形跡，自創風格，時稱「書中仙手」。

　　前引清冊中含有〈李邕法帖冊頁〉，二本。顏真卿（709-783），唐臨沂人，字清臣，封魯公，世稱顏魯公，前引清冊中含有〈顏魯公法帖〉三部。蘇軾（1036-1101），宋眉州眉山人，字子瞻，號東坡居士，書畫俱有名。

　　前引清冊中含有〈東坡金剛經法帖〉冊頁一本，〈蘇子瞻法書真蹟手捲〉一件。管道昇（1262-1319），元吳興人，字仲姬，嫁趙孟頫，世稱管夫人，善畫墨竹蘭梅，筆意清絕，也工魚山水佛像，書法行楷，與趙孟頫幾不能辨。倪瓚（1301-1374），元末畫家，江蘇無錫人，善畫山水，多為水墨

畫，早年以董源爲師，晚年自成風格，以幽遠簡淡爲宗。家藏法書名畫甚多，他和黃公望、王蒙、吳鎭，並稱元末四大家。

前引清册中含有倪瓚山水畫一軸。王冕（1335-1407）明浙江諸暨人，字元璋，善畫梅，號梅花屋主，前引清册中含有王冕墨梅畫一軸。周臣是吳縣人，明代畫家，善畫山水人物，峽深嵐厚，極盡意態，唐寅（1470-1523）曾從周臣學畫法。仇英出現工匠，出師周臣學畫，又長期在收藏家項元汴天籟閣從事臨摹和創作，所作人物、山水，多取材於歷史故事及士大夫生活，刻畫精細，色彩富麗。唐寅、沈周、文徵明、仇英合稱明四家，又稱吳門四家。

前引清册中還有項元汴山水畫一軸，項墨林杞菊圖一軸。周臣春疇柳陰堂畫一軸，周東邨山水畫一軸。唐寅石磵秋林一捲，唐寅人物山水手捲。沈周慈烏一軸，沈石田山水畫二軸，沈周花卉畫一軸，沈周墨蹟一軸，沈石田巖桂香馥圖一捲。文徵明（1470-1559），長州人，號衡山。前引清册中還有文衡山書絕句册頁一本，文徵明墨字册頁一本，文徵明獨坐看泉圖畫一軸，文衡山墨蹟千字文手捲一件。仇英的字畫包括臨趙伯駒手捲、海山樓閣畫、仙算圖、山水、七賢通關圖等。董其昌的字畫包括墨寶册頁一本、字一軸、字屏面十八條、墨蹟一捲、董文敏臨天馬賦手捲、董文敏臨米眞蹟手捲、董其昌臨月儀帖手捲一軸等。

前引清册中的新羅山人，原名華嵒（1682-1756），字秋岳，新羅山人是他的號，又號白沙，東園生，福建臨汀人，長期寓居揚州，以賣畫爲生。他善畫人物、山水、花鳥、草蟲，脫去時習，力追古法，風格清新俊逸。他也工詩，善書。他的詩、書、畫，有三絕之稱。前引清册中的〈新羅山人花卉山水册頁〉、〈新羅山人寒鳩花竹畫〉、〈新羅山人牡丹畫〉、〈新羅

山人畫眉畫〉、〈新羅山人堂畫〉、〈新羅山人松竹堂畫〉、〈新羅山人花卉翎毛堂畫〉、〈新羅山人松樹堂畫〉、〈新羅山人三星山水堂畫〉、〈新羅山人鳳桐畫〉、〈新羅山人畫册頁〉等等，都是華嵒的作品，他以賣畫爲生，王亶望在浙江巡撫任內購買不少新羅山人的畫作。前引唐宋元明清歷代名家書畫都因乾隆皇帝的抄家而入了清宮。

　　前引字畫清册中含有部分名家臨本，例如冷文煒臨聖教序册頁一本、惲壽平臨宋眞蹟一軸、仇英臨趙伯駒手卷、董文繁即董其昌臨米眞蹟手卷、臨天馬賦手卷、臨月儀帖手卷，此外，也有安仁仿趙千里漢宮雪景畫等等。對照《石渠寶笈》，有許多抄家入宮的字畫名稱，與《石渠寶笈》著錄的名稱多雷同，例如〈王蒙仙水〉、〈仇十洲漢宮春曉手卷〉、〈仇英山水〉、〈倪瓚山水〉、〈董其昌臨天馬賦手捲〉、〈董其昌觀音〉等等，從清代文武大臣對歷代古玩字畫收藏風氣的盛行及抄家後繳交內務府古玩字畫數量的龐大，確實可以反映清朝君臣對歷代書畫器物的興趣與熱愛。

四、畫苑仿古－清宮畫苑的仿古作業

　　清初以來，宮中仿古的風氣，極爲盛行，乾隆皇帝不僅令清朝畫家仿古畫，亦令供職於如意館的西方耶穌會士仿古畫。譬如乾隆六年（1741）十一月十四日，郎世寧與冷枚、丁觀鵬、金昆奉命仿宋蘇漢臣〈太平春市圖〉手卷畫，各起稿一張。乾隆十一年（1746）二月十五日，丁觀鵬奉命臨李公麟〈擊毬圖〉畫〈唐明皇擊鞠圖〉一卷，宣紙本，縱一尺一寸一分，橫七尺九寸。白描畫明皇乘馬擊鞠，侍者男女八人，閹宦七人，旗仗毬門具備⑫。同年閏三月初六日，乾隆皇帝命唐岱仿王蒙及郭熙大畫各一

幅。六月初八日，丁觀鵬奉旨仿宋人〈十八學士圖〉一卷。同年七月，金昆奉命臨元人〈射鷹圖〉一軸。乾隆皇帝仿古畫的興趣，極爲濃厚，但因他令西洋耶穌會士仿古畫，而具有清朝的特色。

乾隆十二年（1747）三月十七日，郎世寧奉命仿陳容〈九龍圖〉一張。同年五月二十一日，乾隆皇帝命周鯤、沈源仿趙千里〈金碧山水〉合畫掛屛一幅。同年七月十一日，曹夔音奉命臨關仝畫一幅。曹夔音與金昆、張鎬奉命照王維舊畫〈輞川圖〉放大畫一張。同年十月二十七日，丁關鵬、周昆、姚文瀚、曹夔音奉命仿丁雲鵬羅漢手卷畫二卷。

乾隆十三年（1748）正月二十七日，沈源奉命仿焦秉貞畫意畫〈閣樓山水人物〉、〈鴛鴦畫〉各一張。同年五月二十四日，丁觀鵬仿畫〈韓滉七才子圖〉手卷。同年七月二十六日，郎世寧奉命仿〈木蘭圖〉一幅，高一丈，寬六尺。同年八月十七日，郎世寧、王致誠、丁觀鵬、姚文瀚奉命仿劉宗道〈照盆孩兒〉各畫一張。

乾隆十四年（1749）七月十五日，丁觀鵬奉命仿丁雲鵬〈十八羅漢手卷〉畫二卷。乾隆十九年（1754）四月初四日，郎世寧奉命臨明朝宣德皇帝御筆（白猿圖）。乾隆二十二年（1757）十二月初九日，郎世寧、姚文瀚、方琮、金廷標奉命仿張向達〈馬圖〉合畫一幅。乾隆二十六年（1761）七月十五日乾隆皇帝命丁觀鵬仿宋人筆意畫〈群仙圖〉。由以上所舉各例可知乾隆年間仿古畫的風氣，相當盛行，郎世寧等耶穌會士也奉命臨仿歷代名家古畫。

乾隆年間所仿的古畫，《秘殿珠林》或《石渠寶笈》大都有著錄。例如《秘殿珠林》記載〈丁觀鵬摹宋人群仙祝壽圖〉一

軸，原書說明云，「宣紙本，縱六尺六寸，橫三尺一寸，設色畫
壽星坐松下磐石上，群仙拱祝，款乾隆二十七年菊月，摹宋人筆
意，臣丁觀鵬恭繪⑬。」對照內務府造辦處資料得知丁觀鵬奉命
仿宋人筆意畫〈群仙圖〉的時間是在乾隆二十七年（1762）七月
十五日。原名〈群仙圖〉，乾隆二十七年（1762）畫成，題為
〈群仙祝壽圖〉。

　　據《石渠寶笈》記載〈丁觀鵬太平春市圖〉一卷，「貯養心
殿，素絹本，著色畫。款識云，「乾隆七年四月，臣丁觀鵬奉敕
恭畫⑭。」對照內務府造辦處資料後得知乾隆六年（1741）十一
月十四日，乾隆皇帝命冷枚、丁觀鵬、金昆、郎世寧照宋蘇漢臣
〈太平春市圖〉手卷的畫意，各起稿一張，而貯於養心殿的一幅
是丁觀鵬仿蘇漢臣〈太平春市圖〉手卷畫意所畫的仿古畫。

　　據《欽定石渠寶笈續編》記載〈丁觀鵬畫唐明皇擊鞠圖〉一
卷，「宣紙本，縱一尺一寸一分，橫七尺九寸，白描畫明皇乘馬
擊鞠，侍者男女八人，閹宦七人，旗杖毬門俱備。款乾隆十一年
花朝月，臣丁觀鵬奉敕恭臨李公麟擊毬圖⑮。」對照內務府造辦
處資料後得知丁觀鵬奉敕臨李公麟〈擊毬圖〉畫〈唐明皇擊鞠
圖〉的時間是在乾隆十一年（1746）二月十五日，兩者所載內容
相符。

　　據《欽定石渠寶笈》記載〈丁觀鵬仿韓滉七才子過關圖〉一
軸，「素牋本縱三尺九寸五分，橫一尺七寸二分，設色畫松雲
外，遠見關門，岩下七騎，標明宋之問、王維、岑參、史白、李
白、高適、崔顥。款臣丁觀鵬奉敕恭摹韓滉筆意，鈐印二，臣觀
鵬恭畫。」圖中題御製詩，末附汪由敦跋云：「內府藏韓洸畫七
才子過關圖，標姓名者五，而缺其二，昔人嘗詳辨之，迄未能
定。皇上幾餘留賞，博稽旁證，題為王維、岑參以補所缺，各系

以詩，書於卷中，復命畫苑臣仿爲是幀，而臣備錄御製諸詩於
上，戊辰長夏，臣汪由敦恭紀⑯。」戊辰年相當於乾隆十三年
（1748），是江由敦於畫成後書寫跋紀的年份。由原跋可知內務
府原已藏有韓滉畫〈七才子過關圖〉。韓滉（723-787），唐長
安人，字太沖。唐肅宗至德中，任吏部員外郎，官至檢校左僕
射、同中書門下平章事、江淮轉運使，封鄭國公，晉封晉國公。
他善治《易經》、《春秋》，亦工於書畫，所畫田家風景，尤爲
其專長，所作牛馬，與韓幹齊名。對照內務府造辦處資料後可知
畫苑名家丁觀鵬奉敕仿畫〈韓滉七才子過關圖〉的時間是在乾隆
十三年（1748）五月二十四日，原資料所稱〈韓滉七才子圖〉手
卷就是《欽定石渠寶笈》中的〈丁觀鵬仿韓滉七才子過關圖〉，
對照原始資料，對於畫苑奉命仿古畫的過程，可以得到更清楚的
認識，由何人所仿？何時奉命仿作？何時完成？對繪畫史的研
究，提供了很珍貴的資料，同時也反映了仿古畫風氣的盛行。

【註　釋】

① 劉文鎖撰〈漢文化與古代新疆〉，《西北民族研究》，1997 年第
　2 期，頁 155。

② 《清史全集》，第一卷（潘陽，遼寧人民出版社，1991 年 7 月），
　頁 334。

③ 〈清宮畫家郎世寧年譜－兼在華耶穌會士史事稽年〉，《故宮博物
　院院刊》（北京，故宮博物院），1988 年，第 2 期，頁 48。

④ 《十二朝東華錄》，康熙朝，第二冊（台北，大東書局），卷15，
　頁 35。康熙四十三年七月乙卯，諭旨。

⑤ 《聖祖仁皇帝庭訓格言，《文淵閣四庫全書》（台北，商務印書
　館），第 717 冊，頁 635。

滿文本《起居注册》

趙千里瀛海仙人圖壹捲
董其昌墨蹟壹捲
董文敏臨天馬賦手捲
董文敏臨米真蹟手捲
袁江花果手捲
沈周墨蹟壹捲
泥金羅漢壽佛壹軸
王翬山水畫壹軸
俏英山水壹捲
犀仙圖壹捲

馬遠大士像董其昌寫心經手捲
白陽山人陳道復四季畫詩軸計肆匣
謝時臣山水大堂畫壹軸
錢逸放鶴圖手捲
沈石田嚴桂香馥圖壹捲
新羅山人畫册頁壹本
陸包山花卉册頁壹本
淺絳山水壹捲

惲壽平柏蔭畫壹軸
董其昌臨月儀帖手捲壹軸
宋穆手臨法書真蹟手捲
歸昌世墨竹壹卷
唐寅石磵秋林壹卷
仇十洲之腎過閣圖壹捲
惲南田龍池思浮畫壹軸
唐寅人物山水手捲
王澍邨山水畫壹軸

彭巽麻沽仙畫壹軸
杜陵女史海鶴蟠桃壹軸
戴聲祭椶芝獻壽畫壹軸
顧綉花卉壹軸
顧綉菊花壹軸
共字畫册卷壹百玖拾玖件
應解燕萬伍拾伍匣　直銀恰朱勘

浙江巡撫王亶望寓所字畫册卷

⑥　《文淵閣四庫全書》，第 717 冊，頁 616。

⑦　《康熙起居注》（北京，中華書局，1984 年 8 月），（一），頁 340。康熙十六年十一月二十二日，跋王羲之曹娥碑真蹟詞。

⑧　《康熙起居注》，（二），頁 878。康熙二十一年八月初八日，記事。

⑨　《乾隆朝懲辦貪污檔案選編》（北京，中華書局，1994 年 8 月），第一冊，頁 21。

⑩　《乾隆朝懲辦貪污檔案選編》，第一冊，頁 337。

⑪　《乾隆朝懲辦貪污檔案選編》，第二冊，頁 1828-1832。

⑫　〈清宮廷畫家郎世寧年譜－兼任華耶穌會士史事稽年〉，《故宮博物院刊》，1988 年，第 2 期（北京，故宮博物院），頁 55。

⑬　《秘殿珠林》（台北，國立故宮博物院，民國六十年十月），頁 376。

⑭　《秘殿珠林》（台北，國立故宮博物院，民國六十年十月），卷六，頁 631。

⑮　《欽定石渠寶笈續編》，（台北，國立故宮博物院，民國六十年十月），（六），頁 3026。

⑯　《欽定石渠寶笈續編》，（三），頁 1253。

乾隆皇帝肖像
乾隆五十八年

運際郅隆：乾隆皇帝及其時代

一、前言

　　清朝入關前的歷史，稱爲清朝前史，一六四四年，清朝勢力從瀋陽進入北京，直到一九一一年辛亥革命，清朝政權被推翻，共計二六八年，稱爲清代史。整個清代史，又可以分爲清朝前期、清朝中期、清朝後期等。也有學者以鴉片戰爭作爲分水嶺，而分爲清代前期和清代後期，清代後期就是近代史的範疇，割地賠款，簽訂不平等條約，喪權辱國，討論近代史，強調憂患意識，但是也被人批評爲「唱衰國家」。清朝前期，是盛清時期，太平盛世，社會繁榮，政治安定，討論盛清時期的歷史，注意到盛運開創的歷史背景，發掘歷史進步的因素，可以振奮人心。康熙、雍正、乾隆，三朝合計一三四年，占了清代史的一半，盛運歷經一三四年，是歷代以來所少見的。

　　乾隆皇帝（1711-1799），享年八十九歲。他的一生，多采多姿，可以分爲阿哥（age）時代、初政時代、壯年時代、晚年時代來討論。爲了避免流水賬式的敘述，可以採取專題式的討論，挑選幾個有關盛運的開創以及延續性的專題，進行分析，嘗試說明有利於盛運開創的因素或條件，找出歷史進步的因素。藉此了解乾隆皇帝他在想甚麼？他是不是好大喜功？在歷史舞台上，把他擺在什麼位置上，是守成？還是開創？等等。

二、阿哥時代的弘曆

　　阿哥（age）是滿文的讀音，就是宮中皇子的通稱。弘曆生於康熙五十年（1711）八月十三日，是雍親王胤禛的第四子，就是四阿哥。四阿哥時代的弘曆，有一個鍾愛他的祖父康熙皇帝，弘曆六歲時，康熙皇帝就把他帶回宮中，開始接受啓蒙教育，學習騎射和新式武器的使用，宮中提供了最優越的學習環境，接受完整的教育。康熙皇帝重視皇子教育，重視書法，要求很嚴。康熙皇帝巡幸塞外，弘曆總是會跟著祖父到避暑山莊，在萬壑松風閣等處讀書。也會跟著祖父秋獮木蘭，木蘭（muran）是滿文哨鹿行圍的意思。《清史稿》記載，木蘭從獮時，康熙皇帝命侍衛帶領四阿哥弘曆射熊，弘曆才上馬，大熊突然站在弘曆的前面，弘曆非常鎮定，控轡自若。康熙皇帝急忙開鎗打死大熊。回到帳蓬後，康熙皇帝對溫惠皇太妃說：「弘曆的生命貴重，福分一定超過我。」弘曆有好祖父，這固然重要，康熙皇帝有好皇孫，這比好祖父更重要。弘曆讀書很用心，過目成誦，他在二十歲時，就把平日所作詩文輯錄成《樂善堂集》。他的書法，更是龍飛鳳舞。日本學者稻葉君山著《清朝全史》曾經指出，康熙皇帝的書法，雖然豐潤不足，但是，骨力有餘；乾隆皇帝的書法，雖然缺少氣魄，但是，妙筆生花，各有所長。清朝重視皇子教育，是清朝皇帝大多賢能的主要原因。

　　康熙末年，皇太子胤礽再立再廢，皇子們各樹朋黨，為了爭奪皇位的繼承，骨肉相殘，兄弟鬩墻，幾乎動搖國本。為了杜絕紛爭，雍正元年（1723）八月十七日，雍正皇帝採行儲位密建法，在傳位詔書上，雍正皇帝親手書寫弘曆名字，密封後藏在乾清宮正大光明匾後面，先指定繼承人，預立儲君，是中原漢人的

傳統，但是，所指定的繼承人，事前不公佈，並未顯立儲君，也不以嫡長為限，而以人才、才能、人品作為考核人選的標準，這是蒙古、女真部族遊牧文化的特色，可以說是解決皇位爭奪問題的好方法。對於穩定政局，鞏固皇權，產生了正面的作用。雍正十一年（1733），弘曆受封為和碩寶親王。雍正十三年（1735）八月二十日，雍正皇帝駕崩，莊親王允祿等打開封匣，宣讀詔書，弘曆即位。

三、盛清諸帝政治主張的比較

《清朝全史》曾經就繪畫的喜好，比較康熙皇帝和乾隆皇帝的性格，書中認為祖孫對西洋繪畫的趣味，是相同的。但是，看焦秉貞所畫『耕織圖』可以知道康熙皇帝的性格。看郎世寧所畫『準噶爾的貢馬圖』。可以窺知乾隆皇帝的嗜好。原書比較後指出，康熙皇帝是創業之主，開拓國運，備嘗甘苦；乾隆皇帝則為守成君主，坐享太平，生為貴公子長富家翁。其實，盛清諸帝的政策，有他的延續性和一貫性。清朝盛運的開創，從時間和空間來看，到達全盛或巔峰，是在乾隆年間。乾隆皇帝對盛運的開創，同樣扮演了重要角色。《清朝全史》認為乾隆皇帝是坐享太平的皇帝，與歷史事實，並不完全符合。

長期以來，拼經濟，整頓財政，受到朝野的重視。康熙皇帝施政過於寬大，以致流弊所及，有討好百姓之嫌。康熙年間，屢次用兵，平定三藩，征討噶爾丹，軍需挪用，康熙皇帝無意追查。國庫收入，嚴重不足，直省虧空，與日俱增，戶部財政，焦頭爛額。康熙皇帝卻常常蠲免租稅，而且租稅負擔，並不公平，人民苦樂不均。雍正皇帝即位後，積極改革財政，清查錢糧，耗羨歸公，彌補虧空，實施攤丁入地，以康熙五十年（1711）人丁

總數作爲徵收丁銀的固定數目，而將人頭稅攤派給地主，改成以戶爲單位，免除了窮人的人頭稅，取消了徵稅的雙重標準，按土地的單一標準徵稅，保證了稅收的穩定。人口稅是以人丁爲單位，容易逃亡，丁銀攤入地畝後改爲以戶爲單位，在財政上獲得了穩定的效果，充實了國庫，有利於社會經濟的發展。雍正皇帝提解耗羨，原來只是一時權宜之計，虧空清理完後就停止提解耗羨。乾隆皇帝即位後認爲耗羨歸公，制度完善，上下相安，對地方有益，不必停止，可以久遠遵行，由此可以說明政策的延續性和一貫性是清朝統治政策成功的主要原因。乾隆皇帝有一位好祖父，就賦役改革而言，乾隆皇帝也有一位好父親。就國家的領導人而言，皇祖、皇父、皇孫，都是好皇帝。

康熙年間開始採行的奏摺，是政府體制外，屬於皇帝自己的一種通訊工具。密奏制度，就是皇帝和相關文武大臣之間，所建立的單線書面聯繫。大臣凡有聞見，必須繕寫奏摺，進呈御覽，皇帝親手以硃筆批示，一字也不假手於人。雍正皇帝即位後，擴大採行密奏制度，批摺子更勤。乾隆皇帝爲了廣開言路，也諭令內外臣工具摺密奏。嘉慶四年（1799），他八十九歲時，依舊批示奏摺，所謂晚年倦勤，不可盡信。密奏制度，使皇帝可以周知施政得失、民心向背，下情可以上達，使君臣一體，形成政治上的生命共同體，有利於政令的推行。故宮博物院典藏相當可觀的《宮中檔》滿漢文硃批奏摺，都是康熙朝以來的新文書，顯示制度的延續性。從奏摺硃批諭旨的內容，可以反映盛清諸帝，都很勤政，勵精圖治，講求治道。《清史稿・本紀》論盛清諸帝的施政特點，康熙皇帝政尚寬仁，雍正皇帝以嚴明繼之。後世史家也說康熙皇帝主張寬和，近乎德治；雍正皇帝主張嚴厲，近乎法治；乾隆皇帝主張寬嚴並濟，近乎文治。其實，盛清諸帝的用人

施政，都採取中道，與民休息，不許擾民生事，以求國家的長治久安，並以崇儒重道作爲立國方針，終於建立了比較合乎儒家理念的文治政府。

四、文教政策的貫徹及其成就

清朝勢力進入關內後，就開始致力於政治、經濟、社會、文化等方面的建設。順治年間，把崇儒重道定爲基本國策，一方面反映滿族積極漢化後，更能接受儒家傳統文化，一方面反映順治年間的開國氣象，已經頗具規模。康熙皇帝進一步將崇儒重道政策具體化，提出了以文教爲先的十六條聖訓，他提倡堯舜之道，講求孔孟之學。雍正皇帝進一步演繹十六條聖訓，旁徵博引，撰寫《聖諭廣訓》一書，並譯成滿文本和蒙文本。乾隆皇帝還特頒諭旨，令各省督撫將軍等督導宣講《聖諭廣訓》，實力奉行。現存《聖諭廣訓》一卷，除武英殿漢文刊本外，還有滿漢合璧本及滿蒙漢合璧本。康熙皇帝、雍正皇帝、乾隆皇帝都深信儒家倫理道德能爲他們帶來長治久安、社會穩定的積極作用，儒家思想遂成爲正統思想，同時也是主流思想。由此可見文教政策也是有它的延續性和一貫性，足以說明統治政策的成功。

從順治年間開始，清廷即積極繙譯儒家經典古籍。故宮典藏大量四書五經滿文譯本，除各種刊本外，也有寫本。乾隆年間奉敕譯成滿文的典籍，可謂指不勝屈，卷帙浩繁。長期以來，學術界討論乾嘉考證學，多從反滿、反理學、反玄談立論，好像在野人士爲反對而反對。余英時先生從理學本身的內在理路分析，指出明代理學「性即理，心即理，義理之爭」，既無結論，必須回頭檢查四書五經原始含義，考證原文，終於逼出了考證學。這種論點，較有說服力。此外，也要注意到滿文譯本，爲了文以載

道，翻譯滿文時，也要注意經典注疏異說紛紜，要從中選擇較符合原始含義的辭彙，例如《論語・里仁篇》「不仁者，不可以久處約。」句中「約」字。康熙年間理解爲「艱難困苦（jobombi）」，乾隆年間改譯爲「yadahūn」，意思是貧窮。要翻譯，必須先作考證，挑選辭意，這種工作也會影響到學術的新動向。滿文譯本是欽定本，是清朝的標準本，研究漢學，不可以忽視乾隆年間四書五經的滿文譯本。有了滿文譯本可以提供研究考證學的重要資料。

發展文化事業，固然要有經費，更不能沒有人才，乾隆年間的成就是多方面的，文化事業的提倡和成就是最值得肯定的。康熙年間有《古今圖書集成》，乾隆年間編纂的大型叢書，更是數不清，均具規模，亦具開創性，令後世歎爲觀止。四庫全書的纂修就歷時十餘年，動員三千八百餘人。其他經史子集滿漢文本更是汗牛充棟，就文化大業的輝煌成就而言，乾隆皇帝雖然說是守成，其實也是開創。

佛教歷經二千餘年的傳佈，久已成爲世界性的宗教，多一種文字對佛教經典的翻譯，就多了一種保存佛教思想的工具。漢文《大藏經》分爲經、律、論三部，統稱三藏。藏文《大藏經》分爲甘珠爾和丹珠爾二部。清朝政府翻譯《大藏經》，主要是國家內部各族文字的互譯。康熙皇帝諭令刊刻《甘珠爾經》，雍正年間，《甘珠爾經》，譯成蒙文，乾隆初年，也將藏文《甘珠爾經》譯成蒙文，合稱蒙文《大藏經》。此外，還有《龍藏經》等。在纂修四庫全書期間，乾隆皇帝深慨於佛教經典先後有漢文、藏文、蒙文的譯本，獨缺滿文。乾隆三十七年（1772）乃於西華門內設立滿文經館，由章嘉活佛主持，達天蓮筏僧協助，動員翻譯、辦理經咒喇嘛、講經僧人等九十六人，將漢文《大藏

經》翻譯成滿文。到乾隆五十五年（1790），歷時十九年，翻譯刊刻完成。全書以朱色印刷，共一〇八函，計六九九部，二千四百六十六卷。乾隆皇帝很高興，漢文本、藏文本、蒙文本、滿文本都全了，於是題名爲《清文全藏經》，以表示大藏之全的意思，這是超越康熙朝譯經事業的成就。對照滿漢文本的內容，有助於了解佛經的深奧含義，可以說是一種不朽的功德，全藏經的「全」，就是完美的意思。

康熙年間，在東華門內成立了國史館。盛清諸帝都重視修史，故宮現藏清朝國史館紀志、表、傳的各種稿本，此外還有各種方略等，數量都很多。康熙皇帝修《明史》要求客觀，將明朝實錄與《明史》並存，留給後世考據。鄭成功受封明室，奉永曆年號，乾隆皇帝認爲他不是僭竊，是合法政權，承認永曆在台灣堅持的二十多年政權。所以中華民國在台灣，更要苦撐待變才對。

乾隆皇帝也講求修史的體例；史館人員在南明諸王名字前都加書「僞」字。乾隆皇帝認爲福王在南京，和宋室南渡相彷彿，唐王、桂王是明室子孫，他們的封號是明室封的，並非異姓僭竊，不當貶斥，隨意打壓。所以南明政權，都是合法政權，不當加書「僞」字。

乾隆皇帝下令修貳臣傳、逆臣傳，利用修史體例來褒貶人物，是一種創新。明朝末年，由於政治的惡化，投降皇太極的漢官，絡繹不絕，對清朝作出了貢獻，乾隆皇帝爲他們另立貳臣傳，在歷史上有一席之地，使政治立場不同的孤魂，有安息之地，也是一種功德。人生在世，要問心無愧，人格要完美，要進退有據，而政治立場不同，在明朝政府裡是不能立足的，故投降清朝，情有可原。但不可以像錢謙益率先迎降，後來又在詩文內

詆毀滿人；龔鼎孳先投降流寇，接受了流寇的官職，流寇失敗
後，他又投降清朝，做了清朝的官，寡廉鮮恥，毫無表現。嚴自
明等降清後，跟著尙之信反清，三藩兵敗後又降清，反覆無常，
問心有愧，人格有問題，乾隆皇帝對之頗不以爲然。爲了分別差
等，乾隆皇帝將貳臣傳分爲甲乙二編，各編再分爲上中下三部
分。至於吳三桂等人，降而復叛，靦顏無恥，不得稱爲貳臣，而
另立逆臣傳，使他們難逃「斧鉞之誅」，乾隆皇帝自己也說編列
貳臣傳，可以補歷代史傳所未及，這是一種創新，對當時後世都
產歷史教訓的作用。

　　文化同化的高度選擇性和漫長的文化同化過程，是歷代以來
文化發展常見的現象，探討文化的接觸、同化，不可忽視外部世
界的影響或貢獻。我們討論乾隆皇帝的文化事業，不能忽視他對
藝術的趣味，對西洋畫法的趣味，且不可不注意的是乾隆皇帝接
受外來文化因素的前提，是要對西洋文化藝術進行選擇，進行改
造，使它中國化或華化。乾隆皇帝究竟在想什麼？他如何主導藝
術的創作？乾隆八年（1743）陽曆十一月一日，西洋畫家王致誠
寫信回法國，詳述他和郎世寧在如意館的繪畫生活，他說如意館
是一棟平房，多寒夏熱，乾隆皇帝對他們優禮有加，但終日供奉
內廷，簡直無異囚禁。作畫時都受到掣肘，不能隨意發揮。王致
誠指出，作畫是要按乾隆皇帝的意思繪製，畫不可隨已意施展。
乾隆皇帝要求在內廷供職的耶穌會士在圓明園建造西洋樓宇，其
建築風格卻表現出強烈的中國化特色，是改造過的歐式建築風
格。以致中國人看了，感到西洋樓宇是奇特的，並充滿異國情
調，同樣地，歐洲人看了，也感到西洋樓宇是奇特的，充滿異國
情調。研究乾隆年間的藝術，要注意到乾隆皇帝的高度選擇性和
主導性。

　　乾隆皇帝喜歡各種猛獸或飛禽為自己的寵物命名，在郎世寧等人的繪畫作品裡，有許多名犬和駿馬的名字，是乾隆皇帝所選定的。畫中除了標明漢文外，往往還有滿文、蒙文或回文。此次「乾隆皇帝的文化大業展覽」，展出郎世寧所繪十駿犬中的蒼猊，是駐藏副都統傅清所進貢的一隻西藏獒犬。漢文辭典釋蒼為青，但畫中所標滿文、蒙文都作「Kara arsalan」，意思是黑獅子，乾隆皇帝用比擬法，以勇猛的百獸之王黑獅子為名犬命名，更能顯示這隻獒犬的名貴。

　　乾隆八年（1743）十月二十六日，太監胡世傑傳旨郎世寧畫十駿圖，後來裱褙完成後，深受乾隆皇帝的喜愛，令如意館交到懋勤殿，讓翰林們評定等次，並特製黑紅漆畫金龍箱收貯，都評為上等，再由張照等人按月份編定先後次序。此次展出的雪點鵰，排列在第五月份。原圖上書寫的滿文名稱是：「saksaha damin cabdara alha」，直譯漢文為「上黑下白的·鵰·銀鬃的·花馬」。所謂「雪點」，不是白雪點點，而是上半身黑，下半身白的意思，而雪點鵰就是一種名為「接白鵰」的老鷹，滿文為：「saksaha damin」。西洋人畫天使要加翅膀，會飛的馬，也要畫翅膀。中國人畫馬，不能畫翅膀，只能用文字表達。乾隆皇帝用神鵰來給駿馬命名，取健步如飛、如虎添翼之意。雪點鵰代表此馬不僅善跑，更要賦給牠具有飛行的能力，就不同於一般的駿馬了，乾隆皇帝究竟在想什麼？我們有必要看看滿文的命名或題識，不能僅由漢文望文生義。

五、南巡與北巡的歷史意義

　　清朝皇帝御門聽政或上朝處理政務，地點和時間，並不固定，這不是怠惰的現象，而是孜孜勤政的表現。這一個事實，無

疑地有助於清朝政局的穩定和立國的久遠。康熙皇帝、乾隆皇帝
走出深宮內院，南巡河工，省方問俗，巡幸塞外，秋獮木蘭，都
有重要的歷史意義。避暑山莊又稱熱河行宮，是清朝皇帝巡幸塞
外的行宮，始建於康熙四十二年（1703），至乾隆五十七年
（1792），全部完工，歷時十九年，是一座規模宏大，風景秀麗
的宮廷園囿。在避暑山莊附近北面山麓建有外八廟，在避暑山莊
以北一百多公里喀喇沁、翁牛特等部牧場一帶也開闢爲木蘭圍
場。避暑山莊、外八廟的建造，木蘭圍場的開闢，都有一定的政
治目的或作用，這裡水土美好，氣候溫和，很適合避暑。行圍、
練兵、處理政務，熱河行宮，就是清朝的夏宮。

　　清朝是一個多民族的國家，對於那些懼怕內地燥熱而易患痘
症的蒙古、回部、西藏王公、伯克、喇嘛等人物而言，避暑山
莊、外八廟和木蘭圍場，都是最適宜朝覲皇帝的地點。邊疆民族
通過請安、進貢，乾隆皇帝藉著召見、賞賜、行圍、較射、練兵
等活動，以達到「合內外之心，懷遠之略，成鞏固之業」的政治
目的，避暑山莊就是清朝北京以外的第二個政治中心。乾隆皇帝
在位期間，六次南巡，他的北巡塞外，多達四十九次，平均每年
巡幸長達三個半月。康熙皇帝巡幸塞外期間，召見、請安、朝覲
的，主要是蒙古王公。乾隆年間，到熱河行宮覲見的，除蒙古諸
部外，還有漠西蒙古準噶爾、土爾扈特等台吉，吐魯番、回部阿
奇木伯克、哈薩克、布魯特、朝鮮、安南、緬甸、南掌、英國使
臣以及台灣原住民頭目等。入覲人員都受到乾隆皇帝的熱烈款
待，除賜宴、賞賜茶果外，還舉行許多民族傳統遊藝表演及各種
雜耍特技。如：觀火戲、放煙火、觀燈展、立馬技、走繩索、看
馬戲、騎野馬、蒙古摔跤、射箭比賽等，十分熱鬧。

　　乾隆四十五年（1780），是乾隆皇帝的七十大壽，前一年六

月十七日，六世班禪額爾德尼率領西藏堪布喇嘛等一千多人，從後藏扎什倫布寺出發，途徑青海西寧塔爾寺，於乾隆四十五年七月二十一日，抵達熱河，以須彌福壽廟爲行宮。八月十三日，乾隆皇帝七十歲慶典，班禪額爾德尼親自爲乾隆皇帝施無量壽佛大灌頂，是當年祝壽活動的最高潮。所以避暑山莊、外八廟、木蘭圍場的興建及其活動，促進了各民族的團結，歷代以來，藉長城防堵塞外民族的時代，就此畫上句點。

　　乾隆五十八年（1793）八月十三日，是乾隆皇帝八十三歲生日。八月初十日，英國使臣馬嘎爾尼等在避暑山莊接駕，地面舖了綠色地毯，顯得雍容華貴。八月十一日，乾隆皇帝率一行人等遊覽萬樹園，萬樹園在避暑山莊平原區東北部，北倚山麓，南臨澂湖，佔地八百七十畝。馬嘎爾尼指出萬樹園是世界上最美的森林公園，整個公園中沒有沙石走道，可謂天造地設。由於各種活動頻繁，更促進了熱河地區社會、經濟的繁榮。

　　由於乾隆皇帝的六次南巡和多次北巡，也爲繪畫提供了許多題材，例如徐揚畫《南巡圖》等。西洋畫家王致誠曾奉命前往避暑山莊爲準噶爾台吉策凌等油畫肖像，在五十天中，共畫了油畫十二幅。阿睦爾撒納台吉投降後在熱河覲見，王致誠、郎世寧、艾啓蒙等人又奉命到熱河行宮，爲降將阿睦爾撒納等人油畫頭像。郎世寧等人奉命畫《圍獵圖》、《木蘭圖》、《行圍圖》，周鯤等人畫《熱河全圖》等等，反映塞外的活動，十分受到清朝政府的重視，而由畫家用畫筆記錄了下來。後世倘若研究乾隆年間的盛況，就要多研究乾隆年間的書畫器物，要把乾隆年間的文化藝術或繪畫作品和當時的時代結合起來，才算眞正了解到乾隆年間的時代背景。

六、優禮士人與對軍事世家的重視

考試制度有它合理的一面，科舉制度是基於尚賢思想所產生的一種傳統考試制度，利用考試的辦法掄拔人才。清朝接受了科舉制度，就是向漢族及其他少數民族，包括苗疆土司，台灣原住民開放政權。科甲出生的人，就成爲各級官員的主要組成部分，科舉考試制度爲清朝培養了許多政治人才。八旗制度，不僅是軍事制度，也是行政制度。清朝入主中原，八旗人員也從龍入關。八旗將領，成了軍事世家。乾隆年間，文臣武將，人才濟濟，對乾隆年間的盛世貢獻極大。乾隆皇帝與各部院大臣，君臣之間，相當和諧，並無太大的矛盾。就乾隆年間的政治機構而言，內閣還是襄贊政務的中央政治機構，所謂法治，權術的意義多，所謂文治，制度的意義多。以內閣爲中央政治機構，尊重制度，就是文治。

《清史稿·大學士年表》乾隆四年（1739）的內閣大學士是張廷玉、尹泰、鄂爾泰、嵇曾筠、查朗阿、徐本、福敏、趙國麟，協辦大學士是訥親。其中張廷玉玉、尹泰、鄂爾泰、嵇曾筠、查朗阿是雍正時期的內閣大學士，福敏是協辦大學士，重用舊人，不僅維持制度的延續性，也可使政策維持一貫性。乾隆年間，軍機處已由體制外的皇帝私人秘書機構，發展成爲與內閣相輔相成的中央政治機構，軍機大臣是由內閣大學士尚書或各部堂官挑選出來的。例如乾隆四年（1739）的軍機大臣鄂爾泰、張廷玉、徐本、訥親等人，本身同時就是內閣大學士或協辦大學士。軍機處具有溝通、協調、參謀、顧問、管理、執行的政治功能，可發揮機密、迅速、勤政的高度行政效率。由於軍機處的日益制度化，也是一種文治。軍機處維持勤政傳統，各種文書，從未積壓。軍機大臣撰擬諭旨，當日繕畢，密封發下，馬上飛遞。滿族

目睹大明帝國的覆亡教訓，為國家長治久安，不僅釋放了高度政治智慧的能量，同時維持孜孜勤政的優良傳統。鄂爾泰、張廷玉傳稿論贊中指出，他們內直稱旨，庶政修舉，宇內乂安，並非溢美之詞。大學士徐本，也是雍正朝舊臣，他有古大臣風範，決疑定計，深得乾隆皇帝信任。福敏是鑲白旗滿洲，進士出身，他以謹厚人品崇高，而當了乾隆皇帝的啓蒙老師。

乾隆年間多名臣，阿桂原是滿洲正藍旗人，因平定回部，在伊犁駐防有功，改隸滿洲正白旗。他的父親是大學士阿克敦，他自己也是舉人出身。《清史稿》分析阿桂屢次帶領大軍作戰成功的原因，主要是他智信仁勇，有勇有謀，知人善任，開誠佈公，群策群力，謀定而後動，堪稱大將。

能文能武，出將入相的大員，乾隆中葉有傅恆，乾隆後期有傅恆的兒子福康安等人。傅恆、福康安是滿洲鑲黃旗人，是軍事世家，他是孝賢皇后的姪兒。福康安知兵，有才略，每戰必勝。提到福康安，不能不提到海蘭察，海蘭察是滿洲鑲黃旗人，世居黑龍江，是索倫族，最為驍勇。《清史稿》論海蘭察時指出海蘭察勇敢而有智略，每次出兵作戰，都先微服策馬觀察敵情，找出敵人的弱點，集中兵力，攻擊他的弱點，所以能無役不與、每戰必勝。他平生最佩服阿桂的知兵，也能禮讓福康安，打仗出力，所向有功，有了這些智勇雙全的軍事人才，終於創造了十全武功的輝煌成就。

七、十全武功的成就及其時代意義

乾隆年間，很多規模大的戰役，有內亂與邊患之分，十全武功主要是針對邊患而言。例如乾隆三十九年（1774）山東清水教的宗教起事，乾隆四十五年（1780）陝甘伊斯蘭教新教的起事，

都是內地的叛亂，不在十全武功之列。所謂十全武功，是指兩次
平定準噶爾，一次平定回部，兩次剿平大小金川，一次平定台灣
林爽文，降服緬甸、安南各一次，都和邊疆有關。其中大小金川
緬甸是西南邊患。清初以來，一直很重視西南地區的治理，派去
治理的大臣如雲貴總督鄂爾泰等人，都是皇帝最信任的大臣。臺
灣是康熙年間收入版圖的海疆，新疆是古代西域，是歷代以來的
文化走廊，是絲綢之路必經之地，後來天山以北為漠西蒙古厄魯
特準噶爾（左翼）所據，天山以南為回部所據。準噶爾汗噶爾丹
以俄羅斯為後盾，聲勢日盛，曾派兵入藏，侵略喀爾喀、哈密、
青海，威脅京師的安全。康熙皇帝御駕親征，未能直搗巢穴。雍
正皇帝兩路出兵，和通泊之役，全軍覆沒。乾隆皇帝為了以戰止
戰，兩次用兵，直搗黃龍，改伊麗為伊犁，表示犁庭掃穴，完成
了祖父、父親未能完成的工作。回部和卓木殺了清朝使臣一百多
人，使用恐怖手段，乾隆皇帝認為回部把口水吐在大清朝的臉
上，不能唾面自乾，不可以罵不還嘴，打不還手。於是大張撻
伐，征服回部。五年之內，天山南北兩路即告平定，拓地二萬餘
里，遠邁漢唐。安南黎朝為中國屬邦，西山阮氏篡奪政權，黎氏
眷屬入關請兵，乾隆皇帝為了興滅繼絕，濟弱扶傾，於是進兵安
南，平定安南叛亂，恢復黎氏政權，這是傳統儒家理念的實現。
後藏日喀則扎什倫布寺是藏傳佛教聖地，尼泊爾廓爾喀因與西藏
的商務糾紛進兵西藏，掠奪扎什倫布佛教文物，乾隆皇帝命福康
安率領八旗勁旅進入西藏，擊退入侵的敵人，深入加德滿都，廓
爾喀歸還的佛像法器，後來大部分都入了宮。「十全武功」、
「十全老人」的「全」字，實含有特殊意義。

　　十全武功是抵抗侵略的保衛戰，不可存書生之見，開口就說
窮兵黷武，好大喜功，乾隆皇帝實有不得已用兵的苦衷。十全武

功屢次用兵，因糧於敵，國庫並未短少，十全武功的成就是多方面的，不限於軍事方面，國家版圖更加完整，漢滿蒙回藏五族日益融合，使清朝成為多民族統一的國家。

十全武功完成之後，乾隆皇帝還重視善後工作。他不僅加強邊疆的經營和內地化，還展開方略或紀略的編纂工作。乾隆皇帝要畫家繪製各種戰圖，認為每個戰役結束後，要把所有往返文書，軍機處指授方略的廷寄，經略將軍奏報軍情的奏摺，用編年體纂修方略，內廷供職的畫家奉旨繪製戰圖，用畫筆記錄每場戰役是怎麼打的？戰場有勝負，善後要記錄作戰過程，才能畫下完美的句點。其中銅版畫值得重視，銅版畫是歐洲的一種版畫，隨著耶穌會士在宮廷供職，銅版畫藝術也傳到內廷。康熙末年，《皇輿全覽圖》由耶穌會士馬國賢帶到歐洲，製成銅版。到了乾隆年間，開始以銅版畫藝術形式來表現歷史事件，製作了一系列描繪征戰的組畫。西北軍事結束後，令供職內廷的西洋畫家詳細詢問出征將領，了解軍營征戰情形，將各重要戰役採用全景式的構圖，在一個畫面上充分表現出一個戰役的規模和全貌，使人對各場戰役都有一個明晰和完整的印象。同時採用中西繪畫的特色，使人物、山石、林木等亮部與暗部分明，具有立體感，強調透視，在整個構圖上又能吸收中國傳統繪畫的表現方式，使人對每幅戰圖都有一個相當明晰和完整的印象，融合了東西繪畫的長處。其中得勝圖十六張是送到巴黎皇家藝術學院雕刻銅版印刷的，其餘平定兩金川圖、台灣戰圖、安南戰圖、廓爾喀戰圖等，都是造辦處奉旨在北京製作的戰圖銅版畫。各種方略是文字記錄，各種戰圖是戰場縮影，是記錄片。後人研究戰役，可以看方略，對照戰役圖，了解戰役是如何打的。乾隆皇帝想的很遠很長，是立國久遠的重要原因。要了解乾隆時代的文化特色，也要

多看職貢圖畫卷。院藏謝遂《職貢圖畫卷》，共四卷，包含進貢
東西洋各國、沿邊各少數民族，以及阿富汗、哈薩克、布魯特等
國家，一方面反映多民族多元文化，一方面反映中外關係的密
切，所謂獨口貿易限於廣州，開始閉關自守的說法，不盡可信。

八、結語

　　乾隆皇帝即位前，南明政權已經結束，三藩之亂，也已經平
定，台灣亦納入了版圖，全國統一。這個歷史背景，提供開創盛
運的良好條件，這就不能忽視康熙、雍正皇帝的賦役改革、儲位
密建法的採行。賦役改革使財政問題得到改善，國庫充足。儲位
密建法的採行使皇位繼承，不再紛爭，政局穩定。康熙、雍正勵
精圖治，乾隆皇帝繼承了這種勤政的傳統，使康熙、雍正、乾隆
盛運維持一百三十四年之久。

　　乾隆皇帝在位期間，把盛運的時間拉得很長，把空間也空前
的擴大，其間有延續，也有突破和創新。康熙、雍正、乾隆三朝
皇帝都是盛運的開創者，所謂守成，實同開創。到乾隆年間，國
運興隆達到了巔峰，他的文治武功，成就超越康熙、雍正兩朝。
所謂乾隆晚年倦勤，盛運走向下坡，開始中衰的說法，並不完全
正確。單就十全武功而言，平定林爽文、安南戰役，兩次廓爾喀
之役，都是在乾隆五十一年以後才打的。探討清朝盛運的開創，
乾隆皇帝的定位，也應該放在開創的舞台上，才符合歷史事實。

　　乾隆皇帝諡號純皇帝，純字說明用人施政，並無重大瑕疵，
純字更是表明各方面的成就，都很完美。乾隆皇帝的一生追求的
是完美的全，包括十全武功的全，十全老人的全，四庫全書的
全，滿文全藏經的全，「全」就是乾隆皇帝一生要追求的理想。
後人所看到的清朝盛運，主要是乾隆的成就，他超越了父祖，他

追求的是時空的全，時空的完美，時空的極限。乾隆皇帝對國家長治久安，長長久久的渴望，和我們期盼中華民國長長久久的心情是一樣的。

乾隆皇帝坐像
郎世寧畫

滿族薩滿跳老虎神模樣

薩滿信仰的社會功能

一、前言

　　薩滿，滿洲語讀如「saman」，意思是指一種跳神的巫人，典型的薩滿出現於東北亞到西亞的遊牧社會，而以北亞的草原族群裡表現最爲完整。在初民社會中，認爲天災人禍晴雨豐歉，都是天意，人類的經驗及知識是很有限的，所以必須求助於薩滿。在通古斯人的語言中，薩滿一詞是指能夠通靈的男女，他們相信人生的禍福，以及宇宙的各種現象，都有神靈在冥冥中主宰著，人與神靈之間必須設法溝通，於是承認有些人具有通神的能力，薩滿魂靈出竅的方法是一種超自然的力量，它能連繫人的世界與神靈的世界，薩滿就是在相信泛靈論的環境中的通神之人，他們能夠按照自己的意志，將靈魂引進自己的體內，使神靈附體，代神說話。從表面上看，薩滿信仰是愚不可及的迷信，其實，薩滿信仰有它重要的社會功能。薩滿以跳神作法的儀式，使神靈附體，以探查病源，或飛鏡驅祟，或過陰收魂，或療治時疫，或占卜解夢，或爲不孕婦女禱求子嗣，或爲村鄰消災祈福，或於年節家祭時充當祭司，或爲喪家主持除服儀式，薩滿在草原族群裡確實扮演了重要的角色。薩滿信仰的流行，是北亞等地區的文化特質之一，探討薩滿信仰的社會功能，有助於了解北亞等地區的文化特質，本文撰寫的旨趣即在就滿文本《尼山薩滿傳》、松花江下游赫哲族的調查報告及方志等資料，以探討薩滿信仰的社會功能，俾有助於中國邊疆史的研究。

二、薩滿與薩滿信仰的界說

薩滿，又作「薩媽」，或「珊蠻」，俱同音異譯，滿洲語讀如「saman」，意即巫人或祝神人。「samangga niyalma」就是指一個躍動狂歡和激動的跳神巫人。《樺川縣志》載：

> 薩媽，一名薩滿，莫詳所自始，西伯利亞西北域有種族曰薩滿，大中華地理志亦曰西伯利亞及滿洲、蒙古之土人多信奉之，或即因種族以爲名歟？北盟錄云：金人稱女巫爲薩滿，或曰珊蠻，今俗亦稱跳神者爲巫，又曰叉媽。今之巫，非古之巫也，而叉薩同韻，或即其音之誤歟？滿語亦稱跳神爲薩滿山畢，其家祭禮多用之，確爲一種無疑，乃各志又確定爲通古斯之古教，未識何考？總之，不離以魔鬼嚇人，神其事以索報酬者近是，不書教，異之也①。

金人即女眞人，稱女巫爲薩滿，其後薩滿並不限於婦女。跳神，滿文原形讀如「薩滿山畢」（samašambi），薩滿是通神術的巫人，其跳神就是以歌舞事神，亦以歌舞通神，所以薩滿不同於古代的巫祝，亦非因種族而得名。

熱烈寧氏（Dimitri Zelenin）認爲薩滿的演進可以分爲兩個階段：在史前時期，薩滿只是一個自然醫療者（Nature healer）；在後來的階段，魂靈出竅及守護神靈始起重要的作用②。十七世紀，當俄國人向東方發展時，首先遇到通古斯人，在通古斯的語言中，「薩滿」一詞都是指能夠通靈（Master spirits）的男女，他們能夠按照自己的意志把靈魂引進自己的體內，並且按照自己的興趣來支配他們，特別是以之來幫助那些受到靈魂困擾的人，就這方面來說，他們具有一套和靈魂打交道的方法，薩滿這一術語就是由俄國人首先引入西方文獻的。通古斯人相信人生

的禍福，宇宙的各種現象，都有神鬼在冥冥之中主宰著，人與神鬼之間必須設法溝通，於是承認有些人具有通神的能力，薩滿就是與靈異世界交通的靈媒。傳達神諭的靈媒，雖然在世界各地都常見到，但典型的靈媒是出現於北亞遊牧社會裡的薩滿。薩滿是連繫人的世界與神鬼世界的橋樑，魂靈出竅的方法是一種超自然的力量，薩滿就是介於人世問題與超自然解決方法的仲裁，易言之，薩滿就是在相信泛靈論的環境中的通神之人，他們藉助於禱告、占卜、唸咒等神術得知靈異的現象，典型的薩滿，應屬於這類具有特殊心理類型的巫人。薩滿降神作法的儀式，是屬於一種原始的跳神儀式，薩滿口誦祝詞，手擊神鼓，腰繫神鈴，身穿怪異服裝，札立（jari）助唱神歌，音調配合，舞之蹈之，薩滿受到自我暗示或刺激後，即產生人格與精神意識的變化，身體開始顫抖，神靈附體，鼓聲和舞步越來越快，薩滿達到忘我境界，魂靈出竅，與神靈交通。薩滿進入一種昏迷或催眠狀態後開始喋喋地代神說話，或傳達神諭，薩滿的精神異狀，或反常因素，不論是習慣性的人格解離，或神靈附體，都使宗教心理學家及宗教歷史學者在探討薩滿信仰的起源時感到極大的興趣③。由於神靈附體是一種顯著而普遍的共同特徵，所以英國學者很少使用「薩滿」及「薩滿教」這兩個術語，而是常常使用「神靈附體」（Spirit possession）一語，例如納德爾教授（Professor S.F. Nadel）認為北亞及中亞正統的薩滿信仰，其靈魂崇拜，主要是指個體能產生一種昏迷及心靈解組的狀態，而把這種狀態解釋為神靈附體。

　　薩滿信仰被當作一種宗教的原因，主要是歐美學者所使用的學名，認為薩滿信仰是人類對天與自然及靈魂崇拜中相當古老的一種特殊的宗教形態。但所謂宗教，至少包含教派名稱、教義或

經卷、信仰中心或寺廟、教主及信徒等主要條件，薩滿信仰並未具備完整的宗教條件，所以使用「薩滿教」一語時是有待商榷的。凌純聲教授著《松花江下游的赫哲族》一書指出從前有人認為薩滿信仰祇盛行於亞歐兩洲北部的寒帶，住在北太平洋與斯堪地那維亞半島的諸民族之間，以貝加爾湖附近及阿爾泰山一帶特別發達。近代民族學發達，發現美洲的印第安人亦有同樣的薩滿，在中國的巫亦不僅限於漢民族，蒙古的黑教，回民的毛拉，玀猓的必磨，苗人的鬼師，畬民的巫師，都是薩滿的遺跡，亞洲的南部馬來群島亦有類似薩滿的存在。近代薩滿信仰最盛行的地方有兩處：一為西伯利亞的東北及滿洲的通古斯民族；一為西伯利亞西北部土耳其和沃斯替亞克（Ostyak）諸民族之間④。胡耐安先生撰〈邊疆宗教概述〉一文認為薩滿是屬於原始教型，就是屬於巫的範疇，但非出自西南巫。薩滿原來是東北亞以迄西亞草原族群的共同信仰，以西伯利亞為傳播中心區，而向四周伸展⑤。伊利亞第教授（Dr. Mircea Eliade）撰〈薩滿教〉一文中則認為薩滿教雖然在北極地方及北亞地區的宗教中表現最為完整，不過其範圍實不限於這些地區，其他地區如印尼、北美洲印第安人及印度南部孟達人，都有薩滿教的流傳，此外從古代印度、中國、波斯與塞族（Scythians）之中，也可看到薩滿教的蹤跡⑥。自從蒙古人普遍皈依佛教，維吾兒人改宗伊斯蘭教以後，呼倫貝爾、貝加爾湖及東北亞通古斯聚居的地區，仍舊流行薩滿信仰，其中亞古德人、索倫人、達呼爾人、鄂倫春人、布里雅特人、布特哈人、塔塔爾人、都干人、奇雅喀喇的二腰子及赫哲人等迷信薩滿尤甚⑦。在不同地區的社會中，因薩滿所著重的功能不同，所以產生了各種不同的複合名詞，例如薩滿祭司（Shaman-priest）、薩滿醫生（Shaman-doctor）等類。凡畿涅普教授（A. L.

Van Gennep）就認爲並無薩滿教的信仰或崇拜，只是某一類人擔負著特殊的社會或宗教職司。查浦教授（E. D. Chapple）等把薩滿一詞當作祭司的同義語使用，他們認爲薩滿有逐漸專業化的趨向，每一類的專家掌管某一小範圍之內的祭儀事務，如獨木舟巫術（Canoe magic）、漁撈巫術（Fishing magic）、園藝巫術（Garden magic）。薩滿一詞，最平常的用法，是指一種能夠和魂靈交通的巫人，薩滿信仰就是指專門醫病、占卜、驅鬼以及擔任與此相關社會功能的靈魂崇拜，例如薩滿信仰盛行的布里雅特人的社會，當地的薩滿既是祭司，也是醫師，又兼卜者⑧。

三、薩滿領神的儀式

薩滿不是世襲的，也沒有某階級或某種特定職業的限制，薩滿的產生完全是憑神的選擇而來附身的，充當薩滿的人多半是有些神經質，或對某些聲色暗示較敏感者，他們成爲薩滿仍須經過授神儀式，這種儀式，滿語叫做領神。在松花江下游赫哲族裏流傳著克木土罕薩滿的故事，敘述領神的過程相當詳盡，大意說從前混同江北岸有一個地方，名叫葛門村，那裏人民約二千餘口，村中有一個薩滿，名叫克木土罕，在他十二歲的時候，身患重症，幾瀕危亡。其母孀居，一夜，見一個白髮蒼蒼的老翁對她說道：「古爾佳氏，你祇有一子，病勢甚重，可速請薩滿牙莫使療治其病。」克木土罕的母親將要開口詢問，老翁已不見了，急行出門觀望星斗，知是正在夜半。至黎明起身，用過早餐後，她就請鄰近太太到她家中替她兒子作伴，自己穿戴整齊，向東去請薩滿，這位薩滿名叫額卡哈。克木土罕的母親來到門口，額卡哈薩滿令人迎入，請她上煖炕坐談，克木土罕的母親謙讓了一回，上炕落坐，寒喧畢，從懷中取出酒瓶一個，瓶內滿盛白酒。她又向

薩滿之妻討索酒壺燙酒，先向那薩滿跪拜，斟酒獻給薩滿，然後才說其子身患重症，特此前來請薩滿去療治，說著淚流滿面。那薩滿接過酒來，一飲而盡，連斟三杯，完全飲乾後，向克木土罕的母親說道：「大嫂你特來邀請，小弟不敢推卻，即刻前去看病便是了。」遂令家人收拾神鼓、神鞭、腰鈴和有鐵角的神帽等物，隨克木土罕的母親一同前往。行至克木土罕之家，落坐休憩，吸罷黃煙，即行看病。他見克木土罕病勢沉重，不免慨歎。克木土罕家中本無僕婢，無人服事，即請母舅前來幫忙，替薩滿升香，燃燒僧其勒。又在西炕上放一張炕桌，桌上擺黃米飯二碗，祭祀薩滿神。額卡哈薩滿拿神鼓，穿戴神帽、神衣及腰鈴等物，跳舞酬神。額卡哈薩滿跳神治病，向前一闖，又向後一退，神已附體，身體向後傾倒時，早有他的家人在他身後照料，不致倒在地上。克木土罕的母親和舅舅二人計議後，站在額卡哈薩滿左右兩邊，向他耳邊祝禱道：「薩滿爺爺聽真，你快快將我小兒之病治愈。病除之日，祭供牛、羊、豬、雞等畜，每樣兩隻，以報治療之恩。」二人禱告數次以後，方見薩滿躍身而起，又舞了數次，乃對眾人言道：「這個初初阿哥的病症非是真病，乃是他曾祖祖父之薩滿神作祟。我的愛米神再三向他們懇切哀禱，後來他們方有允意，但非令這個初初承領薩滿神不可，其他治術無濟於事。」言畢又行跳舞，且歌且舞，其歌尾音為「也哥牙哥——也哥——牙哥——火古——牙哥——也可——也哥——牙也也哥——也。」那時屋內眾人也隨聲而歌，歌畢又行跳舞。太陽將落山時，薩滿口唸送神咒，薩滿神便離了額卡哈薩滿之身，飛返長白山的山洞去了。額卡哈將神器物件卸去以後，克木土罕的母親早已將酒菜齊上，請他用酒，母舅也陪坐勸飲。此時克木土罕的病立時大愈，想喝米湯，他母親這時甚為安慰。額卡哈薩滿用

過晚飯，告辭回家。克木土罕的母親再三懇求額卡哈薩滿明日仍來療治，額卡哈薩滿唯唯應允，辭別而去。克木土罕的舅舅將額卡哈薩滿送到家中，即行回來。次日早晨，克木土罕的母親又帶著酒去請額卡哈薩滿，仍是斟酒為禮，額卡哈薩滿對她說道：「何必屢次敬酒，使我心中很為不安，可以免去。」克木土罕的母親答道：「此酒是敬薩滿神的，如何可以免去呢？」這次額卡哈薩滿隻身隨著她而去，行抵克木土罕家中後，閒談了一會，令克木土罕端坐在炕上，又令母舅在克木土罕身後扶著，額卡哈薩滿自己把神衣腰鈴穿掛整齊，下地跳舞，來往舞了數次，方才開始誦歌。不多時，額卡哈薩滿身體顫動，知道是神來附體，這時候，家人迅速將木刻愛米神像兩個，布爾卡恩一支，叉在屋內地當中。此時額卡哈薩滿愈舞愈精，他時時引導克木土罕去捉那兩個愛米神像，如此者兩次，至第三次，克木土罕躍身而起，捉住那兩個愛米神像，拿在手中。額卡哈薩滿知道他已領了薩滿神，乃令克木土罕仍在炕上坐下，自行祝禱，又叮嚀他的家屬限五日內置辦一切神具。克木土罕從此病症若失，次日已能自行下炕行動。母親和舅舅歡天喜地，就在第二日措辦神帽、神衣、腰鈴、神鼓、神鞭等件。到了第五天，又請額卡哈薩滿到家，領著克木土罕跳舞，且歌且舞。後來克木土罕獨自跳舞，他本來年紀很輕，舞得極有精神，正在高興之時，他忽然向後一仰，早有一人在後邊扶住，但四肢不能轉動。額卡哈薩滿令他母親向他的薩滿神祝告許願，許了一豬一羊，附耳禱了一回，始見克木土罕蘇醒過來，他躍身而起，大舞了一回神法，後來額卡哈薩滿誦歌，將他的薩滿神送回山洞，休息片刻，克木土罕的母親仍請母舅送額卡哈薩滿回家⑨。

當克木土罕領了曾祖祖父的薩滿神，額卡哈薩滿也傳授給他

神術，家中也置辦了各種神具，經過領神的授神儀式後，克木土
罕始成爲新的薩滿，從此克木土罕身體強壯，薩滿神十分靈驗，
村中如有人患病請他調治時，眞是手到病除，遠近聞名，爭來邀
請。薩滿穿戴的神帽、神衣、神裙、腰鈴及所用的神鼓、神刀、
神鞭等神具非常重要，缺乏這些，薩滿就無所施其神術。神帽代
表兩種意義：一爲薩滿的品級；一爲薩滿的派別。神鼓是薩滿最
重要的神具，他的能夠通神，全靠一面神鼓。雅庫特人和蒙古人
都視神鼓爲薩滿的神駒，薩滿能騎著昇天界，亦能騎著入地獄。

　　薩滿信仰本爲一種原始的多神崇拜，在薩滿信仰盛行的地
區，對於自然界每一種事物都以爲有神主司，舉凡日、月、星、
辰、高山、大江、水、火、風、雨、鳥獸等等都認爲各具靈異，
薩滿信仰就是一種對於自然崇拜的泛靈論的原始信仰的總稱⑩。
因此，薩滿所領的神也不限於一種，薩滿的能夠通神，完全是得
到神的輔助，薩滿能夠抵抗惡魔，也是得到神的保護，這種保護
和輔助的神祇，叫做愛米神。赫哲族的愛米神分爲四種：第一種
叫做巴爾布卡愛米神，第二種叫做富拉馬奇愛米神，這兩種愛米
神在薩滿初領神就能附身，只具有普通的神術；第三種叫做屯塔
愛米神，能治腫脹等症，各薩滿或有或無；第四種叫做布諾愛米
神，司走陰間，這四種愛米神都是輔助薩滿通達於神明的神祇。
布克春（bukcen）和薩拉卡（saraka）這兩種神是專司保護薩滿
以抵抗惡魔鬼怪的神祇，如力不能敵，又能疾行如電，通報消息
給其他薩滿，請求相助。額其和神（ecihe）是專司驅逐獸類的
神，當薩滿與鬼怪鬥法時，額其和能變成虎、熊、鹿、狍等獸
類。鳩神是薩滿的領路神，薩滿跳神作法時，即由鳩神領路尋找
愛米神。薩滿作法過陰時，則用鷹神領路，這種鷹神，赫哲語說
成「kori」，是向下挖掘的意思。除喪服的時候，薩滿送亡魂到

陰間，即由鷹神領路。牙莫使神能預知吉凶禍福。此外有老爺
神、娘娘神、鹿神、虎神等，各有專司。在蒙古社會裡常見的薩
滿神有福神（jola）、守護神（Sülde），其祭祀，各有專人，不
用喇嘛，也不公開，這可說是舊日薩滿的遺俗⑪。薩滿的許多
神，平時都放在神箱或神櫃內，跳神時，愛米神供在西炕上，跳
鹿神在街上行走時，掛在刀頭。薩拉卡及額其和等神各用一根線
穿了掛在薩滿的胸前，另由一童子手持鳩神桿。除喪服跳神時，
由老人用手提鷹，但須提得平正，如不留心，鷹頭向上或向下，
薩滿即覺得路途難走。

四、薩滿與靈異世界的交通

　　薩滿信仰的哲學意味較為平淡，其迷信色彩則甚濃厚。薩滿
立有上中下三界：上界是天堂，為諸神所居；中界即人間，為人
類所居；下界是地獄，為惡魔所居。上界又分七層或九層，其主
神為玉皇大帝，統治無量數恒河沙世界，具有無量數恒河沙智
慧，不現形體，不著跡象，居於上界最高一層，以下諸天，則由
百神以次分居。下界惡魔頭目為閻羅王，主罰罪人，威覆人世。
玉皇大帝恐閻羅王過度肆虐於人類，常遣諸神下凡省察，監督魔
鬼執行其主神的命令，並防其惡行。薩滿居於中界，而通於上下
界，能替世人向天神祈禱，以求庇護，又可與閻羅王相通，以收
回世人的靈魂。相傳薩滿祖先在下界，曾以子孫充當閻王的侍
者，所以薩滿凡有建白，都可與閻羅王直接相通，薩滿擁有一種
「世界之樹」，此樹是天、地及冥府交通的樞軸，薩滿魂靈出竅
後就是藉這種「世界之樹」或神鼓上昇天界，亦可進入冥府。
　　薩滿信仰盛行的地區，相信人與動物都有靈魂的存在，人類
的疾病是因人在夢寐之際，魂靈飛越，脫離軀體，若被鬼魔捕

去，久而不放，則其人必死。他們相信人有三個靈魂：第一個靈魂叫做「鄂倫」（oron），人與動物都有，在人死了以後，此靈魂立即離開肉體，它與人的生命同始終，是創造生命的神所賦與的，此即生命的靈魂；第二個靈魂叫做「哈尼」（hani），它能暫時離開肉體，並且能到很遠的地方去，人在睡覺的時候，就是這個靈魂的離開，它能到別的地方，能和別的靈魂，或神發生關係，好像人在醒的時候的思想，此即思想的靈魂；第三個靈魂叫做「法扎庫」（fajaku），它有創造來生的能力，是管轉生的神所賦與的，可以叫做轉生的靈魂，在人死了以後，它立刻離開肉體。

薩滿信仰盛行的社會裡，相信人死了以後，生命的靈魂永久消滅，思想的靈魂不滅，在家看靈，在外守靈，至週年時，薩滿送之入陰間，否則就成為鬼，在天堂、人間、地獄的神鬼之間多了一個新鬼。轉生的靈魂在人死了以後，把生前所走的路再走一遍，男子須走七天，女子走九天，再歸來在出魂之日隨勾魂鬼（hutu）回到它的歸處去，然後再轉入新生的人或動物。他們相信輪迴說，以為好人死後，仍轉生為人，父子互相更替不絕。次者則轉生為家畜，惡人則變為篙子桿上的疙瘩，永遠不得再投胎為人。赫哲族就是用這三個靈魂來解釋許多人生的現象，人的睡眠是思想靈魂的暫時離去，人在醒的時候失去知覺，或患精神病，是因為失去了思想靈魂。人的死而復活，是一個已失去第二、三靈魂的人轉入這個屍體。身體強壯的婦女不懷孕生育，是因為沒有轉生的靈魂，孕婦小產，是轉生的靈魂被人攫去⑫。

薩滿既能上昇天界，又能進入冥府，可以找回人的靈魂，使人附體還陽。薩滿所領的神也能將靈異世界的秘密向薩滿報告，天災人禍，生死疾難，薩滿都能得知，預卜未來，因而能醫治人

們心理與生理的疾病，其社會功能是不可忽視的。

五、薩滿與疾病的醫治

關於薩滿信仰是否爲一種宗教或哲學的問題，中外學者異說紛紜，據俄人史洛科果洛夫（Shirokogoroff）研究通古斯薩滿的結論後指出薩滿信仰雖不能說是一種宗教或哲學，然而它的功用是像一種宗教，它的思想系統是哲學，並且是一種醫術⑬，薩滿就具備宗教信仰的廣泛功能。據《多桑蒙古史》的記載云：

> 珊蠻者，其幼稚宗教之教師也，兼幻人、解夢人、卜人、
> 星者、醫師於一身，此輩自以各有其親狎之神靈，告彼以
> 過去、現在、未來之秘密。擊鼓誦咒，逐漸激昂，以至迷
> 罔，及至神靈附身也，則舞躍瞑眩，妄言吉凶，人生大
> 事，皆詢此輩巫師，信之甚切。設其預言不實，則謂有使
> 其術無效之原因，人亦信之⑭。

古代蒙古人相信人的死亡，是由此世渡至彼世，在彼世的生活，與此世相似，薩滿的主要功能是爲此世的人治病、禳災、祈福等。薩滿治病時，先要探溯病源，大致可分爲三個步驟：第一步，薩滿先將個人所領的神依次點名，逐一細加探詢，是否病人有開罪之處，或因曾經許願，迄今未還，或因婦女身體不潔，有瀆神靈，每點完神名時，鼓聲轉高而緩，如說中病源時，病人的雙肩自然抖動，祝唱神歌的札立感覺，乃於鼓聲緩慢時，報告薩滿，薩滿息鼓，便以適才探問札立之言再問病人，若病人憶及曾有此事時，薩滿乃以中間人自居，向該神禱祝求情，允許病人於二日或三日內病癒後還願，所許之願，視病的輕重而許馬、牛、羊、豬、雞等等。若薩滿探問所領之神，俱與病人不生任何影響時，乃作第二步的探病手續，即探問病人家廟各神，如老爺神、

吉星神、龍王神、娘娘神、牛神、馬神、蟲神、樂王神、城隍、
土地、山神、樹神等順序問及，病人是否有過侵犯之處，如病人
雙肩不抖動無表示時，薩滿乃作第三步的探病手續，即探問病人
是否擾及南山或北山的鬼怪，或吊死的冤魂，或狐仙及黃鼠精，
而其靈魂爲鬼怪妖魔所攝，若確定病人係中魔後，薩滿乃設法收
魂，以救治病人。

赫哲人生了病，相信與神鬼有直接關係，或因曾經有事許
願，事後忘記還願，或因語言不愼，觸犯神怒，開罪神靈，乃降
災於人，使之罹病。更有病人因在某處得罪鬼怪，第二靈魂被鬼
怪攝去，因此魂不附體，而染患疾病，赫哲人深信這些都是致病
之源，所以罹病後即請薩滿來家探尋病源，若探知病源是神靈降
災，便請薩滿向該神求情許願，若疾病爲鬼怪攝魂所致，即請薩
滿跳神作法。

薩滿信仰是一種複合的宗教現象，包括對魂靈及祖先的崇
拜，對玉皇大帝的信仰，以及對諸天與冥府的宇宙觀，所以薩滿
們都是醫治病人及護送魂靈的術士，當薩滿進入昏迷狀態達到神
魂出竅的程度後，或過陰進入冥府，或上昇天界，而將病人的魂
靈帶回人間，附體還陽，最後薩滿精疲力盡，彷彿從睡夢中甦醒
過來，而達成了治療病人的任務。薩滿魂靈出竅的法術，是薩滿
信仰的特質，也是薩滿信仰與其他法術宗教相異的地方。薩滿信
仰的特有表現，可以從通古斯族或東胡族流傳的故事裡找到最具
體的例子，其中《尼山薩滿傳》就是以北亞部族的薩滿觀念爲基
礎的一部文學作品，其所述薩滿收魂治病的過程最爲完整[15]。

「尼山薩滿傳」（nišan saman i bithe）是用滿文寫的薩滿故
事，其大意是說在從前明朝的時候，有一個叫做羅洛（lolo）的
村子，住著巴爾杜巴顏員外夫婦，中年時，生了一子，養到十五

歲時，到橫浪山（heng lang san）打圍途中病死了。員外夫婦日
行善事，救濟貧窮，修造寺廟，向神祈求子嗣，員外五十歲時，
果生一子，因老年得子，所以取名色爾古代費揚古。十五歲時，
出外打圍，突然得了怪病，全身忽冷忽熱，頭昏病倒。奴僕們還
沒來得及把他抬回家之前，他已牙關咬緊，眼睛直瞪，氣絕而
死，員外夫婦萬分悲痛，趕辦喪事。有一位彎腰駝背的老翁來指
點員外去找薩滿救治其子，話才說完，老翁突然坐在五彩的雲端
消失了。員外好不容易地走到尼西海河岸懇求尼山薩滿救治色爾
古代費揚古。尼山薩滿洗了眼臉，擺設香案，右手拿神鼓，左手
盤繞鼓推，口中唸唸有詞，開始作法，神靈附身，尼山薩滿代神
說話，說出色爾古代費揚古打圍時，捕捉了許多野獸，閻羅王
（ilmun han）派鬼捉去了他的魂。員外又再三哀求薩滿救活其
子，應允酬以家產的一半。尼山薩滿令員外預備和色爾古代費揚
古同一天生的一條犬，一隻養了三年的公雞及醬、冥紙等，尼山
薩滿把神祇及神具分裝三車，自己坐在八個少年抬的轎子上，到
了員外的家，由納哩費揚古充當札立，助唱神歌，尼山薩滿穿著
怪異的衣服、女裙、腰鈴、頭戴九雀神帽，衣服上佩掛的銅鏡及
神帽上的銅鏡是使惡魔不敢攻擊。尼山薩滿穿戴整齊後，唸著
「和格亞格」的咒語，請出了石窟裡的神，從背後附在尼山薩滿
的身體上，忽然牙關咬緊，昏迷跌倒，納哩費揚古扶她躺下，並
按照指示栓住了雞、犬、扛了醬、冥紙，跟隨在眾神的後面，進
入冥府，首先到一大河，把守渡口的是一個兇惡老者，眼睛眇一
目，鼻歪耳聾，腳瘸手蹩，用半片槳划著半片的獨木舟，渡過對
岸後，尼山薩滿酬以三塊醬、三把冥紙。後來到了紅河岸，不見
渡船，尼山薩滿把神鼓拋到河中，變成一條船，她站在上面，就
像旋風似地渡過了對岸，照樣地留給河主三塊醬、三把冥紙，然

後到達冥府第一關，把守關口的是鐵血二鬼，尼山薩滿說明來意，並留下名簽、三塊醬、三把冥紙才放她通過。經過第二關時，也照例留下名簽、工錢，第三關是閻羅王的舅舅蒙古爾代看守，尼山薩滿責怪他不該將壽限未到的孩子捉到冥府，蒙古爾代解釋說是閻羅王見色爾古代費揚古箭術高超，擅長撩跤，奉命捉到冥府給閻羅王做養子。尼山薩滿逕往王城，因城牆高厚，請大鶴神把正在城內玩耍的色爾古代費揚古抓出來，閻羅王很生氣，派蒙古爾代去追趕，因尼山薩滿法力高強，蒙古爾代請求多給酬勞，並且說在冥府沒有打圍的獵犬，黑夜沒有報曉的公雞，尼山薩滿把帶來的雞、犬都送給了蒙古爾代，並要求增加色爾古代費揚古的壽命，經過一番討價還價增加到九十歲，始離開冥府，返途中遇到尼山薩滿死去多年的丈夫，因屍骨已經腐爛，不能救活。後來又到子孫娘娘廟，這裡是萬物轉生的地方，子孫娘娘告訴尼山薩滿，她的前世也在廟裡，轉生時，不肯投胎，子孫娘娘哄著她，讓她戴神帽、繫神鈴，穿怪異衣服，手拿神鼓，像跳神似地玩著去轉生。尼山薩滿還參觀了黑霧朦朧的酆都城，最後才從原路返回羅洛村，納哩費揚古用香燻了尼山薩滿的鼻子，使她醒過來，她把收回的魂放入色爾古代費揚古的軀殼裡，一會兒，色爾古代費揚古就活過來了，他以生硬的聲音說要喝水，好像睡了一大覺，做了很長的夢，說完翻身坐了起來，員外夫婦十分歡喜，尼山薩滿獲得了許多財富⑯。滿文本《尼山薩滿傳》，先有俄文譯本，後來又有義大利文、韓文、中文、英文及德文等譯本，凌純聲教授著《松花江下游的赫哲族》書中所刊「一新薩滿」的故事，是赫哲人看了滿文本後口述的記錄，內容大同小異，與《尼山薩滿傳》是同一來源。

吉爾吉斯的薩滿能以神術屈服邪惡的魔鬼，與纏附病人的惡

魔鬥法，與病人相對而坐，且歌且嚷，魂靈出竅，追逐惡魔，奔馳於廣大的原野上，回來後鞭打病人，揮舞著刀劍，終於打敗惡魔，病人就痊癒了。赫哲族傳說中的克木土罕成了一個新薩滿，他所領的薩滿神非常靈驗，常常為村中病人消災驅祟，調治疾病。當克木土罕薩滿十九歲時，有一天偶然到葛門村以西四十里的蘭尹村閒遊時，村中適有一人因妖魔作祟而生病。病人家屬懇求救治，但克木土罕薩滿的神具都在家中，他便默誦神歌，所有神具都飛來落在院中。克木土罕薩滿穿戴整齊，擺設刀山陣及火山陣，與妖魔比武，當病人上了刀山，想再上火山時，克木土罕薩滿用布拉符將病人劈為兩段。原來他劈死的是一隻黑熊精假扮了病人的模樣，家人不能分辨，真正的病人卻躺在很遠的荒野裡，已經奄奄一息了，衆人按照克木土罕的指示，在荒郊野外找到了病人，把病人抬回家後，因不再受到妖魔的作祟，便日漸復原。在亞古德人的地區，常見的疾病是神經方面的歇斯底里、精神錯亂、痙攣、舞蹈病等，被稱為「亞古德症」，當地的薩滿有治療「亞古德症」的特殊方法。此外如不孕症、產褥熱、婦女病、腫痛、頭疼、眼疾、傷痛等生理方面的疾病也能治療，火療法是最簡單的方法之一，例如手指頭腫痛生膿，認為是惡魔附著引起的，為了要使惡魔離去，乃使用炭火燒烤指頭，當膿腫的指頭「噗斯」一聲突然地破裂時，病人很高興，認為惡魔已離開了指頭，不久以後就復原了。布里雅特人的社會裡，薩滿也使用火療法，以治療患部，他們相信可以用火祓除身體上的污穢，薩滿一隻腳站在地面上的石板上，另一隻腳揉擦燒紅的道具，然後把腳來回數次的放在病人的患部治療⑰。至於天花、疹子、水痘等令人恐懼的疾病，赫哲人相信另有專神主司，這種神叫做娘娘神（tashu mama），有些薩滿能兼治這些疾病，專治這些疾病的薩

滿所領的娘娘神有四種：即瘟病娘娘、天花娘娘、疹子娘娘、黃
病娘娘，有的薩滿領有傷寒娘娘等五種，每個娘娘神是用一根旗
桿爲代表，旗桿都是用老鸛跟木製的。領了娘娘神的薩滿，赫哲
人稱之爲「阿哈」（aha），外人尊稱這種薩滿爲「阿哈馬法」
（aha mafa）。他們以爲娘娘神附在人的身上，所以感染時疫，
阿哈到病人家要求娘娘放病時不要太重，三日內病痊後，殺雞、
羊，送金紙，以饗娘娘，望娘娘保佑病人痊癒，連續禱告三次。
阿哈馬法是薩滿的一種，但他的神術僅限於看時疫及傳染病，不
及神通廣大能通一切神明鬼怪的薩滿，所以薩滿往往可以兼充阿
哈，而阿哈不一定能勝任薩滿之事，薩滿神中因有阿哈馬法，所
以能醫治瘟疫。

　　古人相信行善禱神，可得子嗣，《欽定盛京通志》記載金昭
祖向薩滿求子的情形，其原文略謂：

　　　金昭祖久無子，有巫者能道神語，甚驗，乃往禱焉。巫良
　　久曰：男子之魂至矣，此子厚有福德，子孫昌盛，可拜受
　　之，生則命之曰烏古迺，是爲景祖。又良久曰：女子之魂
　　至矣，可名曰五鴉忍。又良久曰：女子之兆復見，可名之
　　曰幹都拔。又良久曰：男子之兆復見，然性不馴良，長則
　　殘良，無親親之恩，必行非義，不可受也。昭祖方念後嗣
　　未立，乃曰：雖不良，亦願受之。巫者曰：當名之曰烏古
　　出，既而生二男二女，其次第先後皆如巫者之言⑱。

　　文中「巫者」，即女眞社會裡的薩滿。赫哲婦女年逾三十而
不生育者，即認爲自己缺少第三個靈魂，須請薩滿找魂。相傳在
跳鹿神時，神隊在歸途中，求子的婦女躲在薩滿背後，在神帽或
神裙上的飄帶挽一結，不讓薩滿知道，薩滿到家後查問挽結的
人，求子的婦女跪下，以酒灑在神桿上，叩頭許願，若能得子，

則敬獻牛馬豬羊來還願。薩滿擊鼓向神禱告，乃命求子的婦女過三、四日到薩滿家來跳神，取胎兒的魂靈。在此三、四日期間，薩滿於睡眠時出外找魂，能將他處孕婦的胎魂盜過來，或捕捉死後不久的嬰兒魂靈，放在家裡，求子的夫婦在約定的日期到薩滿家取胎魂，薩滿擊鼓，使胎魂附體。這種求子的儀式，赫哲人稱爲「捉雀」，他們相信嬰兒夭折後，魂變爲雀，捉雀即捉魂，胎魂附體後始能懷孕生育。

六、薩滿與消災祈福占卜解夢

一個人邀請薩滿，其主要目的除了治療心理與生理的疾病外，當然也常請薩滿爲家人祈求平安，消災致福，其中跳鹿神是一種重要的活動。在赫哲族社會中，每年春季二、二月及秋季七、八月間，薩滿有跳鹿神的儀式，這是爲薩滿家屬及全村居民消災祈福的活動，村中人家醫病跳神許願痊癒的人，都趁此隆重的儀式裡一起來還願。薩滿擇定跳鹿神的日期後，先行通知要還願的人家，預備祭品，到了舉行儀式的日期，薩滿在家中將愛米神及神具由箱中取出供在西炕上，焚香敬酒，薩滿坐在南炕上禱告，並告以爲闔村居民消災祈福，請諸神降臨，各顯威靈，然後有村中少年若干人擊鼓搖腰鈴助興，每人走三圈，薩滿頭戴神帽，身穿神衣神裙，足穿神鞋，手戴神手套，胸佩布克春、薩拉卡、額其和及護心鏡，由薩滿家的門口開始跳神，自右而左跳轉三圈，然後再整隊而出，衆人擊鼓，唱鳩神歌，薩滿先唱，衆人隨聲附和，令鳩神好好的領路。神隊出門後折向西走，至村中西方盡頭，挨家跳去，由西而東，至村中東方的盡頭爲止，然後面朝西回家。

在蒙古人接觸到外族之前，他們固有的宗教信仰，是北亞遊

牧民族所共同信仰的薩滿信仰，尤其是在天蒼蒼，地茫茫的北亞
大草原上，人對天地的偉大，自然會產生景仰、敬畏和依賴之
心。在蒙古語中稱巫爲「孛額」（böe），意即「師公」或「告
天人」，最高的孛額能與上天來往，能知天意，介於天人之間，
是能祝福降福的超人，其職責是要把天意神諭告知可汗，也爲可
汗祈福。普通的「孛額」只是禳祓、驅邪、占卜、治病的巫醫。
他們以天爲長生天，是最高的尊神，其他人格化的自然界和自然
現象，都是次於長生天的諸神靈，凡是能與長生天及諸靈異往來
的孛額就是薩滿⑲。孛額多以羊胛骨占卜，道行較差的孛額必須
把羊胛骨燒在火中，然後看燒出的紋路，以決定吉凶。道行較高
的孛額能夠看出一塊不曾燒過的羊胛骨，邊說邊看，在遊牧地
區，家畜走失時，有人就請孛額以羊胛骨占卜。

　　古代蒙古人相信人類的災禍是因惡鬼爲屬所致，所以請求薩
滿禳除。《多桑蒙古史》記載成吉思汗「自信有一主宰，並崇拜
太陽，而遵從珊蠻教之陋儀。」⑳相傳成吉思汗曾請薩滿與上天
往來，窩闊台汗亦曾因患病而請薩滿占卜，薩滿告以其疾病是因
金國山川之神爲祟所致，窩闊台汗許以人民、財寶，請薩滿禳
解，但山川神靈不肯接受，其病遂更加嚴重。薩滿信仰本身由於
理論上的欠缺，漸漸退縮成爲民間信仰。

　　蒙古人信仰薩滿，由來固早，即維吾兒，其崇奉薩滿，也是
淵源很早。《多桑蒙古史》指出維吾兒人與亞洲北方其他部族相
同，首先信奉的宗教是「珊蠻教」，其教之巫者稱爲「珊薩」
（Cames），此「珊蠻」即「粗野宗教之教師也」㉑。《多桑蒙
古史》附錄〈世界侵略者傳〉及〈史集〉二文，記載維吾兒人的
信仰云：

　　　當時畏吾兒人信仰名曰珊蠻之術士，與今之蒙古人同。珊

蠻自言術能役鬼，鬼能以外事來告。我曾以此事質之多人，諸人皆言聞有鬼由天窗入帳幕中，與此輩珊蠻共話之事。有時且憑於此輩術士之身。蒙古人愚闇，頗信珊蠻之語。即在現時，成吉思汗系諸王多信仰其人，凡有大事，非經其珊蠻與星者意見一致者不行，此輩術士兼治疾病㉒。

　　薩滿信仰是與役鬼、驅祟有關的魂靈崇拜，他們相信若干動物的靈魂是可以供薩滿驅使的靈氣，由於鬼魂或靈氣附身，以外事相告，所以薩滿能預卜吉凶，預測天候，或危險的瘟疫。薩滿驅祟禳災占卜時，必需穿著怪異的服裝，然後作法。《龍沙紀略》記載薩滿降神作法的情景，雖然簡略，但仍有助於瞭解薩滿驅祟治病的一斑，書中略謂：

降神之巫曰薩麻，帽如兜鍪，緣檐垂五色繒條，長蔽面。繒外懸二小鏡，如兩目狀，著絳布裙。鼓息闃然，立節而舞，其法之最異者，能舞鳥於室，飛鏡驅祟。又能以鏡治疾，徧體摩之，遇病則陷肉不可拔，一振蕩之，骨節皆鳴，而病去矣㉓。

　　文中「薩麻」，即薩滿的同音異譯，其舞鳥於室，與役鬼的神術相似，鳥神亦聽命於薩滿，供其驅使，邪祟畏懼明鏡，以鏡驅祟治病，爲薩滿所普遍使用。薩滿作法禳災的儀式，《黑龍江外紀》所述較詳：

達呼爾病，必曰祖宗見怪，召薩瑪跳神禳之。薩瑪，巫覡也，其跳神法，薩瑪擊太平鼓作歌，病者親族和之，詞不甚了了，尾聲似曰耶格耶，無分晝夜，聲徹四鄰，薩瑪曰祖宗要馬，則殺馬以祭，要牛則椎牛以祭，至於騾黃牝牡，一唯其命，往往有殺無算而病人死，家亦敗者。然續

有人病，而請札林一人爲之相。札林，唱神歌者也，祭以
羊腥用鯉。薩瑪降神亦擊鼓，神來則薩瑪無本色，如老虎
神來猙獰，媽媽神來則噢咻，姑娘神來則覷䁤，各因所憑
而肖之，然後札林跽陳祈神救命意，薩瑪則啜羊血嚼鯉，
執刀鎗白楗，即病者腹上指畫，而默誦之，病可小癒，然
不能必其不死。小兒病，其母黎明以杓擊門，大呼兒名曰
博德珠，如是七言，數日病輒癒，謂之叫魂，處處有之。
博德珠，家來之謂㉔。

「伊徹滿洲」，滿洲語讀如「ice manju」，意即新滿洲。
「博德珠」，即滿洲語「boo de jio」的音譯，其原意是「回家來
吧！」「札林」，滿洲語讀如「jari」，又譯作「札立」，意即
助唱神歌的人。薩滿在平時與普通人並無不同，神來附身時，薩
滿即失本色，各因所憑依的神而肖之。

薩滿能役鬼，故能占卜和解夢。赫哲族傳說克木土罕薩滿年
過花甲後，精神已經衰退，不能春秋祭祀，其薩滿神便全行脫
離。幼子那翁巴爾君被眾兄長賣到庫葉城，不久，又被城主之妻
陷害下獄。克木土罕所領的薩滿神都附在那翁巴爾君身上，又在
夢中教他神術和解夢的方法。獄中有一名好官，叫做伊力布，有
一天伊力布夢見屋中火起，火勢甚熾，無處迴避，正在焦急之
時，見一個少年由外飛立牆上，將一條繩子往他身上一套，提出
牆外，令他逃走，伊力布請那翁巴爾君圓夢。那翁巴爾君說：
「此夢易解，火起屋中是吉祥之兆，跳出牆外，是出獄之兆。」
伊力布詢問出獄日期，那翁巴爾君口中默誦神歌，不多時，薩滿
神來附體，所以能預知釋放出獄日期。伊力布向庫葉城主美爾山
汗推薦那翁巴爾君善斷夢中吉凶，推測禍福，非常靈驗。美爾山
汗有一天晚上夢見花園內有三棵梨樹，開的白花很茂盛，忽然從

西南方刮來一陣大風，梨花立見枯黃，紛紛落地，大風過後，又
見梨花漸漸萌芽，所開的花很不好，美爾山汗心中甚為不樂，請
那翁巴爾君圓夢。那翁巴爾君說：「夢中見三棵梨樹，是三年之
意，梨花盛開是指此地能得三年的豐收，後見大風吹落梨花，就
是指此地將有三年的旱荒，請大汗委派精明練達之臣在各城屯辦
理積聚糧食的事，方可無虞。」後來果然應驗，赤地千里，耕種
無收，瘟疫流行，那翁巴爾君所領薩滿神中的阿哈馬法，能治瘟
疫，所有染病的人都求他醫治，從此以後美爾山汗對他愈加信
任。薩滿所領的薩滿神就是薩滿親狎的神靈，神靈附身時，薩滿
就能占卜解夢，能知過去、現在、未來的秘密。

七、薩滿與家祭除服

　　在古代的時候，國家的大事，是祀與戎，祭祀與征伐，皆見
諸中外歷史，在草原族群的社會裡，祭祀更是重要的宗教活動，
為避免鬼魔作祟，奉獻供品，祈求祝禱，可使鬼魔或神靈得到滿
足，不致使人生病，亦可減輕災禍，祭祀時，多由薩滿充當祭
司，唸誦祝詞。赫哲人在每季出外行圍打獵之前，或打獵回家，
常舉行家祭謝神，所祭的神很多，祖宗亦在祭祀之列，將諸神像
供在西炕上，焚香獻酒，家中的男子自尊長以至小輩依次跪列地
下，請薩滿祝告神靈，擊鼓唱神歌㉕。

　　《綏化縣志》記載滿洲人的家祭頗詳，其原文云：

　　　滿族忌日，祭於墓，家祭，擇時憲書之宜祭祀日舉行為，
　　　惟不用寅亥二日，祭器用哈嗎刀（刀或以銅，或以鐵為
　　　之，其四周有孔，繫以連環，搖之有聲）、轟務（以木杵
　　　為之，長二尺許，端綴銅鈴）、單環鼓、札板、腰鈴、盃
　　　匙緼箸、几架、槽盆等物，同族者咸往致祭，迎祖先像於

前，祭者之家（後有祭者至此迎之），供於正室西牆，牆
支木板，謂之祖宗板，以黃米飯一盂，家薩滿二人焚香
訖，薩滿繫腰鈴，持哈嗎刀，族人或擊單環鼓，或擊札
板，薩滿歌樂詞三章。凡歌一章，主祭及助者，咸行叩首
禮一次，乃宰豬去皮，豬用純黑毛色，折爲十一件，熟而
薦之，薩滿重歌樂詞每章主祭及助祭者行禮如前，祭畢，
度地食福胙，鋪油紙一張，不設席，以盆代几。夕復祭，
薩滿擊鼓，歌樂詞，主祭及助祭者行禮如前，復宰豕折豕
薦豕，族人再食福胙。次日昧爽，仍祭天地，於院中設
案，照壁後案供木酒盃三隻，小米飯一盂，宰豕，陳於照
壁東偏西偏，置鍋竈，割肉少許，煮熟切成小方塊，盛以
磁盆，又以木碗二盛小米飯，並供案上，薩滿跪誦祝詞，
以銅匙舉肉向南分佈。晚時，主祭者行九叩首禮，乃以豕
尾及小米納置鎖莫杆錫斗內，謂之天貺，祭畢，族眾食餘
院中，謂之吃小肉飯，午後煮肉燎皮，食於室內，謂之吃
大肉飯。凡是祭肉，以盡爲度，有餘則肉瘞於地，骨投於
河。祭期或二三日，或五六日，薩滿或男或女，或多或
瓔，均視家之豐儉，昔歲一舉行，今則此風稍戢，已不復
覯矣㉖。

　　家祭是各家例行的祭祀，家族男女老幼的平安，皆仰賴諸神
的保佑，所以祭祀致謝，並祈求年來仍須仰仗諸神的護佑。據
《璦琿縣志》載當地的家祭，上供的是黃面餑餑數盤，亦有上供
黃米一盂者，薩滿二人捧香碟，燒年期香㉗，薩滿在家祭儀式中
確實扮演了重要的角色。

　　養生送死是人生的大事，赫哲人老死在家中者三日後入殮安
葬，殮前請薩滿來，穿便衣，手持神刀，立在死者前囑道：「合

屯之人不少一個，均來送汝，所送各物，好爲收藏，到陰間使
用，勿爲途中惡鬼奪去，並不必想念家中。」與薩滿並肩而立者
一人，手持酒壺，薩滿禱告若干時，敬酒一杯三杯爲止，同時有
二人跪在死者頭之南或北，手持用滿文所開奠儀清單，高聲朗
誦。入殮後，薩滿復囑道：「你走你的路，可不必回想，陰魂亦
不必留在家中，爲害家人。」下葬後，薩滿並爲其家人跳神，先
爲死者在生前最愛之人跳起，然後依次在其他的家人前跳神，以
免死者將其家人的魂魄攝去㉘。

　　喪期已滿除喪服，赫哲人叫做「了檔子」，其儀式，最要緊
的是送死者的第二靈魂到陰間冥府去，因爲第二靈魂在人死後，
在家看靈，在外守魂，如不送第二靈魂到冥府去，就要變成鬼。
除服這一天，喪家在屋外搭一布蓬，將炕上布墊靈位移到蓬中，
將死者生前所穿的衣服鞋帽等物放在靈後，在靈前放一桌，上供
酒食等祭品，蓬外有一狗爬犁放親友送來的禮物，蓬前東西南方
各焚木柴一堆，東火爲陽間火，西火爲陰間火，薩滿立於東火之
旁，右手持神杖，左手持神刀，一老人手提神鷹，頭向西，立於
西火之旁，薩滿乃向靈前囑附道：「你的親友送來衣帽乾糧各
物，都載在狗爬犁上，請你檢收，帶到陰間去，自己使用，現在
神鷹領路，薩滿伴送，請即登程。」薩滿並繼續的報告至某處，
越某山，渡某河。當薩滿報告到陰間時，家人即將死者衣服在火
上焚化，作靈位用的布墊撕破，又擲少許祭品於火中，了檔子的
儀式就告結束㉙。

　　清代宮廷中有一種薩滿太太，宮中發生邪祟的事故，就由薩
滿太太降神作法祓除，每逢年節時令，亦由薩滿太太降神作法
㉚。惟當滿洲帝國擴大，接觸較高的多種文化後，薩滿信仰逐漸
淡薄，僅在民間鄉村流行，朝廷視薩滿信仰爲異端，甚至被當作

不入大道的邪教㉛。滿洲正黃旗人譚泰爲清朝著名功臣之一，順治初年，朝廷究治其罪，據《清史稿》的記載，譚泰「坐與婦翁固山額眞阿山遣巫者治病，下廷臣議罪，論死下獄。」㉜文中「巫者」，當即薩滿。

八、結論

在人類文化中，宗教信仰佔著相當重要的地位，姑不論宗教信仰是否出於人類恐懼的情緒，或者是社會自我的啓示，但是宗教信仰決非產生於玄想，更非產生於幻覺，而是出於人類計劃與現實的衝突，以及個人與社會的混淆。人類在求生存的過程中，經常遭遇到種種困難與挫折，例如天災、人禍、疾病、傷亡，或者說生老病死等問題，其中死亡是人生過程中所遭遇的最有破壞性的挫折，宗教信仰多能適時地給予人類某些程度的助力，使人類有信心的生存下去，宗教信仰就是深深地生根於人類的基本需要，它可以使個人擺脫其精神上的衝突，而使社會避免瓦解的狀態㉝。宗教信仰是在人和環境之間有一密切的關係，任何形式的宗教信仰，都是適應個人及社會的需要，分析宗教信仰的功能，就是要分析宗教信仰如何與其他社會活動發生關係，而服務於人類。

研究宗教行爲的人類學家，認爲宗教的存在具有三種基本的功能，即：生存的功能、整合的功能與認知的功能。所謂生存的功能是指宗教的信仰彌補安慰人類在與自然奮鬥以求生存過程中所產生的挫折與憂慮心理；所謂整合的功能是指藉宗教的信仰，人類社群生活得更爲和諧完滿；所謂認知的功能是指宗教信仰維持人類認知過程的持續發展。

巫術和宗教是有分別的，宗教創造一套價値，直接的達到目

的；巫術是一套動作，具有實用的價值，是達到目的之工具。在
初民社會中，當知識和技術不能控制處境及機會的時候就出現了
巫術。從表面看來，初民社會中的巫術是愚不可及的迷信，其實
他們用莫明其妙的咒語，捕風捉影的儀式，瘋癲痴狂的跳神，以
驅除鬼祟，調治疾病，不但滿足個人身心的需要，而且有其重要
的社會功能。人們在無能為力的時候，就訴之於巫術，初民社會
的傳統告訴人們巫術是有效的，相信巫術可以幫助他們。

　　薩滿信仰的流行，是北亞遊牧社會的文化特質之一，薩滿是
精神異於常人的人，他們在習慣性的催眠，或自我暗示後，在跳
神的儀式中，因為神靈附體，認為有神靈對他作啟示，可以與靈
異世界溝通。因此，所謂薩滿，就是自以為可與神靈溝通而為人
治病的巫人，特別是幫助那些受到靈魂困擾的人，薩滿信仰不是
宗教的副產品，它是屬於草原族群的巫術範疇，他們相信薩滿的
神術是獨立的，可以制勝不可見的力量，可以療治疾病，可以占
卜解夢。由此可知薩滿信仰也具有個人和社會的功能，就個人而
言，可以增加自信，使人對於困擾問題抱著積極應付的樂觀信心
和態度，即使處在危難關頭，仍能保持或重作個性及人格的調
整，促成人格的完整；在社會方面而言，薩滿信仰是一種組織整
合的力量，把社會引入規律與秩序，可以發展先知先覺的能力，
成為初民社會一大保守的要素。薩滿信仰應用最廣的，也許就在
人們憂樂所繫的健康方面，在遊牧社會中幾乎將一切疾病的治療
都倚賴薩滿的神力。薩滿的神力常在儀式中產生或造成的，薩滿
對於某種動植物或其他自然現象具有特別的力量，常是因為他和
這些事物具有圖騰或同宗關係，薩滿唸咒語唱神歌，最重要的作
用是在用神秘言語來命令或支配某種的力量，使平常東西具有巫
術能力。

　　薩滿治病的方法不一而足，或飛鏡驅祟，或過陰收魂，或療
治時疫。薩滿除治病外，也跳鹿神，為村鄰消災祈福，也為不孕
婦女禱求子嗣，或充當年節家祭的祭司，或為喪家除服，或占卜
解夢，薩滿在養生送死的過程中，確實扮演了重要的角色。薩滿
占卜，幫助人們消除疑惑和因疑惑所引起的憂慮不安。遊牧社會
藉占卜指示打獵的方向，以求多獲得野獸，有助於一個民族調適
自然以獲得生存的功效。占卜不但發揮了社會規範與制裁的功
能，而且有統合群體內成員意見，使趨於一致的用途，在社會族
群體裡，藉占卜的力量以統一歧見是非常重畏的功能。薩滿治病
是以整個文化傳統與信仰體系為後盾，而且也能很清楚地向病人
解釋為什麼是你而不是他生這種病，對於牽涉精神心理方面的病
人，或慢性疾病的患者，無疑地產生了很大的作用。但在醫學上
而言，薩滿的治病，只能稱為「社會文化治療」（Socio-Cultural
therapy），或稱為「民俗精神醫術」（Ethno-psychiatry）。

　　布里雅特人相傳薩滿的祖師哈拉貴爾堅（hala guilgiyan）曾
得到神力，天神想考驗他，就將一個富翁的女兒之魂捉去，那個
女兒就生病了。薩滿騎在太鼓上登天入地去找魂，最後在神桌上
的小瓶子裡發現了魂，天神不讓魂飛出去，把右手的手指頭伸入
瓶口裡，薩滿變成一隻黃蜘蛛，刺傷了天神的右頰，天神因為疼
痛，用右手壓著面頰，於是魂就從瓶子裡逃了出來，天神赫然震
怒，便削弱了哈拉貴爾堅的神力，從此以後諸薩滿就漸漸衰弱了
㉞。這個故事流傳雖廣，但不足以解釋薩滿信仰的衰退。隨著人
類社會文化的進步與知識的普及，薩滿信仰的存在及其整合組織
的功能，便逐漸減退，薩滿所扮演的角色亦漸漸失去其重要性。
當草原族群接觸到文化較高的其他民族時，薩滿信仰遂日益退
縮。《多桑蒙古史》載：

畏吾兒人曾遣使至信仰偶像教之中國，延剌麻（Noumis, lamas）至，與珊蠻辯論，欲擇其辯勝者而從之。諸剌麻誦其名曰 Noum 之聖經，此其道德故事物語箴言之彙編也。中有勸人勿害他人，勿害動物，以德報怨等誡。剌麻分爲數派，各教派教義不同，其最流行者信仰輪迴之說。據云，其教流傳已數千年，善人之靈魂，死後視其功之大小投生爲國王以至平民。惡人之曾殺人虐其同類者，則變爲爬蟲猛獸之屬。諸信仰偶像者，在汗前誦聖經若干則，諸珊蠻不能對，由是畏吾兒首先皈依偶像之教㉟。

同書又謂：

道教之迷信行爲，對於蒙古人則較有權勢。顧佛教長老之自畏吾兒、土番傳佈其教於成吉思汗諸宗營帳者，業已取珊蠻教而代之，緣其知識頗優於珊蠻教也㊱。

薩滿信仰本身由於理論上的欠缺，談不上高深的哲理，《樺川縣志》已指出「其言猶誕，其視老、佛、基、回卓然具有一種哲理者迥乎不同。」㊲薩滿信仰既不能與佛道相提並論或分庭抗禮，逐退縮成爲民間信仰。

【註 釋】

① 鄭士純，朱衣點纂《樺川縣志》（台北，國立故宮博物院，民國十七年），卷六，頁 10。

② Stephen Durrant, "The Tale of the Nišan Shamaness, A Manchu Folk Epic" P.5, 1977, University of Washington Press。

③ 拙撰〈談《尼山薩蠻傳》的滿文手稿本〉，《食貨月刊復刊》，第七卷，第七期（台北，食貨月刊社，民國六十六年十月），頁58。

④ 凌純聲著《松花江下游的赫哲族》（南京，國立中央研究院，民國

二十三年），頁 104。

⑤　胡耐安撰〈邊疆宗教概述〉，《邊疆論文集》，下冊（台北，國防研究院，民國五十三年一月），頁 974。

⑥　伊利亞第（Dr. Mircea Eliade）撰，札奇斯欽譯〈薩滿教〉，《新思潮》，第四十五期（台北，中華文化出版事業委員會，民國四十四年一月），頁 108。

⑦　劉義棠著《中國邊疆民族史》（台北，中華書局，民國五十年十一月），頁 663。

⑧　高橋勝之譯〈關於西伯利亞蒙古及歐俄異民族中的薩滿〉，《東亞論叢》，第三輯（日本，一九四〇年九月），頁 360。

⑨　凌純聲著《松花江下游的赫哲族》，頁 659。

⑩　札奇斯欽著《蒙古史論叢》（台北，學海出版社，民國六十九年九月），頁 74。

⑪　《蒙古史論叢》，頁 80。

⑫　《松花江下游的赫哲族》，頁 102。

⑬　《松花江下游的赫哲族》，頁 104。

⑭　多桑著，馮承鈞譯《多桑蒙古史》（台北，台灣商務印書館，民國五十四年八月），第一卷，第一章，頁 33。

⑮　拙撰〈談《尼山薩蠻傳》的滿文手稿本〉，《食貨月刊復刊》，第七卷，第七期，頁 55。

⑯　拙譯《尼山薩蠻傳》（台北，文史哲出版社，民國六十六年三月），頁 1-171。

⑰　〈關於西伯利亞蒙古及歐俄異民族中的薩滿〉，《東亞論叢》，第三輯，頁 384。

⑱　阿桂等修《欽定盛京通志》（乾隆四十四年），卷二六，頁 25。

⑲　札奇斯欽撰〈蒙古可汗們何以信仰了土番的佛教〉，《蒙古史論

叢》（台北，學海出版社，民國六十九年九月），頁 937。

⑳　《多桑蒙古史》，卷一，第十章，頁 162。

㉑　《多桑蒙古史》，卷一，第三章，頁 64。

㉒　《多桑蒙古史》，卷一，附錄五，頁 181。

㉓　方式濟著《龍沙紀略》，見《明清史科彙編》，初集（台北，文海出版社，民國五十六年三月），第八冊，頁 23。

㉔　西清著《黑龍江外紀》，見《小方壺齋輿地叢鈔》（台北，廣文書局，民國五十一年四月），第一帙，頁 401。

㉕　《松花江下游的赫哲族》，頁 130。

㉖　常蔭廷纂修《綏化縣志》（台北，國立故宮博物院，民國十年刊本），卷七，頁 9。

㉗　孫蓉圖修《璦琿縣志》（台北，國立故宮博物院，民國九年鉛印本），卷一〇，頁 7。

㉘　《松花江下游的赫哲族》，頁 222。

㉙　《松花江下游的赫哲族》，頁 224。

㉚　〈邊疆宗教概述〉，《邊疆論文集》，下冊，頁 975。

㉛　《尼山薩蠻傳》，頁 183。

㉜　趙爾巽修《清史稿》，列傳三十三，譚泰傳，頁 2。

㉝　馬凌諾斯（S. Malinowski）著，費孝通譯《文化論》（台北，台灣商務印書館，民國五十六年一月），頁 59。

㉞　〈關於西伯利蒙古及歐俄異民族中的薩滿〉，《東亞論叢》，第三輯，頁 296。

㉟　《多桑蒙古史》，卷一，附錄五，頁 182。

㊱　《多桑蒙古史》，卷三，第一章，頁 311。

㊲　《樺川縣志》，卷六，頁 1。

料理以保無虞謹此恭摺具

奏伏乞

皇上睿鑒訓示遵行謹

奏

乾隆四年七月　二十二　日

所奏俱善今年水旱有旋晴旋雨雖保無虞者皆
上天之恩也不但謂料理得宜永遠無虞必全係
有子信之事然後謂之能治河耳汝其勉之

顧琮奏摺硃批
乾隆四年七月二十二日

傳統與創新：
從現存史館檔看清史的纂修

一、前言

　　滿族以邊疆部族入主中原，在清朝長期的統治下，邊疆與內地逐漸打成一片，全國統一，其文治武功，遠邁漢唐，清朝在多民族統一國家發展過程中有其重要地位。清史是清代的中國史，而非愛新覺羅的清室家族史。清朝能統一國土，能治理人民，能行使政權，能綿歷年歲，在史學上確實能占一代正史的位置。清聖祖康熙年間，在東華門內設置國史館後，沿襲歷代纂修正史的體例，著手纂修清朝國史，現存清朝國史館紀、志、表、傳的稿本及其相關資料，爲數相當可觀。

　　辛亥革命，清朝政權被推翻後，政治上的禁忌，雖然已經解除，但是反滿的情緒，仍然十分高昂，應否爲清人修史，成爲爭論的焦點。孟森先生已指出，「近日淺學之士，承革命時期之態度，對清或作仇敵之詞，既認爲仇敵，即無代爲修史之任務。若已認爲應代修史，即認爲現代所承之前代。尊重現代，必並不厭薄於所繼承之前代，而後覺承統之有自。清一代武功文治，幅員人才，皆有可觀。明初代元，以胡俗爲厭，天下既定，即表彰元世祖之治，惜其子孫不能遵守。後代於前代，評量政治之得失，以爲法戒，乃所以爲史學。革命時之鼓煽種族，以作敵愾之氣，乃軍旅之事，非學問之事也。故史學上之清史，自當占中國累朝史中較盛之一朝，不應故爲貶抑，自失學者態度。」①清朝政府

的功過及是非論斷，人言嘖嘖。然而一朝掌故，文獻足徵，其成
敗得失，足爲後世殷鑒，筆則筆，削則削，不可從闕，亦即孔子
作《春秋》之意。尊重現代，不必否定前代，表明正統之有自，
爲前朝纂修正史，具有時代意義。民國三年（1914），國務院呈
請設立清史館，欲踵二十四史沿襲的正史舊例，成爲千秋信史之
徵，表明民國政府並未否定清朝在史學上的正史位置。現存清史
館紀、志、表、傳的各種稿本及其相關資料，也是數量可觀。從
現存清朝國史館暨民初清史館檔案繁多的情況，可以了解清朝國
史或清史的纂修，是我國歷代以來傳統正史體例的最後一個階
段。

　　《清史稿》關外本及關內本相繼問世以後，可以看出民國政
府的態度，「亦非謂清不當有史」，但不承認《清史稿》即爲定
本清史。近人討論纂修清史時，曾鑒於清史範圍既廣，其材料尤
夥，若再用紀、志、表、傳舊體例，則卷帙必多，重見牴牾之
病，勢必難免，而事蹟反不能備載，於是主張採用通史體例，以
期達到文省事增之目的。但是，我國歷史傳統，代有正史，清代
既是我國歷代以來最後一個朝代，清代正史不可獨闕，紀、志、
主、傳的傳統體例，仍不可廢。《清史稿》既非清朝正史，近年
來，國防研究院出版的《清史》，國史館與故宮博物院共同完成
的《清史稿》校注本，同樣也不能定爲清朝正史或清史的定本。
但因清朝國史館暨民初清史館藏有豐富的稿本及相關資料，無論
重修清史或整修清史，都不能忽視史館檔案，在清朝國史館暨民
初清史館纂修清朝國史及《清史稿》的基礎上整修清史，似乎較
符合纂修正史的要求，也較易完成修史工程，因此，從現存史館
檔來探討清史的纂修問題，較爲具體。

二、清史本紀的纂修

　　清朝國史館的設立，可以追溯至滿族入關以前，編纂史書就是內國史院的主要職掌之一。但因清初兵事方殷，國史的纂修，迄未著手。清聖祖康熙二十九年（1690）三月，山東道御史徐樹穀疏請纂修清太祖、太宗及世祖三朝國史，經禮部等衙門議准，設國史館於東華門內，成為常設修史機構。同年四月，以大學士王熙為監修總裁，大學士伊桑阿等為總裁官。國史館纂修清朝國史，沿襲歷代纂修正史的體例，分為紀、志、表、傳。其纂修工作，自康熙年間至清末，並未中斷。民國三年（1914）春，國務院呈請設立清史館，以原國史館為清史館館址。同年九月一日開館。開館之初，首議修史體例，沿襲二十四史舊例，倣《明史》先修長編。

　　本紀是傳統正史中記載帝王大事的專文，以一帝為一紀，本其事而記之，為志傳之綱，以編年為體。清朝國史館纂修歷朝本紀就是因襲正史本紀體例纂修成書，主要是取材於實錄。國立故宮博物院現存清史本紀，主要為二大類：一類為國史館歷朝本紀，成書於清代，其中漢文本計 524 冊，滿文本計 297 冊，合計共 821 冊；一類為清史館歷朝本紀稿，成書於民國初年，計 516 冊。國史館本紀自清太祖至清穆宗各朝，俱以黃綾封面裝潢成帙，習稱黃綾本本紀，清德宗本紀，僅成稿本，並未定稿。清史館本紀稿本，分別由柯劭忞、金兆蕃、鄧邦述、吳廷燮、袁勵準、王慶祺、陳寶琛、奭良、瑞洵、李哲明等纂輯校訂，內含初輯本、初繕本、覆勘本、重繕本及排印本等，現刊《清史稿》關外本本紀，共十二朝，計二十五卷，多據排印本付梓出版。

　　清朝國史館纂修本紀，卷首詳列凡例，標明本紀為綱，志傳

為目，帝紀內但載大綱，其詳俱分具於各志傳。探討本紀的體
例，必須詳閱本紀凡例。清太祖未即位以前，事屬創興，多未書
明日期，即位以後多書日，其一切制度及大事，但舉大綱而已。
清太宗在位期間，其定制立法，僅書其大綱，即所謂「辭不敢
繁，事不敢略」。本紀記動而不記言，凡諸大政，皆用序事體，
節書其切要者。宣統年間，纂修清德宗本紀，僅成稿本，計 136
冊。從稿本粘簽刪改的痕跡，可以了解本紀的體例及當書或不當
書的歷史事件，大致而言，舉凡申明前旨，解協餉銀，知縣建
祠，添練鎮兵，飭解捕盜銀兩，尋常撥餉，總兵撤降，非要需經
費，閱兵大臣非實官，賞大臣朝馬，因病乞休，尚書乞休，年例
賞八旗錢糧，撥解鎗藥，非議定事件，不詳始末事件，每年例行
彙奏等等，俱可不書。若盡行載入，必卷帙浩繁，則有失本紀體
例。通紀並非正史體例，不能取代本紀。一帝一紀，自成系統，
其功過得失，容易論斷。《清史稿》歷朝本紀，未載凡例。整修
清史本紀，首先須將黃綾本歷朝本紀卷首凡例，刪繁就簡，合併
為總凡例，根據新定凡例，以進行黃綾本歷朝本紀內容的刪略工
作。本紀只書事，即記歷史事件，不載空言。對於國家治亂，政
治得失，民生休戚，以及帝王賢否等歷史事件，皆當詳書，使讀
本紀，如讀通鑑，以見一代興衰關鍵。至於空言細事，皆不當
書。所謂空言，多係具文，舉凡誡諭、泛論、言官條陳、各抒所
見、請旨不允、詔禁奢靡、禁止餽遺、未見事實、非終事、無下
文、未見實行、制度未定、隨置隨罷等事件，均不當書。所謂細
事，如知縣同知土知州等微員改要缺，編修府尹革職，未弁裁
革，侍衛進香行圍，參將建祠，紳民附祀，漕米改徵，查勘工
程，巡撫丁憂等事件，按正史體例，皆非本紀所應書，其事太
細，皆可不書於本紀。清史館金兆蕃等纂修《聖祖本紀》稿本雖

較奭良覆勘本爲優，但因未定凡例，不合體例，文筆亦不及黃綾本《清聖祖仁皇帝本紀》，仍非佳作。

　　本紀是志傳的綱目，年經月緯，繫日載事，其體例與志傳不同，日期必須正確，以便稽考。現刊《清史稿》本紀疏漏之處，主要是日期的錯誤，繫日不正確，有日無月，未繫日序干支，體例前後不一致。其次是滿洲、蒙古等邊疆人名地名的同音異譯，此外就是一些衍文錯字，校刻不精。《清史稿》本紀之失，不當一概而論，清史館各種本紀稿本，並非出自同一人之手，各人取材不同，其可信度遂彼此不同，《清史稿》選刊的排印本，並非都是佳作，清史館現存本紀稿本中仍不乏佳作，竟未被採用，而有遺珠之憾。例如《清史稿》選刊的《太祖本紀》，主要是取材於《東華錄》，國史館黃綾本《太祖本紀》，似未採用，以致頗多疏漏。《太宗本紀》、《世祖本紀》的初輯本，出自金兆蕃之手，取材於實錄，可信度較高。其覆勘本則出自柯劭忞之手，柯氏取黃綾本的本紀加以校勘，凡初輯本原稿與黃綾本本紀互相出入之處，柯氏俱按黃綾本改正，往往抄襲黃綾本本紀的原文。在《世祖本紀》初輯本內附有清史館校注本一冊，校閱細心，體例嚴謹，現刊《清史稿》太宗、世祖兩朝本紀，堪稱佳作，其中紕繆較少。現存清史館《聖祖本紀》初輯本是由鄧邦述、金兆蕃同編，可信度較高。其覆勘本則出自奭良之手，擅加改動，謬誤極多，現刊《清史稿》的《聖祖本紀》就是採用奭良覆刊本排印的，以致紕繆之處，比比皆是。

　　清史館本紀稿本，既不限於一種，其可信度遂彼此不同，正是所謂良莠不齊。校注現刊《清史稿》本紀時，即先取排印本逐字核對，然後取可信度較高的其他稿本互校，凡遇歧異之處，即據實錄、黃綾本本紀等官書進行考證，並逐條作注，標明出處。

例如現刊《清史稿》《太祖本紀》天命四年（1619）正月記載：
「杜松軍由東路渡運河，出撫順、薩爾滸。」對照排印本原稿，
其文字並無出入，即取清史館金兆蕃等輯《太祖本紀稿》原稿互
校，發現引文中「運河」字樣，當作「渾河」，彼此既有出入，
隨即查閱史館檔《清太祖武皇帝實錄》卷三及《明史》卷二五九
〈楊鎬列傳〉等官書，俱作「渾河」，即於刊本「運河」下加注
號次，不改動原文，並於當頁注明引用資料出處。

　　除了以稿校稿外，同時又以卷校卷，就現刊《清史稿》紀志
表各卷互相對校，凡是同音異譯，或日期事蹟，其有出入之處，
即取證於實錄等官書，於當頁作注，標明資料出處，其原文亦不
改動。例如現刊《太祖本紀》記載「景祖有子五：長禮敦，次額
爾袞，次界堪，次塔克世，是為顯祖宣皇帝，次塔察篇古。」句
中「界堪」，現刊《清史稿》列傳二諸王傳作「齋堪」，（皇子
世表一）亦作「齋堪」，本紀作「界堪」，係同音異譯。現刊
《太祖本紀》癸巳年九月條記載「太祖令額亦都以百人挑戰，葉
赫貝勒布齊策馬拒戰」云云。檢查現刊《清史稿》列傳十楊吉砮
傳作「布寨」，列傳十二額亦都傳作「布賽」，《清太祖高皇帝
實錄》卷二亦作「布塞」，由此可知《清史稿》本紀中「布齊」
之「齊」，當作「齋」，「齋」與「寨」係同音異譯。又如現刊
《太祖本紀》天命十年（1625）秋八月條記載「遣土穆布城耀
州，明師來攻，擊走之，獲馬七百。」句中「土穆布」，清史館
金兆蕃輯《太祖本紀稿》原稿作「土穆布祿」，《清太祖高皇帝
實錄》卷九，亦作「土穆布祿」，由此可知刊本《清史稿・太祖
本紀》所載「土穆布」脫落「祿」字。除了本紀外，志表傳亦分
別校注。以稿校稿、以卷校卷，並作考異，雖未敢以為至當，但
校注《清史稿》，畫一譯音，訂正謬誤，實為最基本的工作。信

史必須經過考信，《清史稿》經過校注，訂正其疏漏，始足以徵
信於後世，《清史稿》的纂修工作，始能告一段落，對《清史
稿》的批評指摘，亦可謂已告一段落。但是，《清史稿》校注本
仍然不是定本清史，校注《清史稿》不能取代清朝正史，於是有
《新清史》的整修計畫。

　　近年來，台北國史館完成的《新清史》歷朝本紀，是斟酌清
史館與清朝國史館本紀的得失而整修的，首先注意到本紀的纂修
體例，吳士鑑撰〈纂修體例〉一文已指出：

> 本紀當以史館歷朝本紀為根據，復以聖訓、實錄、方略互
> 證之（萬一有所異同，則以東華錄參考），刪繁就要，準
> 諸前史體例，何者當書，何者不當書，其有事關創舉，為
> 前史所未有者，則宜書（除授官吏，宜從省削，以其與表
> 可互證也，餘當別定條例）。清室建國改元，始於遼瀋，
> 天命、天聰兩朝，已成混一區夏之基，宜仿北魏聖武、平
> 文之例，冠以太祖、太宗本紀，至於四祖事蹟，皆當敘於
> 太祖本紀之中（前史有此例），悉本官修開國方略及實錄
> 等書。凡夫私家著述，語涉疑似者，不宜旁及，以昭謹信
> ②。

　　引文中所謂「史館歷朝本紀」，即指清史館存放的黃綾本歷
朝本紀而言，清史館纂修本紀，當以國史館黃綾本歷朝本紀為根
據。清史館金兆蕃、鄧邦述等人纂修本紀稿本，是以實錄為主，
並與黃綾本本紀等書互校，可信度頗高。奭良覆勘時，諸多改
動，與原稿大相逕庭，已失本來面貌。奭良覆勘本常見的缺失，
主要為：日期錯誤，年月未詳考，簡略疏漏，敘事不合史實，有
日無月，未繫干支，書法欠當，同音異譯，前後歧異，脫字衍
文，不合本紀體例。為便於了解《清史稿》的得失，特將奭良覆

勘本《聖祖本紀》與《清聖祖仁皇帝實錄》、黃綾本《清聖祖仁皇帝本紀》列表如下。

《清史稿》聖祖本紀與實錄、黃綾本聖祖本紀比較表
（清世祖順治十八年正月初二日壬子至二十三日癸酉）

日期	清史稿聖祖本紀	清聖祖仁皇帝實錄	清聖祖仁皇帝本紀
初二日壬子		世祖章皇帝不豫。	世祖皇帝不豫
初六日丙辰	世祖崩，帝即位，年八歲，改元康熙，遺詔索尼、蘇克薩哈、遏必隆、鰲拜四大臣輔政。	遂大漸，召原任學士麻勒吉、學士王熙，至養心殿，降旨一一自責，定皇上御名，命立為皇太子，並諭以輔政大臣索尼、蘇克薩哈、遏必隆、鰲拜姓名，命草遺詔。麻勒吉、王熙遵旨於乾清門撰擬，付侍衛賈卜嘉進奏。諭曰：詔書著麻勒吉懷收，俟朕更衣畢，麻勒吉、賈卜嘉爾二人捧詔，奏知皇太后，宣示王、貝勒、大臣。至是，麻勒吉、賈卜嘉捧遺詔，奏知皇太后，即宣示諸王、貝勒、貝子、公、大臣、侍衛等，宣訖，諸王、貝勒、貝子、公、大臣、侍衛等，皆痛哭失聲，索尼等跪告諸王、貝勒等曰：今主上遺詔，命我四人輔佐沖主，從來國家政務，惟宗室協理，索尼等皆異姓臣子，何能綜理，今宜與諸王、貝勒等共任之。諸王、貝勒等曰：大行皇帝深知汝四大臣之心，故委以國家重務，詔旨甚明，誰敢干預，四大臣其勿讓。索尼等奏皇太后，乃誓告於皇天上帝大皇帝靈之前，然後受事。其詞曰：茲者先皇帝不以索尼、蘇克薩哈、遏必隆、鰲拜等為庸劣，遺詔寄託，保翊沖主，索尼等誓協忠誠，共生死，輔佐政務，不私親戚，不計怨讎，不聽旁人，及兄弟子姪教唆之言，不求無義之富貴，不私往來諸王貝勒等府，受其餽贈，不結黨羽，不受賄賂，惟以忠心，仰報先皇帝大恩，若復各為身謀，有違斯誓，上天殛罰，奪算凶誅，大行皇帝神位前誓詞與此同，是日，鹵簿大駕全設，王以下文武百官，俱成服，齊集舉哀。	大漸，召原任學士麻勒吉、學士王熙，至養心殿，降旨定上御名，立為皇太子，命索尼、蘇克薩哈、遏必隆、鰲拜輔政。
初七日丁巳		夜子刻，世祖章皇帝賓天。	世祖章皇帝崩

初八日		宣讀遺詔，遣官頒行天下。孟春，享太廟，遣輔國公賴護行禮。遣官祭太歲之神。	
初九日 己未		上即皇帝位，是日黎明，遣輔國公都統穆垛，祭告昊天上帝，祝文曰：順治十八年辛丑正月辛亥朔九日己未，皇太子臣玄燁昭告於昊天上帝之前曰：皇考大行皇帝上賓，臣恪遵遺詔，俯徇輿情，於正月初九日即皇帝位，伏祈昭鑒，謹奏。遣都統濟世哈告地祇，都統穆里瑪告太廟，理藩院尚書明安達禮告社稷，文與告天同。上具孝服，詣大行皇帝几筵前祇告，行三跪九叩頭禮，受命畢，具禮服，詣皇太后宮行禮畢，御太和殿，陞寶座，鳴鐘鼓，中和樂設而不作，王以下文武各宮朝服序立，贊禮官贊上表慶賀，上命免宣賀表。各官行禮畢，頒詔大赦。詔曰：惟我國家，受天眷命，祖功宗德，肇造丕基，我皇考大行皇帝，盛德至仁，英資大度，纘承曆數，統一寰區，恩澤洽於多方，政教臻於上理，方期邦國，永底雍熙，不幸奄棄臣民，遽升龍馭，顧以大寶，屬於眇躬。朕煢煢在疚，本不忍聞，而諸王、貝勒、大臣、文武官員人等，僉謂神器既已攸歸，天位不宜久曠，堅請再三，朕是以俯徇輿志，勉抑哀衷，於是月初九日祇告天地、宗廟、社稷，即皇帝位，仰惟上天眷佑之篤，祖宗付託之隆，涼德沖齡，膺茲重寄，敬圖觀光揚烈，用紹無疆之休，其以明年爲康熙元年，與天下更始，式衍舊恩，聿弘新化，於戲，孝思維則，永深繼述之懷，忠悃載攄，實賴勷勷之佐，凡爾親賢文武，其尚輔翼菲躬，共矢嘉謨，以成至治，布告天下，咸使聞知。詔內恩赦，凡十四條。諭禮部，朕惟自古聖賢之君，必有顯號徽稱，用昭功德之隆，垂於萬世，此國家不易之鉅典也。仰惟我皇考大行皇帝，纘紹鴻緒，統一寰區，十有八年，敬天尊祖，勤政愛民，奉侍慈闈，克諧孝道，敦睦宗族，攸敘彝倫，典學日新，修身思永，制禮作樂，振武崇文，敕法明刑，立綱陳紀，盛德之事，不一而足，朕方與天下臣民，均切怙戴，不幸龍馭上賓，顧予沖人，嗣膺大統，仰承佑啓之恩，敢後顯揚之禮，謹考彝章，宜升尊謚，爾部詳察典禮具奏。	上即位於太和殿，以明年爲康熙元年。加恩中外，罪非常所不原者，咸赦除之。
初十日 庚申		王、貝勒、貝子、公等，公主、王妃等，各歸齋宿，部院官員於各衙門齋宿，仍照常供事，閒散官員，於午門外齋宿。	
十一日 辛酉		遣官頒登極詔於天下。	

十三日癸亥	皇太后諭諸王、貝勒、貝子、公、內大臣、侍衛、大學士、都統、尚書及文武官員等，爾等思報朕子皇帝之恩，偕四大臣同心協力，以輔幼主，則名垂萬世矣。上諭禮部及議政王、貝勒、大臣等禁中設立上帝壇及奉先殿祭典，著查歷代有無舊例，定議具奏。尋議，歷代舊制，祇有多至祀天於南郊，宮中上帝壇，應請罷祭。至奉先殿，應照洪武二年例，朝夕焚香，朔望瞻拜，時節獻新，生忌致祭，用常饌，行家人禮，從之。禮部等衙門請上節哀親政。得旨，朕哀痛方深，未忍遽理政務，但國事重大，不可久曠，各衙門章疏，著於二十一日進奏。免直隸各省總督、鎮、巡三司，差官進香。	
十四日甲子	王以下及大臣官員齊集大光明殿，設督。親王岳樂、傑書率貝勒、貝子、公、內大臣、侍衛、大學士、都統、尚書及在廷文武諸臣誓告於皇天上帝曰：沖主踐阼，臣等若不竭忠效力，萌起逆心，妄作非為，互相結黨，及亂政之人，知而不舉，私自隱匿，挾讐誣陷，徇疵親族者，皇天明鑒，奪算加誅，大行皇帝神位前，誓詞與此同。	
十五日乙丑	議政王、貝勒、大臣等，遵旨詳議祀典，議得圜丘、方澤、祈穀壇、太廟、時享、祫祭、朝日壇、夕月壇、社稷壇、三皇廟、先農壇、歷代帝王廟、文廟、太歲壇、關帝壇、城隍廟、紅衣砲等祀，應照舊致祭外，其大享合祀，太廟階下台祭之禮，相應罷祭。又金朝諸陵，應照前致祭，明朝諸陵，亦應照前供獻。從之。	
十九日己巳	上詣梓宮前，行常祭禮。上每日三次尚食，哀慟不已。皇太后揮淚撫慰，左右無不感動。	
二十日庚午	諭宗人府、吏部等大小各衙門：朕以沖齡踐阼，初理萬幾，所賴爾小大臣工，同心協力，矢效贊襄，爾等職掌，各有攸司，國計民生，關係甚重，必精白乃心，公廉正直，力圖振作，謹慎勤敏，始可仰報先帝厚恩，匡輔朕躬不遠。嗣後務須敬修職業，凡事之得失，言之是非，果有真知確見，即當商酌力行，期於上裨國事，下濟民生，其一切處分問罪，尤當虛公平恕，使情法允孚，無縱無枉，乃不負朕委任爾等之意，如或視為虛文，必罪不宥。諭吏部、都察院，國家設立言官，職司耳目，凡發奸剔弊，須據實指陳，乃可澄肅官方，振揚法紀，嗣後指陳利弊，必切實可行，糾彈官吏，必確有證據，如參款虛誣，必不寬貸，爾部院即通行嚴飭。	

二十一 日辛未		改會試期於三月初九日。封多羅豫郡王多鐸子董額爲多 羅貝勒。兵部尚書管左都御史事阿思哈等遵旨嚴議巡方 事宜十款：一、禁地方官諂媚巡方，私派供應。以溺職 論。二、察州縣官於額外私派，果有私派，即行糾參， 如巡按不糾，以溺職論。三、巡按於屬官內，清廉賢能 者，不舉而反劾，貪酷闒茸者，不劾而反舉，被臣衙門 及科道訪察糾參，革職，從重處分。四、糾參大貪，應 首嚴於藩臬道府。今後若但以庸冗老病塞責者，將該御 史從重治罪。五、巡按於地方利弊，要必實心詳察，差 滿後曾興何利，除何弊，冊報臣衙門詳核，眞實者，以 優等論敍，草率虛誑者，題參懲處。六、訪拏衙蠹，必 先本院衙門姦惡，其次督撫司道府廳州縣分司衙門，及 地方棍豪，實係大姦大惡之人，務須嚴擊，毋致巧脫漏 網，其該管官隱匿，即行參處，如已揭報，而御史故爲 寬縱，指稱訪拏名色，捉拏無罪之人，詐取財物，隨復 縱放者，該撫即行糾參。七、巡按入境，及出巡地方， 鋪陳等物，應自攜帶，蔬薪發銀買辦，如地方官獻媚取 榮，及巡按攜帶主文書役家人廚役前站之類，以致擾驛 累民，督撫訪確，即行題參。八、巡按入境後，屬員不 得越境參謁，其隨巡該送刑官，辦理公事之後，即令速 回，其督撫按互相饋遺結納，照舊禁革。九、互糾之 法，原欲彼此覺察，然從未有督撫指參一巡方者，今後 御史倘有不法，而督撫明知不糾者一幷議處。十、考核 御史，立爲上中下三等，其在地方清愼端嚴，恪遵上 諭，潔己愛民，獎廉去貪，興利除害，聽斷明恪，鋤蠹 捍患，軫恤民瘼，察核錢糧，招撫流移，墾荒興學等 事，無不修舉，又能大破情面，糾察地方惡宦劣衿者， 臣等照例酌量分別加級紀錄，回道管事，其次謹愼奉 法，察吏安民者，准其回道管事，其行事碌碌，無實政 及民者，參送吏部降調外用。至於有徇情貪賄等弊，臣 等訪確，即據實糾參，革職治罪。得旨，這所議各款， 務須恪遵力行，不得視爲虛文，著通行嚴飭。安徽操江 巡撫宜永貴以病請代慰留之。
二十二 日壬申		免湖廣蘄州廣濟縣順治十七年分蝗災額賦有差。兵部議 覆，江南總督郎廷佐疏言，隨征右路總兵官劉芳名標下 官民，奉有發回本鎮之旨，但寧夏健卒，方到江寧，一 旦撤回，慮省會單虛，且往返滋擾，應准暫住江寧，以 資防禦，從之。廣西道御史張志日條陳三款：一、州縣 久任宜恤。二、盜案參罰宜清。三、序俸則例宜平。下 部議。

| 二十三日癸酉 | 戶部議覆，福建道御史胡文學疏言，江南、浙江、江西三省漕糧，改折收銀，恐有雜派，乞嚴飭撫按，痛陳積弊，止許照價徵收，不得仍借兌漕爲名，恣意科索，以政輸納稽遲，有誤兵餉，應如所請，從之。巡按蘇松六府御史張鳳起疏言，蘇松常鎮四府，差繁賦重，漕米折價，請仍照原議，每石折銀一兩，下部知之。陝西巡撫張春，疏請除宜君縣荒地錢糧，從之（以下略）。 | 除宜君縣荒地稅。 |
| 是月 | | 是月，兔蘄州廣濟縣蝗災賦 |

　　清史館金兆蕃、鄧邦述纂修《聖祖本紀》稿本中有關順治十八年（1661）正月分的記載云：「正月丙辰，世祖疾大漸，定上名，命立爲皇太子，以索尼、蘇克薩哈、遏必隆、鰲拜輔政。翼日丁巳，世祖崩，輔政大臣奉遺詔誓於天、於大行皇帝。己未，皇太子即皇帝位，以明年爲康熙元年，赦。甲子，諸王大臣誓於天、於大行皇帝。庚午，諭諸臣勤愼修職，發奸剔弊。」引文中的日期及內容，大體上與《清聖祖仁皇帝實錄》的記載，彼此是相合的。清史館奭良覆勘本改爲：「正月丙辰，世祖崩，帝即位，年八歲，改元康熙，遺詔索尼、蘇克薩哈、遏必隆、鰲拜四大臣輔政。」前列表中《清史稿》聖祖本紀的文字，與奭良覆勘原稿完全相同，《清史稿》聖祖本紀就是以奭良覆勘本排印的。對照實錄後，發現覆勘本錯誤連篇，按照實錄的記載，世祖崩，是在正月初七日丁巳；皇太子即帝位，是在初九日己未；以明年爲康熙元年，並非將順治十八年改元康熙。《清史稿》聖祖本紀正月分歷史事件，俱繫於正月丙辰之下，固然不合史實，亦有乖本紀體例。清朝國史館黃綾本《清聖祖仁皇帝本紀》卷一記載云：「正月壬子，世祖皇帝不豫。丙辰，大漸。召原任學士麻勒

吉、學士王熙，至養心殿，降旨定上御名，立爲皇太子。命索尼、蘇克薩哈、遏必隆、鰲拜輔政。丁巳，世祖章皇帝崩。己未，上即位於太和殿，以明年爲康熙元年，加恩中外，罪非常所不原者，咸赦除之。癸酉，除宜君縣荒地稅。是月，免蘄州廣濟縣蝗災賦。」引文中的日期及內容，都與實錄相一致，言簡意賅，符合本紀體例，整修清史本紀，當以清朝國史館纂修的黃綾本歷朝本紀爲藍本，刪繁就簡，則可事半功倍。

　　整修清史，是按照傳統正史的體例進行的工作，《新清史》的可信度也高於《清史稿》，但《新清史》並未擺脫傳統正史的通病，因爲本紀的內容，其資料來源，多取材於實錄等官書，同時受到實錄體例的限制，以致本紀的記載，與歷史事實常有出入。其中最受人詬病的是實錄所載日期並非都是歷史事件的日期。例如清朝國史館黃綾本《清聖祖仁皇帝本紀》康熙六十年（1721）五月初六日丙寅記載：「台灣奸民朱一貴等叛，總兵歐陽凱被害。」清史館聖祖本紀亦載：「丙寅，台灣奸民朱一貴作亂，戕總兵官歐陽凱。」兩種本紀都說朱一貴起事的日期在康熙六十年（1721）五月初六日。檢查《清聖祖仁皇帝實錄》康熙六十年（1721）六月初三日癸巳條記載：「福建浙江總督覺羅滿保等摺奏，五月初六日，台灣姦民朱一貴等聚眾倡亂，總兵歐陽凱率兵往捕，爲賊殺害，地方有司官俱奔赴澎湖。」實錄中的「五月初六日」，應該是本紀記載的原始依據。但是，「五月初六日」，並非朱一貴起事的歷史事件日期。據朱一貴供詞稱「四月十九日，我帶領李勇、吳外、鄭定瑞等到黃殿庄上，我們五十二人拜了把，我們各自會人，得了一千餘人。③」台北國立故宮博物院典藏《宮中檔》含有福建浙江總督覺羅滿保奏聞朱一貴起事經過的滿文奏摺，原摺明確記載，「五月初六日」是覺羅滿保忽

接廈門密報朱一貴豎旗焚搶的日期。據來自台灣的商船稱，「四月二十日，南路鳳山縣地方，出現賊徒，樹立旗纛，到處行搶。」④五月初一日，官兵與朱一貴鏖戰時，總兵官歐陽凱負傷，為賊所害。《重修台台灣省通志》記載朱一貴正式起事，攻下岡山駐地的時間，是在四月十九日夜裡⑤。覺羅滿保滿文奏摺繫於四月二十日，是符合歷史事實的。由此可知本紀將朱一貴起事日期繫於五月初六日丙寅是顯然的錯誤，日後整修或重修清史本紀，仍然不可忽視考證的工作。

　　纂修清史，實錄、本紀等各種官書，都是重要的資料來源。但是，一方面由於體例的限制，一方面由於隱諱潤飾甚至於竄改的習慣，以致與歷史事實不符合，而降低史料價值。譬如《清史稿》聖祖本紀康熙三十六年（1697）四月記載，「甲子，費揚古疏報閏三月十三日噶爾丹仰藥死，其女鍾齊海率三百戶來歸。」清朝國史館黃綾本聖祖本紀亦載是月，「甲子，次布古圖。費揚古疏言，噶爾丹仰藥死，其屬諾顏等，以其女鍾齊海率三百餘戶來歸。」清史館與清朝國史館纂修清聖祖本紀所依據的資料來源是《聖祖仁皇帝實錄》，節錄一段內容如下：

> 甲子，御舟泊布古圖地方。撫遠大將軍伯費揚古疏報，康熙三十六年四月初九日，臣等至薩奇爾巴爾哈孫地方，厄魯特丹濟拉等遣齊奇爾寨桑等九人來告曰，閏三月十三日，噶爾丹至阿察阿穆塔台地方，飲藥自盡，丹濟拉、諾顏格隆、丹濟拉之婿拉綸攜噶爾丹尸骸，及噶爾丹之女鍾齊海，共率三百戶來降（下略）⑥。

　　引文中閏三月十三日噶爾丹飲藥自盡是清朝實錄館纂修《聖祖仁皇帝實錄》時竄改的。檢查國立故宮博物院典藏《宮中檔》撫遠大將軍費揚古滿文奏摺及滿漢文起居注冊等，都說噶爾丹於

康熙三十六年（1697）三月十三日晨得病，至晚即死，不知何病？實錄爲了配合清聖祖御駕親征的行程，並神化清聖祖的英勇及清軍的強盛，而竄改成閏三月十三日飲藥自盡，聞風喪膽，不敢交鋒，與歷史事實出入很大。纂修清史本紀，清朝國史館黃綾本歷朝本紀不失爲較佳藍本，但因黃綾本本紀主要是依據實錄而來，因此，不能照錄其原文。本紀繫日載事，日期必須正確，以便查考，但同時也要使所載事實，符合歷史事實，始足爲千秋信史之徵。

三、清史志書的纂修

　　閱讀傳統正史，以志書爲最難，正史的纂修，也以志書爲最難。志的體例是始於《史記》的書，所謂書，是以同類事爲專篇，敘述其終始演變的痕跡，亦即專爲一件事而特作一篇書。《漢書》以下各史多將書改稱爲志，例如《史記》的平準書，《漢書》改名爲食貨志。歷代正史的志，其篇目多寡不同，名稱亦異，內容更不盡相同。北魏政治結構，起源於北亞部族組織，其氏族與官職有關，所以併爲官氏志。遼代兵制，與歷代不同，在兵衞志以外，更立營衞志，兵衞志與諸史兵志相近，而營衞志則爲遼代所特有。《明史》志凡七十五卷，包括天文、五行、曆、地理、禮、樂、儀衞、輿服、選舉、職官、食貨、河渠、兵、刑法、藝文十五類。清朝國史館沿《明史》之舊，惟以「曆」字避清高宗御名諱，改爲時憲志。現刊《清史稿》，亦倣《明史》，惟改五行志爲災異志，曆志改爲時憲志，併儀衞於輿服志，另增交通、邦交二志，共十六類，其中兵志內增列八旗，歷代正史志書的因革損益，值得重視，纂修清史的志書，北魏、遼、金、元諸史，都值得參考。

　　國立故宮博物院現藏清朝國史館暨民初清史館各類志書稿本，合計約五千七百餘册，包括初輯本、原鈔本、初辦本、增輯本、覆輯本、續鈔本、重繕本、改定本、進呈本等等。除《清史稿》選刊的十六類志書外，還有國語志稿本，共一百册。滿洲語，清朝稱爲清語，又稱國語。現存清史館國語志稿本，卷首有奎善所撰〈國語志總序〉。滿洲文字的創製是清朝文化發展的重要特色，奎善在國語志總序中指出，「茲編纂清史伊始，竊以清書爲一朝創製國粹，未便闕而不錄，謹首述源流大略，次述字母，次分類繙譯，庶使後世徵文者有所考焉。」國語志稿字母的分類，較《清文鑑》稍簡略。國語志稿本尚未告成，現刊《清史稿》並未選刊。探討滿文的創製，可以追溯到成吉斯汗的創製老蒙文，清初諸帝的提倡國語，遼金元三史國語，四書五經的譯出滿文，清文全藏經的繙譯等等都需有專篇志書記載，國語志的纂修，是不可忽略的項目。

　　現藏食貨志，包括：戶口、田制、屯墾、積貯、倉儲、倉庫、鹽法、茶法、茶馬、錢法、礦法、役法、賦役、漕運、征榷、關稅、海關、鰲稅、祿秩、俸餉經費等項。其中戶口類內含有回戶、番戶、羌戶、苗戶、黎戶、夷戶等少數民族。清朝是一個多民族統一的國家，謝遂繪製的《職貢圖》畫卷，共四卷，計301圖，除第一卷東西洋諸國外，其餘都是清朝版圖內的各少數民族圖像，清朝政府重視少數民族的治理問題。清史館戶口類的各少數民族，值得重視。各省散處的回民，都列於民戶，甘肅撒拉爾等處回民，仍設土司管轄，稱爲回戶，此外鎮西府迪化州有驛站回戶，伊犁有種地回戶，南疆各城所屬皆爲回戶。甘肅循化、莊浪、貴德、洮州，四川雜谷、懋功、打箭爐，雲南維西、中甸、台灣理番同知所屬者稱爲番戶。甘肅階州，四川茂洲所屬

有羌戶。湖南乾州、鳳凰、永綏、城步、綏寧、四川酉陽、秀山，廣西龍勝、懷遠、慶遠、泗城，貴州都勻、興義、黎平、松桃等處所屬有苗戶。湖南、廣東理傜同知等所屬爲傜戶。廣東瓊州府所屬有黎戶。雲南雲龍、騰越、順寧、普洱等處所屬有夷戶。纂修清史志書，不能忽視少數民族的存在。可以將清史館戶口類的各民族抽離出來，補充謝遂《職貢圖》畫卷各民族，加上漢族，以纂修民族志，注意到清朝的民族政策，各民族的人口概況及其分布。至於各民族的宗教信仰，可以另撰宗教志，包括佛教、道教、伊斯蘭教，北亞薩滿信仰，以及天主教等外來宗教，從宗教志可以了解清朝政府的宗教政策及其處理宗教事務的經驗。

　　清朝國史館纂修志書，其中增輯本，多增書修輯凡例，有助於了解各種志書的體例。清朝國史館纂修各類志書，多分類輯錄長編。例如現存國史館〈地理志長編資料〉，共十五冊，內分陵墓、地理、城垣、祠廟、田賦、外藩蒙古、外藩屬國、朝貢諸國、西域新疆、職官、關隘、寺廟、名宦、戶口、學校、行宮、津梁等類，主要是根據實錄分類摘錄諭旨及題奏事件的一種小長本簿冊。國史館禮志稿內含有嘉禮長編資料二包，共二十五冊；始自雍正十三年（1735），迄嘉慶二十五年（1820），主要項目包括登極儀、上徽號儀、冊封妃嬪儀、封典、策士儀、鄉飲酒禮、常朝儀、冊立中宮儀、大朝儀、大宴儀、宗人府儀、經筵儀、視學儀、巡幸儀等項，也是分類摘錄實錄的小長本簿冊，多由供事抄錄。其他輿服志、職官志等稿本內也都含有長編資料。纂修清史志書，先修長編，彙編資料，編年記載，就是志書初輯本的資料來源。

　　清朝國史館暨民初清史館纂修志書，其體例主要是繫年載

事，月分日期多不詳載。例如國史館纂修《皇朝食貨志》二，
〈賦役〉七，記載山西提解耗羨的緣起，其中雍正二年（1724）
的記載如下：

> 二年，山西布政使高成齡疏請提解火耗歸公。緣山西虧空
> 甚多，成齡與巡撫諾敏酌以公完公之法，將州縣之火耗，
> 重者嚴行裁汰，量留耗羨抵補無著之虧空，又恐官員無以
> 養廉，復酌撥以為日用之資，凡地方公務，亦皆取給於
> 此。命總理事務王大臣議奏，於是各直省錢糧火耗次第皆
> 歸公矣⑦。

直省臣工首先倡議耗羨歸公的是山西大吏，但食貨志的記
載，過於簡略，但繫年分，月日不詳，查考不便。其實，康熙六
十一年（1722），德音在山西巡撫任內，即有提取耗羨以為公用
之舉⑧。雍正元年（1723）五月十二日，山西巡撫諾敏到任後，
即酌議裁減火耗，以加二錢為律⑨。山西通省火耗銀約五十萬
兩，諾岷酌定數目，分析款項，除應給各官養廉及各項公費銀三
十萬兩外，將每年扣存火耗銀二十萬兩留補無著虧空。清世宗將
火耗歸公的建議，交內閣妥議具奏，內閣以火耗由來已久，奏請
禁止提解火耗。內閣所議既未革除重耗累民的積弊，又不能解決
直省虧空的嚴重問題，所議並不稱旨，直省大吏閱邸鈔後，紛紛
臚陳所見。雍正二年（1724）六月初八日，山西布政使高成齡針
對內閣的條奏提出異議。高成齡具摺指出，提解火耗既可彌補地
方虧空，解決當前急務，又可禁絕私派，砥礪廉隅。因此，他奏
請敕下直省督撫一律比照山西巡撫諾敏所奏，將通省一年所得火
耗銀兩約計數目，先行奏明，俟年終之日，將給發養廉若干？支
應地方公費若干？留補虧空若干？一一題銷。清世宗令總理王大
臣等明白速議具奏。總理王大臣等以提解火耗非經常可久之道，

奏請令山西巡撫諾敏、布政使高成齡先於山西一省試辦。雍正二年（1724）七月初六日，清世宗以王大臣議覆見識淺小，降旨斥責。清世宗於諭旨中指出，「天下事，惟有可行與不可行兩端耳，如以為可行，則可通行於天下，如以為不可行，則亦不當試之於山西。」⑩清世宗認為州縣火耗，原非應有之項，因通省公費及各官養廉，有不得不取給於火耗者。直省虧空纍纍，為清理歷年無著虧空，提解火耗歸公，實已刻不容緩，直省遂相繼實施提解耗羨歸公之舉。由此可知，清朝國史館纂修志書，受到體例的限制，歷史事件的時間不夠精確，其原委緣由，尤多疏漏，纂修清史志書時，為便於後世查考，年經月緯，繫日載事，日期明確，始便於稽考，有年無月，或有月無日，確實有待商榷。

四、清史年表的纂修

傳統正史，除了本紀、志書、列傳外，又有表，就是在補紀、志、傳的不足，其體裁可能出自古代的譜牒。《史記》共立十表，或分國分年作表，或因事分別作表，按年月為次，如網在綱，一覽無遺。契丹立國，有其特殊性質，所以《遼史》的表特別多，有世表、皇子表、金主表、皇族表、外戚表、遊興表、部屬表、屬國表八種。

現刊《清史稿》的表，有皇子世表、公主表、外戚表、諸臣封爵世表、大學士年表、軍機大臣年表、部院大臣年表、疆臣年表、藩部世表、交聘年表。國立故宮博物院現藏清朝國史館暨清史館的表稿共一千四百餘冊，門目繁多，包括文職大臣年表、武職大臣年表、皇子世表、外戚表、公主表、諸臣封爵世表、恩封宗室王公表、宗室王公功績表、外藩蒙古回部表、藩部世表、交聘年表、建州表、總理各國通商事務大臣表、雲南府表、滿忠義

表、漢忠義表、疆臣年表等。在文職大臣年表內又分爲內閣大臣
年表、各部院尙書侍郎左都御史左副都御史、直省總督年表、直
省巡撫年表、大學士年表等。武職大臣年表包括領侍衞內大臣年
表、侍衞處鑾儀衞大臣年表、前鋒步軍統領大臣年表、直省總兵
大臣年表、直省提督大臣年表、八旗護軍統領大臣年表、直省駐
防將軍都統大臣年表、八旗滿洲都統副都統大臣年表、八旗漢軍
都統副都統大臣年表、八旗蒙古都統副都統大臣年表、滿洲管旗
大臣年表、直省駐防副都統大臣年表、漢軍統領大臣年表等，其
中武職大臣年表多爲清朝國史館纂修進呈的朱絲欄寫本，爲現刊
《清史稿》所不見。

　　纂修清史，不可忽視清朝歷史的特色。滿族的由小變大，清
朝勢力的由弱轉強，都與建州女眞的活動，關係密切。明初，女
眞因其活動的地區及其社會演進的過程，被區分爲建州女眞、海
西女眞及野人女眞三部，明廷在建州女眞地區，設置建州衞，其
後增置建州左衞、建州右衞，枝幹互生。國立故宮博物院現藏清
史館纂修的建州表上下共二册，上册注明由王和清繕，下册由胡
蘭石繕。表中分列各級官職，最高爲都督，其下依次分別爲都督
同知、都督僉事、都指揮、都指揮同知、都指揮僉事、指揮使、
指揮同知、指揮僉事及千百戶等職。建州表紀年，繫明朝年號，
永樂元年（1403），始設建州衞，是年十月辛丑，女眞野人頭目
阿哈出等來朝，設建州衞軍民指揮使司，以阿哈出爲指揮使，賜
姓名李誠善，餘爲千百戶。自是年起迄明神宗萬曆三十九年
（1611）止，共計二百年間，建州三衞經多次擾攘，各職官的陞
遷及入貢明廷，以至於清太祖努爾哈齊等受命爲建州都督僉事，
並與其弟舒爾哈齊等歷次進貢等事蹟，建州表俱逐年記載，所載
事件，多取材於明實錄等官書。建州表是硏究建州三衞發展及女

真勢力興起的重要資料，現刊《清史稿》並無建州表，為凸顯清朝前史的特殊性質，纂修清史時，增修建州表是有意義的。

中西交通，對外交涉，辦理洋務，是清朝政府面臨的困擾。國立故宮博物院現藏清史館唐邦治纂修的總理各通商事務大臣表，計一冊，現刊《清史稿》並未選印。在〈輯總理各國通商事務大臣表例言〉中指出，「本表輯例，略同軍機大臣表，不復贅述，總理衙門大臣上學習行走者祇一見，此與軍機大臣最差異者。」表中記事，始自文宗咸豐七年（1860），是年十二月初十日己巳，恭親王奕訢奉命管理總理各國通商事務衙門事務，桂良以太子太保東閣大學士管理總理各國通商事務衙門事務，文祥以戶部左侍郎管理各國通商事務衙門事務。光緒二十七年（1901）六月，總理各國通商事務衙門改為外務部，「遂巍然踞各部之首焉」⑪。《清史稿》雖立邦交志，卻未選刊總理各國通商事務大臣年表，對於辦理中外交涉的主持機構棄而不用，確為一失，日後纂修清史，增立總理各國通商事務大臣年表，實有其必要。

駐外使節在中外交涉過程中扮演了重要的角色，現刊《清史稿》交聘年表，分為上下各一卷，上卷為「中國遣駐使」，下卷為「各國遣駐使」。國立故宮博物院現藏清史館纂修的交聘表，卷一上表「中國遣駐使」，卷一下為「中國遣專使」；卷二上為「各國遣駐使」，卷二下為「各國遣專使」。交聘年表就是駐外使節及外國使節年表，它與總理通商事務大臣年表都是因應局勢發展而增立的年表，有其時代意義。

纂修清史，不能把焦點僅放在軍機處，而忽視內閣的存在。國立故宮博物院現藏清史館纂修的軍機大臣年表外，還修有宰輔表，計一冊，封面標明纂修人為何葆麟，繕寫者為魯謙光，在左上角篇目「宰輔表」下標注「樞府」字樣。首頁標題「宰輔年

表」下標注「大學士、樞府」字樣,其序文屬於綜述性質,照錄內容如下:

> 清自太宗天聰十年改文館爲内三院,總攬庶政。世祖入關定鼎,一仍其舊,至順治十五年,改三院爲内閣。十八年,復改内閣爲三院。康熙九年,又詔復内閣之制,自此以後,歷代相沿,其間機務出納,悉大學士掌之,而軍事則付議政大臣議奏。自雍正初年用兵西兵〔北〕兩路,始設軍需房隆宗門内,後更名軍機處,以大臣領之。雍正十年,始刊軍機處印信,自是承旨出政,皆歸軍機,自王貝勒以下一二品大臣以至五品京堂官,皆得與於斯選,然皆兼管,非同專設。迨光緒三十二年,命鹿傳霖等四人開去軍機,專管部務,稍變雍、乾以來兼管之制。及宣統三年,又改爲内閣總理大臣,不久而遂以遜位,蓋一朝執政,凡數變焉。綜而述之,斯亦得失之林也,作宰輔年表⑫。

宰輔年表與軍機大臣年表相爲表裏,亦有重複之處,間有互相出入之處,例如雍正十年(1732)軍機大臣年表載:蔣廷錫,閏五月病,七月卒。宰輔年表則謂閏五月卒。檢查《清世宗憲皇帝寶錄》、《國朝耆獻類徵初編》,亦載蔣廷錫卒於閏五月,七月二十一日,遺疏奏聞後奉旨派員奠醊,察例議恤。但因宰輔年表爲沿襲《明史》舊例,既有軍機大臣年表,是否仍需另立宰輔年表,尚待商榷。

國立故宮博物院現藏清朝國史館纂修的武職大臣年表內含有直省總督大臣年表、直省提督大臣年表、直省駐防將軍都統大臣年表、直省駐防副都統大臣年表、直省總兵大臣年表、滿洲八旗都統副都統大臣年表、護軍統領大臣年表、前鋒步軍統領大臣年表、侍衛處鑾儀衛大臣年表、漢軍八旗都統副都統大臣年表、蒙

古八旗都統副都統大臣年表等等，探討八旗制度，以上各種年
表，都有重要的參考價值，現刊《清史稿》祇選用將軍都統等年
表，確實不能反映清朝立國的特殊性質。現藏國史館武職大臣年
表，多載明各武職人員開缺、解任、改調、丁憂、身故、休致、
陣亡、回京、以及命署年月，表列分明。例如《皇朝武職大臣年
表》卷一百十七是〈直省駐防副都統大臣年表〉，標列奉天、熊
岳、錦州、西安、涼州、莊浪、江寧、杭州、乍浦、寧古塔、京
口、吉林、伯都訥、三姓、福州、廣州、荆州、黑龍江、齊齊哈
爾、墨爾艮城、成都、寧夏、青州、熱河、歸化城、右衛等駐防
副都名字、升遷、任命、入京年月。清朝八旗駐防有其重要作
用，探討清朝帝國的經營及國力的維持，軍事佈署也是不容忽視
的課題。例如《皇朝武職大臣年表》自卷 149 至 160，共十二
冊，是康熙元年（1662）至六十一年（1722）直省總兵大臣年
表，詳列各省所置各鎮總兵姓名，及其任免月分，一目了然，都
是探討直省各鎮總兵營伍的重要資料，纂修清史時，不能忽視以
上所舉各種年表。

五、清史列傳的纂修

列傳的意義，是列事作傳，敘列人臣事蹟，以傳於後世。
《史記》以紀傳爲本體，將每一個歷史人物的事蹟都歸在其本人
的名字下面，加以有系統的敘述，年經月緯，層次井然，從許多
個別歷史人物的記載，可以反映某一個時代的社會特徵。

國立故宮博物院現藏清朝國史館暨民初清史館列傳稿本合計
約一萬八千一百餘冊。其中國史館的傳稿，大致可以分爲兩大
類：一類爲乾隆年間以降陸續進呈的朱絲欄寫本；一類爲傳包內
所存的各種稿本。就列傳篇目而言，有功臣傳、親王傳、宗室

傳、王公傳、大臣傳、儒林傳、孝友傳、學行傳、文苑傳、循吏
傳、名宦傳、隱逸傳、忠義傳、昭忠祠列傳、貳臣傳、逆臣傳等
等。現刊國史館《清史列傳》不含孝友、學行、名宦、隱逸等列
傳。現刊《清史稿》列傳篇目，包括后妃傳、諸王傳、大臣傳、
循吏傳、儒林傳、文苑傳、忠義傳、孝義傳、遺逸傳、藝術傳、
疇人傳、列女傳、土司傳、藩部傳、屬國傳等列傳。現藏清史館
傳稿篇目，除《清史稿》選刊者外，還含有宰輔傳、儒學傳、孝
友傳、隱逸傳、卓行傳、醫術傳、貨殖傳、叛臣傳、逆臣傳、叛
逆傳、四王傳、台灣傳等列傳稿本，其中含有佳傳，《清史稿》
俱棄而不用。

　　清朝國史館朱絲欄寫本的列傳，有原輯本、續纂本、增訂
本、改訂本及定本的分別，包括親王列傳、宗室列傳、大清國史
宗室列傳、欽定宗室王公功績表傳、國史忠義傳、國史忠義傳正
編、國史忠義傳次編、國史忠義傳續編、清史滿蒙漢忠義傳、欽
定國史忠義列傳、大清國史功臣列傳、大清國史大臣列傳、清史
滿漢大臣列傳、清史大臣列傳、清史大臣列傳續編、國史大臣列
傳正編、國史大臣列傳次編、國史大臣列傳續編、欽定國史大臣
列傳正編、欽定國史大臣列傳次編、欽定國史大臣列傳續編、清
史貳臣傳甲編、清史貳臣傳乙編、欽定國史貳臣表傳、清史逆臣
傳、欽定國史逆臣列傳、欽定外藩蒙古回部王公表傳、欽定續纂
外藩蒙古回部王公傳等等。各種朱絲欄寫本的列傳，其封面標明
「國史」、「大清國史」、「欽定國史」字樣，各有不同的含
義，亦可說明其纂修的過程。例如國史忠義傳是原輯本，素紙封
面，就是原纂進呈本。除素紙封面外，還有黃綾本，於封面飾以
黃綾，例如大清國史功臣列傳，其封面飾以黃綾，屬於重繕改訂
本，就是增訂進呈本，粘貼黃簽改訂，版心不書人名。在朱絲欄

黃綾寫本內冠以「欽定」字樣者，則屬於黃綾定本，例如欽定國史忠義列傳、欽定國史貳臣表傳、欽定國史逆臣列傳等，都是黃綾定本列傳，定本完成後，仍須進呈御覽。

　　清朝國史館纂修列傳，十分重視體例。康熙四十五年（1706）六月初一日，清聖祖諭國史館時已指出，纂修開國功臣列傳，應分別太祖、太宗、世祖三朝功臣，因其事蹟先後，以定次第，各於其本人傳內通行開載事蹟，其子孫有立功者，附載於下，俟列傳作畢，錄出分別給與其子孫各一通，以便藏於家中⑬。乾隆三十年（1765），宗室王公功績表傳告成，清高宗以國史館原纂列傳，僅有褒善，惡者貶而不錄，不足以傳信。因此，降旨重修，並飭詳議體例。國史館總裁等議覆開館事宜，滿漢大臣定以官階分立表傳，旗員自副都統以上，文員自副都御史以上，外官督撫提鎮等凡有功績學行，或獲罪廢棄原委，俱爲分別立傳。清高宗認爲國史館所議並未詳備，列傳體例，以人不以官，不當以爵秩崇卑爲斷，有表無傳者，必其人無足置議，有傳無表者，必其人實可表彰。清高宗固然講求體例，尤重書法，雖然是一字褒貶，亦必求其至當。人臣身終後，書卒書故，議例綦嚴。清高宗認爲人臣立品無疵，有始有終者，方得書「卒」。他在所頒諭旨中旨出，「嗣後除特行予諡，及入祀賢良祠者，自當書卒外，其雖無飾終之典，而品行克保厥終者，仍一例書卒。若初終易轍，營私獲罪之人，傳末止當書故，不得概書卒。」⑭清高宗重視列傳書法，人臣言行始終無玷者，始可書卒於傳末，凡是言行不符，營私獲罪者，傳末止當書故，以便與立朝本末粹然者，有所區別。爲了統一體例，國史館纂修列傳，多於卷首詳列凡例，例如大清國史宗室列傳卷首列舉凡例四條，其內容如下：

　　一凡列聖諸子，無論有無封爵及得罪削罪除籍，俱按名立

傳。

一凡列聖諸子之子孫，其襲封者，自王以下至輔國將軍以
　上，無論有功及得罪，俱附於祖父傳後仿世家體各爲立
　傳。

一凡列聖諸子之子孫，其支庶有官至一品及顯樹功烈者，亦
　附傳於祖父傳後，餘則第於宗室表中見之，槩不立傳。

一凡宗室王貝勒以下至輔國將軍，其順治年間授封者，俱按
　名先行立傳，至康熙年間授封者，俟恭進訖再查明具奏續
　行立傳。

　　所謂「列聖諸子」，即指歷朝皇帝諸子，俱按名立傳。其襲
封子孫仿世家體，俱附於祖父傳後。其未顯樹功烈的支庶，則另
編示室表。內府朱絲欄寫本《宗室王公功績表傳》所列凡例，共
計二十四款。從凡例中得知其資料來源是首據實錄，兼採國史、
八旗通志，間考各王公封册碑文。書寫王公之名時，是遵照玉
牒，書寫官名、地名、外藩部落名，則遵照實錄，審音辨體，以
期書必同文，統一名稱。國史館纂修列傳，間有於傳末置贊語
者，例如功臣列傳寧完我列傳末贊曰：「國家當締造之初，必有
忠讜特出之士，參贊帷幄，以嘉猷嘉謨入告我后，故能光佑大
業，無疆惟休，而其人亦有無窮之聞，非偶然也。寧完我當太宗
時，兢兢焉，以不立言官爲慮，所謂嘉猷嘉謨者非歟！自古迄
今，未有言路不開而能致太平者，若完我可謂知所先務矣。」⑮
《清史稿》列傳亦置贊，纂修列傳如何置贊？是否需要置贊？都
有待商榷。

　　清朝國史館對降清的明臣別立貳臣傳，是一種創新的體例。
《欽定國史貳臣表傳》史官按語，對貳臣傳的由來，有一段說明
云：

臣等謹按：史家類傳之名，儒林、循吏、游俠、貨殖，創由司馬。黨錮、獨行、逸民、方術，仿自蔚宗。厥後沿名隸事，標目實繁，顧四千餘年，二十二家之史，從未有以貳臣類傳者。是以王祥、賈充、佐命典午。范雲、沈約，翊運蕭梁，德彝士及，諂隨而首唐書，守信永德，顯周而冠宋史，蓋由得天下也不以正，斯因以取天下者，遂不能正，所爲史法不明而人極未立也。皇矣我朝，肇興東土，仗大義以定中原，旦鉞鐸車，天家群彦，一時攀鱗附翼，皆櫛沐舊人，初無藉降臣俘卒，相爲戮力，而天戈所指，簞壺恐後，慰新附之烏瞻，免舊民之魚爛，草昧之始，庸示招懷，逮今百五十年，蹟尚可徵，論經久定，我皇上綱紀五常，規矩群類，注小朝之建號，錄殉節以易名，既存南渡之君臣，復嚴北面之閑檢，特命於國史列傳諸臣曾仕明朝，來降後復膺官爵者，創立爲貳臣傳，詳稽實事，別樹專門，雖已往而莫贖其愆，雖有功而不沒其始，以正斧鉞，植倫常，大爲之坊，炯昭臣鑒，自斥遷洛者曰頑民，美裸京者曰殷士，雖詩書所紀，新故之際，未能如聖人有作之大公至正也，猶且法示彰癉，意存忠厚，以仕明時，內而翰詹科道，外而道府參遊陟清班而膺壇事者爲斷，雖義無所逃，均有媿疾風勁草之槩⑯。

引文內容已指出，二十二史從未以貳臣爲類傳之名，乾隆年間，已歷一百五十年，事蹟尚可徵信，蓋棺之論亦經久定。乾隆皇帝特定於國史列傳諸臣中，將曾仕明朝，降清後復膺官爵者，別創貳臣傳，詳稽事實，別立專門，以正斧鉞。乾隆四十一年（1776）十二月初三日，內閣奉上諭云：

昨閱江蘇所進應燬書籍內有朱東觀選輯《明末諸臣奏疏》

一卷及蔡士順所輯《同時尚論錄》數卷，其中如劉宗周、黃道周等指言明季秕政，語多可採，因命軍機大臣將疏中有犯本朝字句酌改數字，存其原書，而當時具疏諸臣內如王永吉、龔鼎孳、吳偉業、張縉彥、房可壯、葉初春等，在明已登仕版，又復身事本朝，其人既不足齒，其言不當復存，自應槩從刪削，蓋崇獎忠貞，既所以風勵臣節也。因思我朝開創之初，明末諸臣，望風歸附，如洪承疇以經略喪師俘擒投順，祖大壽以鎮將懼禍帶城來投，及定鼎時，若馮銓、王鐸、宋權、謝陞、金之俊、党崇雅等在明俱曾躋顯秩，入本朝仍忝爲閣臣。至若天戈所指，解甲乞降，如左夢庚、田雄等，不可勝數，蓋開創大一統之規模，自不得不加之錄用，以靖人心，而明順逆。今事後平情而論，若而人者，皆以勝國臣僚，仍遭際時艱，不能爲其主臨危授命，輒復畏死倖生，靦顏降附，豈得復謂之完人，即或稍有片長足錄，其瑕疵自不能掩，若既降復叛之李建泰、金聲桓及降附後潛肆詆毀之錢謙益輩，尤反側僉邪，更不足比於人類矣。此輩在《明史》既不容闌入，若於我朝國史因其略有事蹟，列名敍傳，竟與開國時范文程、承平時李光地等之純一無疵者，毫無辨別，亦非所以昭褒貶之公。若以其身事兩朝，槩爲削而不書，則其過蹟，轉得藉以揜蓋，又豈所以示傳信乎？朕思此等大節有虧之人，不能念其建有勳績，諒於生前；亦不能因其尚有後人，原於既死。今爲準情酌理，自應於國史內另立《貳臣傳》一門，將諸臣仕明及仕本朝各事蹟，據實直書，使不能纖微隱飾，即所謂雖孝子慈孫百世不能改者，而其子若孫之生長本朝者，原在世臣之列，受恩無替也。此實朕

大中至正，爲萬世臣子植綱常，即以是示彰癉，昨歲已加
謚勝國死事諸臣，其幽光既爲闡發，而斧鉞之誅，不宜偏
廢，此《貳臣傳》之不可不核定於此時，以補前世史傳所
未及也，著國史館總裁查考姓名事實，逐一類推，編列成
傳，陸續進呈朕裁定，並將此通諭中外知之⑰。

在清朝國史內另立《貳臣傳》是始於乾隆四十一年
（1776）。學者已指出，將爲清朝開創建立功勳的降清明臣定爲
「貳臣」，與表彰因堅決抗清不屈而死的明臣追謚爲忠節，是一
個問題相輔相成的兩方面，是乾隆皇帝完整思想體系中不少的組
成部分。明臣降清後，確實有事蹟，他們在《明史》既不容闌
入，在清朝國史又不能與范文程一體列名敘傳，於是另立《貳臣
傳》，使他們在傳統正史領域中能有一席容身之地，使其事蹟傳
信簡編，而待天下後世的公論，貳臣傳的纂修，也是可以肯定
的。清高宗的貳臣論，是從修史體例來褒貶歷史人物，確實由於
意識形態而過於貶斥，後世纂修清史列傳，爲求客觀，如何揚棄
意識形態。避免使用「貳臣」、「逆臣」、「叛臣」等含有價值
判斷的字樣，確實是值得重視的問題。

國立故宮博物院現藏國史館傳包的內容，除了各種傳稿外，
還保存了當時爲纂修列傳而咨取或摘鈔的各種傳記資料，譬如事
蹟冊、事實清冊、履歷片、出身清冊、功績摺、年譜、文集、訃
聞、行狀、行述、祭文等等。例如張之萬傳包內存有吏部片文、
出身履歷單、事蹟冊、張文達公遺集，行述未定稿、年譜稿等傳
記資料，張之萬列傳初輯本的纂修，主要就是利用這些傳記資料
排比而成的。岑毓英傳包的內容，除傳稿外，還含有事略緣由清
冊、行狀、事蹟冊、奏稿、祭文、履歷咨文、咨送清冊、出身
單、軍機處片文、禮部片文、雲南巡撫文、鈔奏等資料，岑毓英

列傳的初輯本，也是利用這些資料排比成稿的，特引初輯本咸豐年間的內容，並查明其資料來源，標注出處於下，有助於了解傳稿的纂修過程：

> 岑毓英，廣西西林人〔事略緣由清冊〕。咸豐初年，由附生在本籍辦團出力保奏。以縣丞歸部選用〔出身單〕。六年，帶勇入雲南投效迤西總兵福陞軍營助勦〔行狀〕。七年，會同都司何有保攻克趙州屬紅巖賊巢〔行狀〕。八年，奉旨賞戴藍翎〔事蹟冊、出身單〕。九年，克復宜良縣城，署宜良縣事，奉上諭候選縣丞，岑毓英著留雲南，以知縣用，並賞加知州銜〔行狀、出身單〕，旋丁憂，總督張亮基奏，岑毓英現在丁憂，係帶練攻勦巡防打仗，請俟軍務靖回籍守制〔出身單〕。十年四月，奉硃批岑毓英准其留滇差委，不准仍留署任〔出身單〕，旋會參將何自清克復路南州城，兼署路南州事〔行狀〕。巡撫保之銘奏，署宜良縣丁憂知縣岑毓英上年收復宜良，本年攻克路南，克復之後委令兼署，實係甫經克復，人心未定，惟有仰懇俯准署宜良縣，兼署路南州岑毓英暫留署任，俟布置周妥，人心稍定，飭令回籍補行穿孝〔出身單〕。十月，奉上諭，署路南知州岑毓英免補本班，以同知直隸州用，並賞加運同銜，旋兼署澂江府事〔事蹟冊、行狀〕。

由引文內容有助於了解清朝國史館如何纂修列傳？利用那些資料排比而成？初輯本重繕後，再經覆輯，然後呈請審閱。岑毓英列傳，先由協修陳田纂輯初輯本，經張星英覆輯，然後呈閱。纂修列傳，掌握可信度較高的原始資料，是不可忽視的問題。

清朝國史館為纂修列傳，曾經先行撰成長編檔冊，包括長編總當與長編總冊兩類。總檔是國史館長編處咨取內閣、軍機處上

諭、外紀、絲綸、廷寄、月摺、議覆、剿捕等檔案分別摘敘彙鈔
成編的檔冊。長編總冊則爲總檔的目錄，亦即人名索引。以總檔
爲經，人名爲緯，按日可稽，不致遺漏，先難後易，是纂修列傳
的重要工作。國史館彙輯列傳長編，先修底本，由供事摘敘各檔
事由，硃批全錄，可以稱爲摘敘本。摘敘本由協修官或纂修管彙
編，經初校後，復由提調官覆輯或覆校，間亦由校閱官詳校，然後
改繕清本。長編檔冊查檢容易，不失爲纂修列傳的重要史料彙編。

六、結語

易代修史，是我國歷代正史的傳統，《清史稿》的編纂，就
是繼承我國纂修正史的傳統。戴逸先生撰〈在清史編纂體裁體例
座談會上的講話〉一文指出，近六百年來國家修史一共有四次：
從一三六八年朱元璋洪武元年打下大都，他就立即下令修《元
史》，這是第一次修史；第二次是順治帝入關後的第二年，下詔
修《明史》；第三次是民國三年（1914），成立清史館修清史；
第四次就是二○○二年中共中央和國務院決定啓動清史工程⑱。
從一九一四年至二○○二年，中間將近九十年，好像沒有任何整
修清史的工程。其實，民國十八年（1929），北平故宮博物院建
議將《清史稿》禁止發行的同時，也已聘請專家將所藏史料，計
畫纂輯清代通鑑長編，以備重修清史之用。民國十九年
（1930），北平研究院與北平故宮博物院合作，在懷仁堂開會，
討論纂修清史長編。李宗侗先生建議初步以清實錄、起居注冊、
內閣大庫檔案、軍機處檔案、宮中硃批奏摺等，按年月排比，再
以私家著作校對其異同，修成長編，若能修清史，即以此爲根
據。這一部清代通鑑長編，若不能修成新史，它也不妨單獨刊印
成書，仿宋代《資治通鑑長編》，以保存有清一代的史料。

　　《清史稿》固然紕謬百出，但是一味禁止發行，亦非學術界所樂見。民國二十三年（1934），行政院聘請吳宗慈負責檢校《清史稿》，撰有檢正表、補表及改進意見等稿。民國二十四年（1935），教育部呈行政院文轉陳中央研究院對《清史稿》的書面意見，文中提出三種辦法：第一種辦法是重修清史；第二種辦法是據《清史稿》爲底本重修清史；第三種辦法是將《清史稿》中僞南明、僞太平，僞民國等處盡行改正。但因對日抗戰，世局變化，修訂清史之議遂寢。

　　民國四十八年（1959），台北國防研究院籌修清史。民國五十年（1961）一月出版《清史》，共八冊。係就《清史稿》改頭換面，稍作修改，並增加補編，內含南明紀五卷、明遺臣列傳二卷、鄭成功載記二卷、洪秀全載記八卷、革命黨人列傳四卷。〈清史稿〉關外本中「革命黨謀亂於武昌」，國防研究院《清史》修改爲「革命黨謀舉事於武昌」。覺羅滿保等大臣列傳前冠以朱一貴列傳，常青列傳前冠以林爽文列傳，不倫不類，偏離纂修正史的體例。

　　民國五十九年（1970）夏初，台北國立故宮博物院院長蔣復璁先生鑒於清史亟待整修，於是計畫纂輯清代通鑑長編，敦聘錢穆先生主持其事，並聘陳捷先教授爲顧問，遴派院內專人負責蒐集資料及編輯工作，筆者也是成員之一。先修清太祖、清太宗兩朝通鑑長編，所據史料，包括現藏明朝、清朝及朝鮮滿漢文檔案、官書及私家著述，先抄卡片，年經月緯，按日排比，列舉綱目，附錄史料原文，並注明出處。歷經數年，雖已完成初稿，可惜並未出版。

　　重修清史，既非計日可待，《清史稿》得失互見，我們不宜把焦點都放在它的缺點上，以致忽視它的優點。李文海先生撰

〈我們今天要纂修一部什麼樣的清史〉一文指出，「在關於體裁體例的學術座談會上，是確實存在著兩種意見的，一種主張新修清史應該與二十四史相銜接，另一種則主張不必與二十四史相銜接的問題。」⑲作者認爲編纂清史應該本著以史爲鑒，古爲今用的原則。而且清史的修纂必須「以馬克思列寧主義、毛澤東思想、鄧小平理論和“三個代表”重要思想爲指導，堅持辯證唯物主義和歷史唯物主義的基本觀點和方法。」因此，作者主張清史不必與二十四史相銜接，並建議新編清史包括綜述、編年、典志、年表、傳記、圖錄六個部件，認爲過去的本紀是以封建帝王的活動爲綱，這個根本之點是必須剔除的。作者強烈的意識形態，似乎偏離了國家纂修正史的傳統與意義，缺乏客觀性，這種現象可以說是環境思想觀念的反射。從辛亥革命推翻清朝至今，將近百年，再議纂修清史，利弊互見。民國三年（1914），開館纂修清史，時代相近，修史的傳統與經驗，有其傳承性。《清史稿》的纂修人員，雖然多屬前朝遺老，但對於女眞入貢明廷諸事，清太祖本紀中直書不諱，尚存直筆。史館人員多出身舊式科舉，嫻於國故，優於辭章，其合於史法、書法之善者，頗有可觀。《清史稿》列傳獨傳、合傳等，多合史例，紀傳論贊，亦頗扼要中肯。重修清史，旣非指日可待，長久以來，《清史稿》先後重印，版本多種，流傳極廣，久爲中外學術界廣泛研究利用，已經成爲治清史者不可或闕的重要資料。因此，訂正《清史稿》的疏漏，就成爲刻不容緩的工程。民國六十七年（1978）十月，國立故宮博物院院長蔣復璁先生、國史館館長黃季陸先生赴士林素書樓，與錢穆先生商議校注《清史稿》，不改動原文，以稿校稿，以卷校卷。《清史稿》校注工程告竣後，國史館又在《清史稿》校注本的基礎上進行《新清史》的整修工程，筆者均參預其

事。《清史稿》的校注，新清史的整修，都以國立故宮博物院典藏清朝國史館暨明初清史館紀志表傳稿本及相關資料為依據而完成的，台灣史學界的努力成果，對纂修清史是可以提供參考的經驗。

　　編纂清史需要重視清史的基礎工程，從前人的基礎上集腋成裘，可行度較高。繼承紀、志、表、傳纂修正史的體例，銜接二十四史，才是正確的方向，不當自行縮短中華民族的歷史。錢穆先生著《國史大綱》所稱我國是世界上歷史體裁最完備的國家，悠久、無間斷、詳密為我國歷史三大特點的看法，是值得重視的。清史是我國歷代以來傳統正史體例的最後一個階段，纂修清史，當以國家纂修傳統正史的體例來編纂。繼承傳統，可以創新，例如傳統正史本紀中的日期，應繫歷史事件日期，不當以頒諭或文書到京日期作為歷史事件的日期。志書繫年，列傳繫年繫月，日期不詳，為便於查考，志書、列傳當詳載年月日。清高宗創貳臣傳體例，以歷史體例褒貶人物，是一種創新，但以濃厚的意識形態來修史，並不客觀，可以不必別立貳臣傳，編纂一套客觀完整的清朝正史，始能成為我們的文化遺產。

　　修史工程是經驗的積累，也是材料的集中。戴逸先生撰〈在清史編纂體裁體例座談會上的講話〉一文指出，當年修史怎麼修的？現在《明史》已經不太清楚了，《清史稿》還有些東西保留下來，也不很多。他們當時討論了什麼問題，碰到那些問題，我們都不清楚了，這是史學史上的遺憾。如天文志，因為天文檔案沒有保存下來，沒有檔案寫什麼呢[20]。這是很重要的談話，纂修清史人員必須熟悉《明史》、清朝國史、《清史稿》、《新清史》等等是怎麼修成的？清史館、國史館保存了那些資料？尊重客觀歷史事實，掌握完整檔案資料，都是纂修清史不可或缺的條件，本文從國立故宮博物院現藏清朝國史館暨民初清史館所保存

的記錄來討論前人修史的經驗及其所使用的檔案資料，得失互見，進行檢討，是一種較為具體的研究工作，對纂修清史或許有正面的作用。

附錄一　國史館纂修聖祖本紀凡例

一正旦朝賀行禮宴賚俱不書惟免朝及

也

綱燦舉不敢畧亦不敢繁以從國史體例

聖祖仁皇帝神靈首出功德大成本紀一書大

我

帝紀內但載大綱其詳俱分見於各志傳

〇一本紀為綱志傳為目謹考歷代國史於

〇凡例

附錄二　國史館聖祖本紀

康熙三十六年四月分

○夏四月辛亥。

上駐蹕船站。○甲寅。命回鑾勑領侍衛內大臣索額圖等留辦船站軍務。○丙辰。厄魯特俄爾遮圖祈齊克來降。○庚申。次阿拉克莫里圖。○命選文行兼優之士為拔貢生送國子監。○甲子。次布古圖。○費揚古疏言噶爾丹仰藥死其屬諾顏等以其女鍾齊海率三百餘戶來歸。

附錄三　清史館聖祖本紀稿
康熙三十六年四月分

禔賜莫趙良棟及前提督陳福丁丑上駐蹕寧夏察卹

昭莫多翁金陣亡弁兵己卯祭賀蘭山庚辰上閱兵命

侍衛以御用食物均賜戰士闔三月辛巳朔日有食之

庚寅康親王傑書薨寧夏百姓聞上將行懇留數日上

曰邊地磽瘠多留一日即多一日之擾爾等誠意已知

之矣夏四月辛亥上次狼居胥山甲寅迴鑾庚申命直

省選文行兼優之士為拔貢生送國監甲子費揚古疏

報閩三月十三日噶爾丹仰藥死其女鍾齊海率三百

戶來降上率百官行拜天禮敕諸路班師是日大雨厄

魯特降人請慶賀止之五月乙未上還京丁酉以傅拉

附錄四　清聖祖實錄
康熙三十六年四月分

上旨噶兩丹之死乃
天之所助宜先謝
天遣設香案於行宮外
上率文武官員行拜
天禮畢○
上回行宮文武官員行慶賀禮是日甘霖大沛
○吳剌咸達兩馬什里公旗下台吉南沖來
朝○乙丑
御舟泊薩察莫墩地方○丙寅

聖祖仁皇帝實錄　卷一百八十三　　九

孝端文皇后忌辰遣官祭
昭陵○
御舟泊都勒哈拉烏蘇地方○丁卯
御舟泊都惠哈拉烏蘇地方○授奉國將軍永德子寧爾籍
為奉恩將軍○丹濟拉使人齊奇兩寨雜至
泰旦噶兩丹閏三月十三日身死即於是日
焚其名揭噶兩丹之女鍾齊海夏卜葵陳奔貝目阿
拉思編程貝職布尼爾巴噶丹之女鍾齊海夏諾顏拾降
蒙阿穆塔台起程宿十站到巴雅思都爾候

言而行見在右翼壯丁四百共人口千餘每
丁各有馬一疋共駝一百五十頭此外並
無他物
上旨據奏噶兩丹尸巳焚者大將軍驛遞其骨
速來齊奇兩寨雜奏應令大將軍驛遞其骨
前或先遣彼即赴丹濟拉所或東驛發至大兵帶往
大將軍身臨邊地聽其酌行○賜尼魯特齊
奇兩寨雜蝶祂裇帶○戊辰

聖祖仁皇帝實錄　卷一百八十三　　十

御舟泊烏開拖羅海地方○己巳
御舟泊特木兩吳兩虎地方○以遍政使宮夢
仁為福建巡撫○
御舟泊烏闊胱脆兩地方○庚午
御舟泊濟特庫地方○辛未
騰巴兩珠兩乃護罪於天遣賊之手令噶兩
丹既殺其子當即索示傳首於四十九旗宿客
兩喀泉扎薩克噶兩丹徹骨到日粉骨揚灰
其徹特和碩齊乃塞卜騰巴兩珠兒孔答亦
應新首兌其奈示得首俟賏回鑒後再奏○

附錄五　《宮中檔》費揚古滿文奏摺
康熙三十六年四月初九日

附錄六　起居注册
康熙三十六年四月十五日

齋寨桑和碩齋車凌奔寨桑等帶二百戶人

投丹津鄂木布而去丹濟喇等所奏之本現

在我等處等語問齋奇爾寨桑等噶爾丹所

死之故並丹濟喇為何不即行前來駐於巴

領恩都爾地方候

旨擾　云噶爾丹於三月十三日早得病至晚即死

不知是甚病症丹濟喇欲即行前來因馬甚

附錄七　國史館聖祖本紀
康熙六十年五月分

州，寶應縣。上年水災額賦有差。

○五月壬戌命撫遠大將軍允禵移駐甘州。○丙寅臺灣奸民朱一貴等叛，總兵歐陽凱被害。○癸酉以岳鍾琪為四川提督。

○乙亥改思明土州歸廣西太平府。○戊寅命停今年進勦策妄阿喇布坦大兵。○

辛巳發倉賑直隸山東貧民，停徵新舊賦。○

○運河南湖廣漕米各十萬石貯陝西備

附錄八　《宮中檔》覺羅滿保滿文奏摺

康熙六十年五月初八日

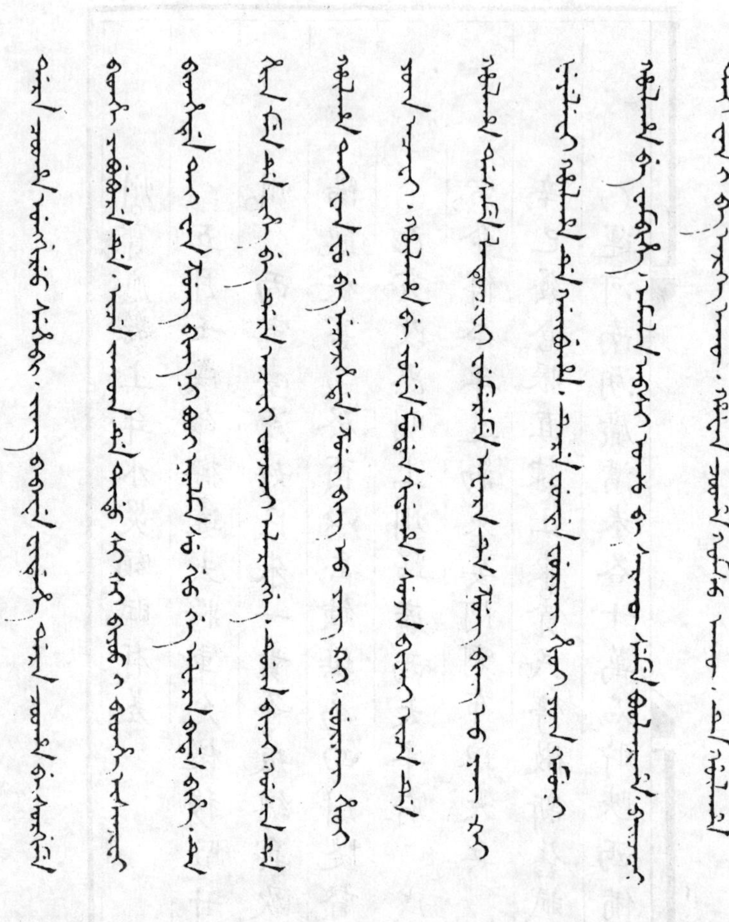

附錄九　國史館滿文恩封宗室王公表

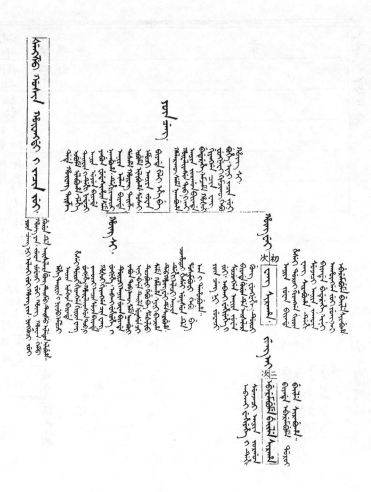

附錄十　清史館纂修建州表

建州表上

紀年	衛名	都督	都督同知	都督僉事	都指揮	都指揮同知	都指揮僉事	指揮使	指揮同知	指揮僉事
永樂元年	建州衛							阿哈出　十月己女貞野人頭目阿哈出等來朝設建州衛以民指揮使司以阿哈出為指揮使賜姓名李誠善餘為千百戶		
								是年始設建州衛		
三年										
								是年十月建州等衛指揮等來朝不書其名時初設衛阿哈出授指揮所謂指揮孫阿哈出也丁十一月甲戌始設毛憐衛以把兒遜為指揮		

附錄十一　國史館纂修直省駐防副都統年表

直省駐防副都統大臣年表

乾隆元年

奉天　副都統　哲庫訥　達色

熊岳　副都統　額爾錦

錦州　副都統　白爾黑圖

西安　副都統　杭州　滿洲若干副都統漢軍若干副都統　王景佩　張正文

西安　副都統　王景佩

涼州　副都統　赫塞　是年設　九月命

附錄十二　台北國史館整修《新清史》聖祖本紀

新清史卷六

本紀六

聖祖一

聖祖一

聖祖合天弘運文武睿哲恭儉寬裕孝敬誠信中和功德大成仁皇帝，諱玄燁，世祖章皇帝第三子也。母孝康章皇后。順治十一年三月戊申，帝生於景仁宮。天表奇偉，隆準龍顏，舉止端肅。六齡時，嘗偕世祖皇二子福全、皇五子常寧問安宮中，世祖各問其志，皇二子以願為賢王對，帝奏云：「待長而效法皇父。」世祖皇帝遂屬意焉。順治十八年正月壬子，世祖皇帝不豫。丙辰，大漸，召原任學士麻勒吉、學士王熙至養心殿，降旨定帝御名，立為皇太子，命索尼、蘇克薩哈、遏必隆、鰲拜

卷六　本紀六　聖祖一

三三九

【註　釋】

① 孟森著《清代史》（台北，正中書局，民國五十一年十月），頁
　2。《明清史講義》（台北，里仁書局，民國七十一年九月），頁
　364，刪略引文內「革命時之鼓煽種族以作敵愾之氣，乃軍旅之
　事，非學問之事也」等句。

② 吳士鑑撰〈纂修體例〉，《有關清史稿編印經過及各方意見彙編》
　（台北，國史館，民國六十八年四月），上冊，頁90。

③ 《明清史料》（台北，中央研究院歷史語言研究所，民國六十一年
　三月），戊編，第一本，頁21，朱一貴供詞。

④ 《宮中檔康熙朝奏摺》，第九輯（台北，國立故宮博物院，民國六
　十六年六月），頁76。康熙六十年五月初八日，福建浙江總督覺
　羅滿保滿文奏摺。

⑤ 《重修台灣省通志》（南投，台灣省文獻委員會，民國八十三年六
　月），卷一，頁101。

⑥ 《清聖祖仁皇帝實錄》，卷一八三，頁7。康熙三十六年四月甲
　子，據費揚古疏報。

⑦ 《皇朝食貨志》（台北，國立故宮博物院，國史館檔，朱絲欄寫
　本），食貨志二，賦役七。

⑧ 《宮中檔雍正朝奏摺》，第十輯（台北，國立故宮博物院，民國六
　十七年八月），頁106。雍正六年三月二十二日，覺羅石麟奏摺。

⑨ 《宮中檔雍正朝奏摺》，第三輯（民國六十七年一月），頁822。
　雍正三年二月初八日，高成齡奏摺。

⑩ 《清世宗憲皇帝實錄》，卷二十二，頁3。雍正二年七月丁未，諭
　旨。

⑪ 《總理各國通商事務大臣表》（台北，國立故宮博物院，清史
　館），序文。

⑫ 《宰輔年表》（台北，國立故宮博物院，清史館），何葆麟纂修，序文。

⑬ 《清聖祖仁皇帝實錄》，卷二二五，頁 16。康熙四十五年六月丁亥，上諭。

⑭ 《清高宗純皇帝實錄》，卷一四一六，頁 11。乾隆五十七年十一月甲辰，諭旨。

⑮ 《大清國史功臣列傳》（台北，國立故宮博物院，國史館檔），朱絲欄寫本，列傳十四，寧完我列傳。

⑯ 《欽定國史貳臣表傳》（台北，國立故宮博物院，國史館），朱絲欄寫本，卷首，按語。

⑰ 《乾隆朝上諭檔》（北京，檔案出版社，1991 年 6 月），第八冊，頁 479。乾隆四十一年十二月初三日，內閣奉上諭。

⑱ 戴逸撰〈在清史編纂體裁體例座談會上的講話〉，《清史研究》，第二期（北京，中國人民大學書報資料中心，1003 年 5 月），頁 2。

⑲ 李文海撰〈我們今天要纂修一部什麼樣的清史〉，《清史研究》，第二期，頁 11。

⑳ 《清史研究》，第二期，頁 3。

文獻足徵：
故宮檔案與清朝法制史研究

一、前言

　　重視理論是檔案工作者的基本要求，但是，理論不能取代檔案，不能以論代史。無視檔案資料的存在，並非學術研究的客觀態度。明清時期，人口的流動，社會經濟的發展，已經引起學術界的矚目。由於社會衝突案件的日趨頻繁，律例的修訂及社會控制的問題，就成為不可忽視的課題。科學地利用原始檔案資料，有助於提昇法制史研究工作的質和量。

　　清宮文物，主要是我國歷代宮廷的舊藏，故宮博物院就是由清宮遞嬗而來。民國十四年（1925）十月十日，北平故宮博物院的正式成立，不僅有裨於歷代文物的保全，同時對於清代檔案的典藏，更是功不可沒。北平故宮博物院成立後，即在圖書館下設文獻部，以南三所為辦公處，開始集中宮內各處檔案，著手整理。民國十六年（1927）十一月，改文獻部為掌故部。民國十八年（1929）三月，改掌故部為文獻館。

　　九一八事變後，華北局勢動盪不安，為謀文物的安全，北平故宮博物院文物決定南遷，民國二十一年（1932）八月，文獻館所保存的各種檔案文獻，開始裝箱編號。民國二十二年（1933）二月六日起，文物分批南遷至上海。民國二十五年（1936）八月，南京朝天宮文物庫房落成。同年十二月，文物由上海再遷南京朝天宮。七七事變發生後文物疏散後方，分存川黔各地。抗戰

勝利後，文物由後方運回南京。

　　北平故宮博物院原藏明清檔案，從民國三十八年（1949）以
後，分存海峽兩岸。民國三十八年（1949）一月，中共文管會接
收北平故宮博物院以後，改稱北京故宮博物院。民國四十年
（1951）五月，文獻館改稱檔案館。並將原藏圖像、輿圖、冠
服、兵器等器物移交北京故宮博物院保管部。從此，檔案館成爲
專門的明清檔案機構。民國四十四年（1955）十二月，檔案館移
交中共檔案局，改稱第一歷史檔案館。民國四十七年（1958）六
月，第一歷史檔案館改名爲明清檔案館。民國四十八年（1959）
十月，明清檔案館併入中共中央檔案館，改稱明清檔案部。民國
六十九年（1980）四月，明清檔案部由中共國家檔案局接收，改
稱中國第一歷史檔案館。

　　民國三十七年（1948）十二月，徐蚌戰事吃緊，北平故宮博
物院與南京中央博物院籌備處決議甄選文物精品，分批遷運臺
灣。民國三十八年（1949），遷臺文物存放於臺中北溝。同年八
月，北平故宮博物院、中央博物院籌備處合併組織聯合管理處。
民國五十年（1961），行政院在臺北市郊外雙溪爲兩院建築新
廈。民國五十四年（1965）八月，新廈落成，行政院公佈國立故
宮博物院管理委員會臨時組織規程，明定設立國立故宮博物院，
將中央博物院籌備處文物，暫交國立故宮博物院保管使用。新址
爲紀念孫中山先生百歲誕辰，又稱中山博物院。同年十一月十二
日，國立故宮博物院正式開幕。

　　北平故宮博物院文獻館南遷的明清檔案，共計 3773 箱，其
中遷運來臺，現由國立故宮博物院典藏者，計 204 箱，共約四十
萬件册，按照清宮當年存放的地點，大致可以分爲《宮中檔》、
《軍機處檔》、《內閣部院檔》、《史館檔》等四大類，此外還

有各項雜檔。《宮中檔》的內容，主要是清代歷朝君主親手御批奏摺、軍機大臣奉旨代批的奏摺及其附件。從時間上看，主要包括康熙朝中葉至宣統末年。按照書寫文字的不同，可以分為漢文奏摺、滿文奏摺及滿漢合璧奏摺。康熙年間採行的奏摺，是由明代奏本因革損益而來的一種新文書，他利用奏摺，擴大了他的視野，使他洞悉傳統本章中無從得知的施政得失及地方利弊，有助於內廷和地方之間的信息溝通，加速了皇帝的決策效率及君權的強化。雍正、乾隆時期進一步擴大奏摺制度的使用範圍，提高了行政效率，對於整飭吏治起了積極的作用。奏摺奉硃批發還原奏人後，仍須將硃批奏摺繳還宮中，因為這批檔案貯存於宮中，所以習稱《宮中檔》。

雍正七年（1729），因西北兩路用兵，由戶部設立軍需房，以密辦軍需。雍正十年（1732），軍需房改稱辦理軍機處，簡稱軍機處。軍機大臣以內閣大學士及各部尚書、侍郎在軍機處行走，而逐漸吸收了內閣或部院的職權，其職掌範圍日益擴大，它不僅掌戎略，舉凡軍國大計，莫不總攬，於是逐漸取代了內閣的職權，國家威命所寄，不在內閣，而在軍機處。國立故宮博物院現藏《軍機處檔》，主要分為月摺包和檔冊兩大類。月摺包主要為《宮中檔》奏摺錄副及原摺的附件如清單、圖冊等，其未奉硃批的部院衙門或監察御史奏摺，則以原摺歸包，此外，還有咨文或呈文等等，文書種類，名目繁多，俱按月分包儲存。現藏月摺包，主要始自乾隆十一年（1746），迄宣統二年（1910）。除了月摺包外，各種檔冊的數量，亦相當可觀。依其性質，大致可以分為目錄、諭旨、專案、奏事、記事、電報等六大類，俱為軍機處分類彙抄經手文移的檔冊。

皇太極在位期間，積極倣效明朝政治制度。天聰三年

（1629）四月，設立文館，命儒臣記注滿洲政事。天聰五年（1631）七月，設吏、戶、禮、兵、刑、工六部。天聰十年（1636）三月，改文館爲內國史、內秘書、內弘文三院，各置大學士、承政、理事官等員。順治十五年（1658）七月，內三院更名內閣、軍國機要，綜歸內閣。自從雍正年間設立軍機處後，內閣權力雖然漸爲軍機處所奪，但內閣承辦國家刑名錢穀等政務的工作，並未輕減，內閣部院所保存的文獻檔案，仍極可觀。國立故宮博物院現藏內閣部院檔，大致可以分爲五大類：第一類是內閣承宣的文書，如詔書、敕書、誥命等；第二類是帝王言動國家庶政的當時記載，如起居注冊、六科史書等；第三類是官修書籍及其文件，如滿漢文實錄等；第四類是內閣日行公事的檔册，如上諭簿、絲綸簿、外紀簿等；第五類是盛京移至北京的舊檔，如《滿文原檔》等，各類檔案都可以說是第一手的直接史科。

　　史館檔包括清朝國史館檔及民國初年清史館的檔案資料。清朝國史館，設在東華門內，成爲常設修史機構，附屬於翰林院。民國三年（1914），國務院呈請設立清史館，以修清史。史館檔的內容，主要爲清朝國史館及民初清史館紀、志、表、傳的各種稿本及其相關資料。

　　檔案的整理與開放，頗能帶動歷史的研究。北平故宮博物院成立之初，即已著手整理清宮各處檔案。其後因時局動盪，檔案整理工作，暫告中輟。民國五十四年（1965），國立故宮博物院正式恢復建置以來，即積極進行檔案的整理工作。首先著手《宮中檔》的整理編目工作，採取編年體的辦法，將《宮中檔》既奉硃批以及未奉硃批的奏摺，都按照具奏年月日即發文日期的先後順序編排，在原摺尾幅背面鈐蓋登錄號，作爲件數號碼。編號既定，先填草卡，經核校後，始繕正卡。《宮中檔》編目工作告竣

後，又賡續《軍機處檔‧月摺包》的編目工作，按照奉硃批日期的順序排列，亦採取編年體的辦法，將各種名目的文書，按照年月日的先後順序排列，每件文書尾幅背面亦鈐蓋登錄號碼，即件數號碼，先填草卡，再繕正卡，除登錄硃批年月日、官職、姓名及事由外，並填注原摺具奏年月日。至於各類檔冊的編目，則先作分類，再採取編年體的辦法整理編目，並製作光碟。近數十年來，海內外學人利用國立故宮博物院現藏檔案資料撰寫完成的論著，已經指不勝屈，展望未來，必將有更豐碩的成果。

二、刑法志的纂修與清朝的立法經過

我國歷代以來，當政者重視以禮教治天下，同時也注意到以刑政輔禮教之不足，在正史裡也修有刑法志。有清一代，政府相信刑罰之中不中，可以影響盛衰治亂。國立故宮博物院現藏刑法志，為數頗多。其中清朝國史館纂修的刑法志，包括八行紙舊本《皇朝刑法志》，八行紙清本《刑法志》、舊八行本《刑法志》以及續鈔本《大清國史刑法志》等。民初清史館纂修的刑法志，因其纂修人員不同，而有不同內容的稿本，包括袁勵準、張采田、李景濂、許受衡等人所修各種稿本。此外還含有《刑志慎刑事蹟》、《刑法志事蹟》、《刑法條目》等資料。現刊《清史稿‧刑法志》已指出：

> 有清起自遼左，不三、四十年，混一區宇。聖祖沖年踐祚，與天下休養，六十餘稔，寬恤之詔，歲不絕書。高宗運際昌明，一代法制，多所裁定。仁宗以降，事多因循，未遑改作。綜其終始，列朝刑政，雖不盡清明，然如明代之廠衛、廷杖，專意戮辱士大夫，無有也。治獄者雖不盡仁恕，然如漢唐之張湯、趙禹、周興、來俊臣輩，深文慘

刻，無有也。德宗末葉，庚子拳匪之變，創巨痛深，朝野
上下，爭言變法，於是新律萌芽。迨宣統遜位，而中國數
千年相傳之刑典俱廢。是故論有清一代之刑法，亦古今絕
續之交也。爰備志之，俾後有考焉①。

　　由引文內容可知，清代的刑政，雖然不盡清明，但是，明代
的廠衛、廷杖、戮辱士大夫的秕政，已不復出現；清朝治獄者雖
然不盡仁恕，但是，歷代以來的深文慘刻，也從來沒見過。探討
清代法制史，刑法志提供了很重要的思想概念。

　　清朝國史館纂修《大清國史刑法志》記載，明萬曆十五年
（1587），清太祖努爾哈齊始定國政，禁悖亂，戢盜賊，正式確
立法制。萬曆四十三年（1615），正式置理政聽訟大臣五人，札
爾固齊即理事官十人，凡有訟獄，先由札爾固齊審問，經五大臣
覆審後，即告於諸貝勒，經諸貝勒議定然後奏聞。清太祖努爾哈
齊恐尚有冤抑，還親加鞫問，核明是非。因此，民情得以上達，
無敢欺隱。天命元年（1616），清太祖諭議政大臣，國人有事，
當訴於公所，五日一聽斷，有私訴於諸臣之家者，必當執送，其
私行聽斷者治罪。天命五年（1620），努爾哈齊以下情欲訴者，
恐不得上聞，命豎二木於門外，以便書明訴詞懸掛於木上。

　　天命六年（1621），努爾哈齊諭侍臣，凡應死笞罰諸罪，必
須追論其功，有功而當死者贖，當罰者免，當笞者戒飭而釋之，
使其功罪相準。天命八年（1623），努爾哈齊諭令凡喀爾喀貝勒
等歸附金國後，即使有罪當誅，亦不當論死，應令遣還其故地
②。

　　為了防範家庭暴力的發生，努爾哈齊已經注意到家暴法的重
要性。女眞氏族社會重視夫婦綱常，努爾哈齊屢次誡諭婦女遵守
婦道。天命八年（1623）六月初九日，努爾哈齊御八角殿，訓誨

福金、公主云：

> 天作之君，凡制禮作樂，豈可不體天心。然天心何以體
> 之，莫若舉善以感發其善者，誅惡以懲創其惡者，如我國
> 諸王中，亦有被貶責者，豈於我有隙哉？不過因其紊亂綱
> 常，法所不容耳！即執政諸王尚不令枉法，爾等女流，苟
> 犯吾法，吾豈肯縱恕以敗綱常乎？男子披堅執銳，共歿於
> 陣者，蓋因不背同心之約，故以身殉國耳！爾居家女流，
> 違法行背理之事，有何好處，吾之所以將汝等妻諸大臣
> 者，原酌其才，論其功而匹配之也，豈令受制於汝乎？若
> 爾等悍惡凌逼其夫，較之鬼魅尤甚。如萬物俱賴日光而
> 生，爾等當乘我之光，各安其分可也。又謂御妹曰：姑若
> 不預訓諸女，儻犯事之後，汝毋阻我③。

滿洲與蒙古在思想觀念及婚姻習俗等方面，都較爲相近，而
爲滿蒙聯姻提供了極爲有利的條件，滿蒙聯姻就是一種族外婚制
度。努爾哈齊認爲婦女犯法，決不縱恕，以敗綱常。婦女悍惡，
凌逼其夫，較之鬼魅尤甚。他一面訓誨滿洲婦女，不許敗壞綱
常，不可凌逼其夫，倘若犯法悖理，決不縱恕；一面也訓諭蒙古
諸額駙，不可受制於滿洲婦女，若有悍妻惡婦凌逼，蒙古額駙，
即當奏聞。節錄一段訓諭如下：

> 爾等降王，凡在我結婚立家而娶吾女者，勿以吾女爲畏。
> 朕原念汝等遠附，故與之，豈令汝受制於吾女乎？吾嘗聞
> 胯兒胯部諸王，以女妻左右近臣者，多侮其夫，而虐害其
> 國人。若吾女有似此不賢者，汝等毋輒殺傷，即告朕知，
> 罪當誅則誅之，罪不至死則廢之，另以別女妻焉，或有不
> 賢而不告朕，是汝等之過，告之而不責其罪，是予之過，
> 凡有艱苦之情，切毋自諱，各有心事，當盡告之④。

　　引文內容已指出，滿洲婦女若有敗壞綱常者，蒙古額駙不可動輒殺傷，理應告知努爾哈齊，其罪當誅即誅之，罪不至死則廢之，另以別女妻之。努爾哈齊諄諄訓誨，其用意在使滿洲婦女，遵守夫婦綱常，防範家暴，相夫教子，螽斯嗣徽，壺化肅雍。

　　天命年間，凡有訐告諸貝勒者，准其離主。天聰五年（1631），清太宗皇太極與諸貝勒大臣議定條例，明定訐告諸貝勒准其離主的範圍，包括下列諸款：

一、除八分外，訐告私行採獵者。

二、出征所獲，除八分外，訐告私行隱匿者。

三、私殺人命者，原告及被害人近支兄弟。

四、奸淫屬下婦女者，原告及本夫近支兄弟。

五、所屬從征效力戰士訐告隱匿不報，乃以私人濫薦者。

六、本旗人欲行互訐，而貝勒控制，不許申訴者。

　　以上各款，凡有告發者，俱准離主，仍罰貝勒銀兩有差。此外，凡以細事訐訴者，不准離主。諸貝勒審事枉斷人死罪者，罰銀六百兩，枉斷人杖、贖罪及私遣人出境交易，怠忽職業，擅取民間財物馬匹，將本旗女子不行報部，短價私買者，俱罰二百兩。滿洲入關前，也注意到宗教立法的重要性。天聰五年（1631），《大清國史刑法志》有一段記載云：

　　　　時奸民欲避差徭，相率為僧，新造廟宇，所在多有，乃定擅為喇嘛，私建寺廟，不啓明該部貝勒者，依律治罪。若婦人乘男子他出，私邀喇嘛班第和尚至家者，以姦論，家人首告者，准離去。凡巫覡星士等妄言禍福，惑人取財者，必殺無赦，該管官及本主與聽信者，各坐罪。若道士及持齋人妄言，惑眾者并究⑤。

　　引文內容一方面說明滿洲人入關前的宗教管理法，是為了防

範奸民逃避差徭；一方面也重視生活規範，遵守夫婦綱常，防範婦女與僧侶男女雜處，以避免防害家庭。至於巫覡星土道士的宗教預言，妄言禍福，容易煽惑民亂，造成社會的不安，都必須明定條例。

天聰五年（1631），金國設刑部承政、參政、啓心郎等。崇德元年（1636），設立都察院。大致上承繼了明朝的制度。但其法律卻是相當保守的。滿洲入關前的法律，基本上仍是一種習慣法，其中有關刑事犯罪的處置，多承襲女眞族或蒙古族的傳統刑罰，其司法權分散在各旗，並不集中於中央。從《大清國史刑法志》等書可以了解努爾哈齊設立各級司法官員，禁止私家聽斷訴訟，把司法最後審判權歸於中央，並規定了審判程序，已經向前邁進了一大步。清太宗皇太極把司法權歸於刑部，設承政、參政、啓心郎等官，專責審理案件，調整了司法官員職權及審判程序，都是重要的立法工作。清朝國史館纂修《皇朝刑法志》序文指出，「我國家肇基大東，民淳法簡，大辟之外，僅用鞭責，然令肅而民不犯，逮世祖章皇帝撫有寰夏，乃定大清律，申命釐訂。」⑥所謂鞭責，就是一種習慣法。滿洲入關前的司法行政主要是適用於八旗制的⑦，直到入關後，清朝政府才仿《大明律》制定《大清律》的新法律。

三、從起居注冊看司法審判的定讞

記載帝王言動的檔冊，稱爲起居注冊。起居注是官名，掌記注之事，起居注官所記的檔冊，就是起居注冊，是一種類似日記體的史料。其體例起源很早，周代已置左史、右史之職。漢武帝時，禁中有起居注，由宮中女史任之。王莽時，置柱下五史，聽事侍旁，記載言行，以比古代左右史。後漢明帝、獻帝時，俱置

起居注。魏晉時，著作郎兼掌起居注。後魏時，置起居注令史。隋代時，置起居注舍人。唐代時，置起居郎，即左史；起居舍人，即右史，記注言動，以當古代左史記言，右史記事之職。其記注體例，是以事繫日，以日繫月，以月繫年，並於每季彙送史館。宋代仿唐制，仍以起居注郎及起居注舍人為左右史，分掌記注。元代起居注，所記為臣工奏聞事件。明代洪武初年即置起居注官，萬曆起居注冊，已影印出版。

潮朝入關後，臣工屢次疏請設立起居注官，康熙七年（1668）九月，內秘書院侍讀學士熊賜履疏稱，「皇上一身，宗廟社稷所倚，中外臣民所瞻仰。近聞車駕將幸邊外，伏乞俯採芻言，收回成命。如以農隙講武，則請遴選儒臣，簪筆左右，一言一動，書之簡冊，以垂永久。」康熙十年（1671）八月，正式設立起居注官，命日講官兼攝，添設漢日講官二員，滿漢字主事二員，滿字主事一員，漢軍主事一員。清朝起居注冊的正式記載，即始於康熙十年九月，包括滿文本與漢文本。是年九、十月合為一冊，其餘月分，每月一冊，全年共十二冊，閏月增一冊。自雍正朝以降，滿漢文起居注冊，每月各增為二冊，全年共二十四冊，閏月增二冊。清代歷朝起居注冊，分存台北國立故宮博物院與北京中國第一歷史檔案館。

起居注冊內含有相當豐富的司法檔案，直省督撫審擬案件的奏摺及題本，經刑部題覆後的定讞過程，可以查閱起居注冊，譬如康熙二十九年（1690）五、六月分起居注詳細記錄了太常寺少卿胡簡敬父子案件定讞經過。是年五月十一日，康熙皇帝御門聽政，刑部等衙門題覆江南江西總督傅臘塔所審沭陽縣周廷鑑叩閽控告太常寺少卿胡簡敬父子等一門濟惡，姦人妻女，霸佔田產、誣陷良人為盜等事。刑部等衙門以沭陽縣民周廷鑑所控俱屬情

眞，而題請將胡簡敬革職，徒三年；胡旭、胡敷世俱應絞；胡簡尤、胡安世、胡簡英、胡簡翊、胡簡亮、胡簡奇、胡簡易、胡正俱擬杖、巡撫洪之傑奉旨交審事件，不速行審訊，反收胡簡敬等訴詞，明係徇情，應降三級調用。康熙皇帝對胡簡敬一家的惡跡十分震怒，降旨嚴辦，起居注冊記載了諭旨全文，照錄於下：

> 朕早夜孜孜，勤思治理，日與在廷諸臣講求，無非愛養民生，恐其顚連無告，以致失所。若紳衿土豪，倚勢橫行，凌虐小民，藐法縱恣，毫無顧忌，窮黎受害，於何底止。今胡簡敬等一家濟惡，霸佔有主田地，姦奪良家子女，誣告盜情，致斃人命，闔縣之人，遭其毒害，種種惡跡，昭然有據，督撫不行舉發，科道漫無糾參，無非畏其勢力，瞻徇情面，今已告發審實，若不嚴加處分，立置重典，何以爲直省地方不法紳衿積惡豪強之戒，胡簡敬等應於彼處正法治罪。巡撫洪之傑爲地方大吏，平日旣不能體察糾參，及經告發，又不遵旨速行審結，遷延徇庇，殊負委任，應革職，令九卿詹事科道會同議奏⑧。

引文內已指出，胡簡敬等應正法治罪，巡撫洪之傑應革職，並諭令九卿詹事科道會同議奏。同年六月初六日辰時，康熙皇帝御暢春園澹寧居聽政，大學士伊桑阿等以折本請旨，其要點爲九卿題原任太常寺少卿胡簡敬一家濟惡，種種不法，胡簡敬應坐光棍爲首例立決，胡旭、胡敷世原擬應絞、監候秋後處決，洪之傑身爲封疆大臣，不行參奏，奉旨審理，又不速結，徇情護庇，稽延日時，應革職，餘俱照原議。康熙皇帝最後作了裁示，起居注冊記載了諭旨內容如下：

> 胡旭、胡敷世依擬應絞，令監候秋後處決，胡簡敬從寬免死，並胡簡尤、胡簡奇、胡簡翊、胡簡英、胡簡亮、胡簡

易、胡安世、胡正等俱發河南安插，開墾荒地納糧，洪之傑著革職，餘依議⑨。

經康熙皇帝裁示後，正式定讞，太常寺少卿胡簡敬等從寬免死，發遣河南，下放勞改，開墾荒地。胡旭、胡敷世應絞，監候秋後處決，此案正式終結。起居注冊的記載，可以反映清朝中央政府皇帝和大學士等當面討論各種案件，並作成最後定讞結案的過程。

直省命盜案件審擬具題到京後，經刑部等衙門議覆，並由皇帝和大學士等面商作成最後結案，都經過很漫長的時間，同時也反映康熙皇帝對命案審理的慎重。康熙三十年（1691）七月十六日辰時，康熙皇帝御暢春園澹寧居聽政，大學士伊桑阿因刑部等衙門議覆偷刨人參復行搶奪人參李小眼等應照強盜例立斬一案，以折本請旨。刑部等衙門議覆，以郎中穆克坦受李小眼銀一百兩，准其所遞病呈，將鐵鎖打開，交付阿爾法後，以致脫逃，應革職，照律擬絞監候秋後處決，李小眼以財行賄原任驍騎校阿爾法於中說事過付，俱應擬絞監候秋後處決。郎中吳庫稱，侍郎鄔黑云：「我身有病，大事來向我說，小事說與郎中等完結。」應行文盛京刑部向侍郎鄔黑詳明取供到日再議。經康熙皇帝裁示，鄔黑身爲侍郎，託疾偷安，不理事務，推託司官，殊屬不合，著一併另行嚴議具奏。同年閏七月初二日，刑部等衙門題鄔黑身爲侍郎，乃懶惰將事務推託司官，殊屬不合，應革職，郎中吳庫不詳察事務，即照穆克坦所說完結，應降三級調用。穆克坦、李小眼、阿爾法，俱照原擬絞監候，秋後處決。經康熙皇帝裁示，鄔黑著降五級，以盛京武職用，餘著依議。

康熙三十年（1691）十月二十六日巳時，康熙皇帝御乾清宮東煖閣，大學士伊桑阿等以御史處決重囚一疏請旨。康熙皇帝命

大學士等坐，並細閱招册，逐名詳加核酌，其中李春玉等四十九人情罪決無可恕，著令處決，其李小眼等二十三人，康熙皇帝一一指明其罪狀。康熙皇帝認為李小眼以財行求，希圖自身逃遁，非比陷害他人，劉應襲、鄭士英等霸佔官參，並非殺人犯，其餘亦非殺人之罪，與殺人者有所差別，因此，裁示著監候。

　　從起居注册的記載，也可以反映康熙皇帝對斬絞人犯比例從輕的判決。康熙三十二年（1693）六月十八日，三法司題請重懲太醫一案云：

　　　太醫孫斯百等誤用人參，以致皇上煩燥甚病，又妄言當用附子肉桂等語。查律合和御藥誤不依對症本方，將醫人杖一百，今孫斯百等罪甚重大，難以此律擬罪，應將孫斯百、孫徽百、鄭起鵾、羅性涵俱擬斬⑩。

　　太醫孫斯百等因誤用人參，以致康熙皇帝病情加重，所以三法司按律將孫斯百等擬斬。康熙皇帝並未允所請，起居注册記載諭旨如下：

　　　孫斯百等誤診朕病，強用人參，致朕煩燥甚病，又將他人所立之方，伊等阻隔不使前進。其後朕決意不用人參，病遂得瘥。今朕體全癒，孫徽百後復進內調治，著從寬免死，孫斯百、鄭起鵾、羅性涵俱從寬免死，各責二十板，永不許行醫⑪。

　　太醫孫斯百等從三法司原擬處斬改為各責二十板，就是比原判從寬的具體判例。康熙三十三年（1694）四月二十三日，三法司具題，烏喇打牲人巴瑚禮妻與家人賴色通姦，其家人王四持斧砍死賴色，將斧柄毆打其主母，擬王四應絞監候秋後處決。康熙皇帝裁示說：「王四念伊主平日豢養之恩，將賴色殺死，尚為有義，著從寬免罪。」⑫

從起居注册的記載，可以反映康熙皇帝的寬仁法治精神。康熙三十七年（1698）四月初五日，因刑部等衙門具題，浙江仁和縣盜犯陳茂生等以強盜劫奪沿城地方例擬立斬，大學士伊桑阿等以折本請旨。康熙皇帝認為盜犯陳茂生等潛居城內劫奪人家，遂以沿城劫奪律盡行擬斬，似屬太過，為首正法，其餘從寬，發往黑龍江，給與新滿洲兵為奴。康熙皇帝還對大學士伊桑阿等人說道：「人命所關重大，朕數年以來，為盜者止誅首惡，為從者從寬免死，全活甚眾。朕曾問及黑龍江將軍薩布素，此等罪犯充發黑龍江聚集或致生事，據稱新滿洲兵眾多，將此兇徒分給為奴，勢孤力散，惡不能逞，且新滿洲得之，資益良多。」⑬康熙年間，犯案當死，而改判從寬免死者全活甚眾。

康熙三十七年（1698）十一月十四日，大學士伊桑阿等以秋決折本請旨。康熙皇帝展閱招册，逐名裁定，詳審再三，於無可生之中有一可緩須與之死者，俱不忍即行勾決，必至萬無可議，始不得已而處以極刑。康熙皇帝曾對大學士伊桑阿等講述明朝決囚的故事，起居注册記錄了這則故事的要點：

> 聞故明崇禎時決囚，遣一內臣往探，有稱冤者否？還奏云，有一人稱冤，亟遣追此人回時，行刑在西市街皇城內，不許騎馬，內臣步行，及到而稱冤者已死，追回者乃其餘未刑者也⑭。

崇禎年間，疑案難斷，由內臣探聽喊冤而決斷，以致無辜受害者，不計其數。康熙皇帝表示他的態度說：「此等事，朕所不取，夫奏讞之成，當預為詳審，臨時可以不冤，若不慎之於先，而詞察於死生呼吸之間，待其人之自吐，豈有及乎？」康熙皇帝在位期間，都對各命案先行熟覽，雖知其曲折，但仍不忘與大學士、九卿等斟酌，然後定讞。大學士伊桑阿等具奏時，已指出，

「皇上好生之仁如神之哲，於刑獄極其詳慎，即幾年前之案，無不洞悉，不待按册而知，自然聽斷平允，無一不當。」大學士等的應答，並非溢美之詞。

四、從硃批奏摺看少數民族習慣法

我國歷代以來，就是一個多民族的國家，有清一代，積極經營邊疆，或改土歸流，或移民實邊，都注意到各少數民族的傳統習俗，探討清代法制史，不能忽視各邊疆少數民族的習慣法。國立故宮博物院現藏《宮中檔》的內容，主要為康熙朝以降歷朝君主御批的直省臣工奏摺，在硃批奏摺中含有頗多涉及各少數民族習慣法的檔案資料，譬如苗例就是苗疆不成文的習慣法，內含湖南等地紅苗例，此外有彝例、傜例、僮例等等，都是探討西南各省少數民族習慣法的重要司法檔案。

清世宗雍正三年（1725）五月十三日，廣西分巡右江道僉事喬于瀛具摺時已指出廣西柳州、慶遠、思恩三府地方，民止十分之二、三，半係土著，半係流寓，傜僮伶侗倮苗僚蠻等各種民族，居其七、八，雖食毛踐土，輸賦完租，與民一體，惟性情習俗迥不相同。至於有事告狀者少，俱自請地方老者議和，間有具控官司之事，非稱炮火劫殺，即稱黑夜燒擄，皆因積有仇隙，循環報復。喬于瀛詳請完結，以解其日後仇隙⑮。喬于瀛原摺所稱廣西各少數民族的習俗，有民事糾紛時，多請老者調解議和，所以告狀者少，就是按照當地的習慣法，就是按照當地的習慣法，就地完結，不必到州縣衙門上報具控官司。少數民族的竊盜等案件，倘若動輒繩以大清律法，他們必定恃險抗拒，人莫能拘，勢必派兵進剿，未免騷擾，殊非地方之福。

雍正六年（1728）九月初十日，廣西西隆州知州劉德健報

稱，土賊顏光色，顏光束聚黨拒捕情形。廣西布政使張元懷將廣西地方形勢及傜僮習俗具摺奏聞，節錄一段內容如下：

> 伏查廣西拾府參州，俱係漢土錯居，山環水繞，其中慶遠、太平、思恩、泗城肆府所屬州縣，尤爲地少山多，且界連交趾、雲貴、獞獐狑狼，種類不一，惡習相沿，惟以仇劫爲事，甚至以仇尋仇，報復不已。以前督撫有司，狃於土蠻仇殺舊例，事多外結，事既外結，則有罪者，未即明正典刑，既不明正典刑，示之以法，則土人不知畏懼，仇劫惡習，仍不能改⑯。

引文中所謂「事多外結」，就是按照少數民族的習慣法，由理老調解議和，不必以內地大清律例繩之以法，不必報官明正典刑。同年十二月二十七日，廣西按察使常安具摺時亦稱：

> 粵西地方，苗彝雜處，性多兇悍，見利則動行劫掠，報仇則傷殺相尋。經官捕捉，非抗拒不出，即逃匿無蹤，及至拿獲，而土目漢奸，於中評處和息，或給銀物抵償，地方官亦以向有彝例，概從外結銷案，積弊已久。欽蒙皇上教養兼施，恩威並布，又著有定例，凡命盜抄搶重案，按律定擬，不准以牛馬銀兩抵償。如漢奸勾引蠻獞犯法，審明照誘人犯法律加等治罪，仰見皇上明察，無微不照，肅清蠻獞多事之根源⑰。

由引文內容可知粵西少數民族地區長期以來存在彝例，地方官因俗而治，所有劫掠仇殺事件，俱以牛馬銀兩抵償，概從外結銷案。廣西右江總兵李星垣具摺奏稱：

> 粵西慶遠、思恩、泗城參府地方內有一種蠻猺，盤踞山中，鋤地而食，平日雖有猺頭管束，而蠻猺性情兇惡，依山負隅，不服拘管，雖有頭人，不過虛應故事，以致蠻猺

往往勾結鄰近猺人，窺伺附近村落富庶土民，即行糾黨妄肆縛拿，用木靴禁，或將小孩拿去，藏於窩穴，兩處蠻猺，從中串通說合，勒銀取贖，該地猺頭皆其種類，非遇明火抄殺難以掩飾者，概不報官，蠻猺周知畏懼，遂多猖獗⑱。

廣西右江總兵李星垣具摺時已指出，除了明火抄殺案件外，其餘案件，只是用木靴禁，或擄人勒贖，多取銀兩，由頭人說合，就是以習慣法和解。

五、從會黨案件看大清律例的變遷

異姓人跪拜天地，結拜弟兄，是秘密會黨的基本儀式。在清代律例中既有禁止異姓結拜及取締秘密會黨的條款，這對於探討秘密會黨的起源及社會控制，顯然是很有意義的。為了便於說明，可將清代律例中涉及禁止異姓結拜及取取締秘密會黨條款的修訂內容，列出簡表如下：

清朝取締異姓結拜組織及秘密會黨律例修訂簡表

年分	律例修訂內容	備註
順治十八年（1661）	定凡歃血盟誓焚表結拜弟兄者，著即正法。	
康熙七年（1668）	覆准歃血盟誓焚表結拜弟兄應正法者，改為秋後處決，其止結拜弟兄，無歃血焚表等事者，仍照例鞭一百。	
康熙十年（1671）	題准歃血結拜弟兄者，不分人之多寡，照謀叛未行律，為首者擬絞監候秋後處決，為從者杖一百，流三千里，其止結拜弟兄無歃血焚表等事者，為首杖一百，徒三年，為從杖一百。	
康熙十二年（1673）	題准凡異姓人結拜弟兄，未曾歃血焚表者為首杖一百，為從杖八十。	

雍正三年 （1725）	凡異姓人歃血訂盟焚表，結拜弟兄，不分人數多寡，照謀叛未行律，爲首者擬絞監候，其無歃血盟誓焚表事情，止結拜弟兄，爲首者杖一百，爲從者各減一等。
乾隆二十九年（1764）	閩省民人除歃血盟焚表結拜弟兄，仍照定例擬以絞候，其有抗官拒捕持械格鬥等情，無論人數多寡，審實各按本罪分別首從，擬以斬絞外，若有結會樹黨，陰作記認，魚肉鄉民，凌弱暴寡者，亦不論人數多寡，審實將爲首者照兇惡棍徒例，發貴兩廣極邊煙瘴充軍，爲從減一等，被誘入夥者，杖一百，枷號兩月，各衙門兵丁胥役入夥者，照例分別治罪。該管文武各官失於覺察，及捕獲之後有心開脫，均照例參處。若止係鄉民酬社賽神，偶然洽比，事竣即散者，不在此例。
乾隆三十九年（1774）	凡異姓人但有歃血訂盟焚表結拜弟兄者，照謀叛未行律，爲首者擬絞監候，爲從減一等，若聚衆至二十人以上，爲首者擬絞立決，爲從者發雲貴兩廣極邊煙瘴充軍。其無歃血盟誓焚表事情，止序齒結拜弟兄，聚衆至四十人以上，爲首者擬絞監候，爲從減一等。若年少居首，並非依齒序列，即屬匪黨渠魁，首犯擬絞立決，爲從發雲貴兩廣極邊煙瘴充軍，如序齒結拜數在四十人以下，二十人以上，爲首者杖一百，流三千里，不及二十人者，杖一百，枷號兩月，爲從各減一等。
乾隆五十七年（1792）	台灣不法匪徒，潛謀糾結，復興天地會名目，搶劫拒捕者，首犯與曾經糾人及情願入夥希圖搶劫之犯，俱擬斬立決，其並未轉糾黨羽，或聽誘被脅，而素非良善者，俱擬絞立決，俟數年後此風漸息，仍照舊例辦理。
嘉慶十六年（1811）	凡異姓人但有歃血訂盟焚表結拜弟兄者，照謀叛未行律，爲首擬絞監候，爲從減一等，若聚衆至二十人以上，爲首者擬絞立決，爲從者發雲貴兩廣極邊煙瘴充軍，其無歃血盟誓焚表事情，止序齒結拜弟兄，聚衆至四十人以上，爲首擬絞監候，四十人以下二十人以上，爲首者杖一百，流三千里，不及二十人，爲首者杖一百，枷號兩月，爲從各減一等。若年少居首，並非依齒序列，即屬匪黨渠魁，聚衆至四十人以上者，首犯擬絞立決，爲從發雲貴兩廣極邊煙瘴充軍，未及四十人者，爲首擬絞監候，爲從杖一百，流三千里，其有抗官拒捕持械格鬥等情，無論人數多寡，審實各按本罪分叩首從，擬以斬絞。若結會樹黨，陰作記認，魚肉鄉民，凌弱暴寡者，亦不論人數多寡，將爲首照兇惡棍徒例，發發雲貴兩廣極邊煙瘴充軍，爲從減一等，被誘入夥者，杖一百，枷號兩月。各衙門兵丁胥役入夥者，照爲首例問擬，鄉保地方明知不首，或借端誣告者，照例分別治罪，該管文武各官失於覺察，及捕獲之後，有心開脫，均照例參處。若止係鄉民酬社賽神，偶然洽比，事竣即散者，不在此例。

嘉慶十六年 （1811）	閩粵等省不法匪徒，潛謀糾結，復興天地會名目，搶劫拒捕者，首犯與曾經糾人及情願入夥希圖搶劫之犯，俱擬斬立決，其並未轉糾黨羽，或聽誘被脅，而素非良善者，俱擬絞立決。如平日並無為匪，僅止一時隨同入會者，俱發新疆酌撥種地當差，俟數年後此風漸息，仍照舊例辦理。
嘉慶十七年 （1812）	凡異姓人，但有歃血訂盟焚表結拜弟兄者，照謀叛未行律，為首擬絞監候，為從減一等。若聚眾至二十人以上，為首者擬絞立決，為從者發雲貴兩廣極邊煙瘴充軍。其無歃血盟誓焚表事情，止序齒結拜弟兄聚眾至四十人以上，為首擬絞監候，四十人以下，二十人以上為首者杖一百，流三千里，不及二十人，為首者杖一百，枷號兩月，為從各減一等。若年少居首，並非依齒序列，即屬匪黨渠魁，聚眾至四十人以上者，首犯擬絞立決，為從發雲貴兩廣極邊煙瘴充軍，未及四十人者，為首擬絞監候，為從杖一百，流三千里，其有抗官拒捕持械格鬥等情，無論人數多寡，各按本罪分別首從擬以斬絞。如為從各犯內，審明實係良民被脅勉從結拜，並無抗官拒捕等事情，應於為從各本罪上再減一等，僅止畏累出錢，未經隨同結拜者，照違制律杖一百，其聞拏投首，及事未發而自首者，各照律例分別減免，儻減免之後復犯結拜，不許再首，均於應擬本罪上，酌予加等，應絞決者，改擬斬決，應絞候者，改為絞決，應發極邊煙瘴充軍者，改發新疆酌撥種地當差，應滿流者，改為附近充軍，應滿徒以下，亦各遞加一等治罪。其自首免罪各犯，由縣造具姓名住址清冊，責成保甲族長嚴行稽查約束，仍將保人姓名登記冊內，如有再犯，即將保甲族長擬杖一百。至結會樹黨，陰作記認，魚肉鄉民，凌弱暴寡者，亦不論人數多寡，審實將為首照兇惡棍徒例，發雲貴兩廣極邊煙瘴充軍，為從減一等，被誘入夥者，杖一百，枷號兩月。各衙門兵丁胥役入夥者，照為首例問擬。鄉保地方明知不首，或借端誣告者，照例分別治罪，該管文武各官失於覺察，及捕獲之後有心開脫，均照例參處，若止係鄉民酬社賽神，偶然治比，事竣即散者，不在此例。
咸豐元年 （1851）	滇省匪徒結拜弟兄，除罪應徒流以上各犯，仍照例辦理外，其但係依齒序列，不及二十人，罪止枷杖者，於本地方鎖繫鐵杆一年，限滿開釋，照例枷責，交保管束，如不悛改，再繫一年，儻始終怙惡不悛，即照棍徒擾害例嚴行辦理，地方官每辦一案，報明督撫臬司各按季彙冊咨部，開釋時亦報部查覆，俟數年後此風稍息，仍循舊例辦理。

宣統二年 （1910）	各省孥獲會匪，如訊係爲首開堂放飄者，及領受飄布輾轉糾夥散放多人，或在會中充當元帥軍師坐堂陪堂刑堂禮堂名目，與入會之後雖未放飄輾轉糾人而有夥同搶劫情事，及句通教匪煽惑擾害者，一經審實，即開錄詳細供招，稟請覆訊，就地正法，仍隨案具奏。此外如有雖經入會，並非頭目，情罪稍輕之犯，酌定年限監禁。俟限滿後察看是否安靜守法，能否改過自新，分別辦理。其無知鄉民被誘被脅，誤受匪徒飄布，希冀保全身家，並非甘心從逆之人，如能悔罪自首呈繳飄布者，一槪從寬免其究治。其有向充會匪自行投首密告匪首因而孥獲，亦一律免罪。若投首後又能作線引孥首要各犯到案究辦，除免罪之外，仍由該地方官酌量給賞，地方文武員弁能孥獲著名首要審實懲辦，隨案奏請優獎，如妄孥無辜擾累閭閻，以及縱匪貽害，亦即嚴行參處。

資料來源：《大清會典》、《欽定大清會典事例》、《大清現行刑律》。

　　清代律例，雖然承襲明代律例，但有清一代的法律，由於因時制宜，陸續纂修條例，而有相當大的變化。清朝君臣認爲刑法中的律文，不足以包羅萬象，恐法外遺奸，爲求情罪相當，於是針對不同個案而增加條例。有的是由君主頒發諭旨，定爲條例；有的是將原例損益合併，成爲新例。清代律例的變化，主要就是在於條例，而不在於律文。清初以來，朝廷不斷以條例來補充律文，使原律多成虛文。據《清史稿・刑法志》的記載，康熙以前累朝舊例，共三二一條，康熙年間現行例共二九○條，雍正三年（1725），欽定例共二○四條，合計共八一五條[19]。乾隆元年（1736），刑部議准三年修例一次。乾隆十一年（1746），內閣等衙門議准五年修例一次。乾隆四十四年（1779），部議明確規定，既有定例，則用例不用律。條例逐愈來愈多，愈多愈繁，以致新例與舊例往往前後牴觸，彼此歧異，甚至因例破律，清代臣工遂有「大清律易遵，而例難盡悉；刑律易悉，而吏部處分律難盡悉」的歎息[20]，由此可以了解清代臣工捨律用例的趨勢。從清代律例的變化，可以看出清代的法律，並非一種穩定的公開的爲

社會成員普遍遵守的律文。基於對法律的漠視與畏懼，民間長久以來產生了在法律之外的各種自我保護方式，這種自保意識，往往直接排斥法律的效力。清代異姓結拜組織及秘密會黨就是民間自保意識下的一種產物，各會黨成員所遵守的誓詞規章，取代了朝廷的律例。

我國民間異姓結拜或金蘭結義的風氣，雖然起源很早，但歷代以來，尚未針對異姓結拜活動制定取締專條。在我國刑法史上正式制訂律例來取締異姓結拜組織，實始自清代。根據《大清會典》禁止奸徒結盟的規定，在滿洲入關之初，即已規定凡異姓人結拜弟兄者，鞭一百。順治十八年（1661），規定凡歃血盟誓焚表結拜弟兄者，著即正法。康熙年間，針對異姓人結拜弟兄問題，先後二次修訂律例。康熙七年（1668），刑部議准，將歃血盟誓焚表結拜弟兄應正法者改為秋後處決，其僅結拜弟兄，並無歃血焚表者，仍照例鞭一百。康熙十年（1671），刑部題准，將歃血結拜弟兄者，不分人數多寡，照謀叛未行律，為首者擬絞監候秋後處決，為從者杖一百，流三千里，其僅結拜弟兄並無歃血焚表等事者，為首杖一百，徒三年，為從者杖一百。清廷不僅修訂有關取締異姓結拜組織的律例，同時也在條款項目上把「雜犯」罪變成了「謀叛」罪。康熙十二年（1673），刑部題准修訂律例，將結拜弟兄未曾歃血焚表為首者，改為杖一百，為從者改為杖八十。雍正三年（1725），刑部題准合併康熙十年（1671）及康熙十二年（1673）舊例，並加以修訂。將「歃血結拜弟兄」修改為「凡異姓人歃血訂盟焚表結拜弟兄」，並刪略「為從杖流」字樣。

雍正六年（1728），諸羅縣父母會成立的宗旨，主要是為了會中成員父母身故，互助喪葬費用，是屬於一種互助性的地方社

會共同體，也是一種自力救濟組織。在移墾社會中，因社會普遍
的貧困，亟需籌措喪葬費用，父母會就是一種泛家族主義的虛擬
宗族。但因父母會的組織方式及其結拜儀式，是屬於異姓結拜活
動。異姓人結拜弟兄，歃血盟誓，各人以針刺血，滴酒同飲，俱
與清初律例相牴觸，而遭到官方的取締。父母會成員遵守盟約誓
詞，民間共同體私人關係，取代了國家法律關係。台灣鎮總兵官
王郡、護理台灣道台灣府知府俞存仁、諸羅縣知縣劉良璧等人審
擬父母會湯完一案時所援引的律例條文爲：「定例，異姓歃血訂
盟，不分人之多寡，照謀叛未行律，爲首者擬絞，監候秋後處
決；爲從者杖一百，流三千里，僉妻發遣，至配所折責四十板」
㉑。父母會雖然共推湯完爲大哥，其實是由陳斌首先起意招人入
會，總兵官王郡等人即以陳斌爲會首，照定例擬絞監候，而將湯
完等人照爲從例擬流。惟因黃贊、蔡祖、朱寶三人年幼無知，俱
照律收贖。至於蔡蔭一案，則照依未曾歃血焚表結拜兄弟爲首
例，將蔡蔭杖一百，折責四十板，其餘陳卯等人則照依爲從例，
杖八十，折責四十板。惟董法、石意二人，年僅十五歲，照例責
懲。總兵官王郡等人審擬父母會湯完、蔡蔭二案時，並非援引雍
正三年（1725）重修〈奸徒結盟〉律例，而是援引康熙十年
（1671）及康熙十二年（1673）舊例。但無論援引康熙舊例，或
雍正新例，都是援引取締異姓結拜條例審理父母會。易言之，從
台灣地方官審擬父母會時都援引取締異姓結拜條例判決加以觀
察，確實可以說明清代各種會黨是由異姓結拜共同體發展起來的
秘密組織。異姓結拜組織與秘密會黨的區分，端在於有無會名的
問題，異姓結拜組織倘若陰作記認，倡立名目，就是會黨。台灣
父母會並未暗藏大旗、槍械，不是政治性的叛亂組織，但福建總
督高其倬卻比例加重，嚴加懲治，並將辦理經過，繕摺奏聞。其

原摺略謂：

> 查台灣地方遠隔重洋，向因奸匪曾經為變，風習不純，人
> 情易動，此等之事，懲治當嚴。況福建風氣，向日有鐵鞭
> 等會，拜把結盟，奸棍相黨，生事害人，後因在在嚴禁。
> 且鐵鞭等名，駭人耳目，遂改而為父母會，乃其奸巧之
> 處。臣查結盟以連心，拜把以合黨，黨眾漸多，即謀匪之
> 根。湯完一案，雖據審無謀匪藏械；蔡蔭一案，雖據審無
> 歃血等情，似應照例擬究完結。但台灣既不比內地，而湯
> 完等拜把，竟有銀班指，非尋常拜把之物。且陳斌固係招
> 人起意之人，而湯完現做大哥，豈可輕縱。又蔡蔭一案，
> 雖無歃血，而兩次拜把，既屬再起，且其夥漸增，尤為不
> 法。臣擬將湯完、陳斌俱行令曉示立斃杖下，以示懲警，
> 餘人照例解審問流。蔡蔭二次拜把為首，亦應行令曉示杖
> 斃，餘二次拜把者，加重枷責，押過海交原籍禁管安插
> ㉒。

引文中所稱「向因奸匪曾經為變」，即指康熙六十年
（1721）四月朱一貴起事而言。福建總督高其倬認為台灣地方，
遠隔重洋，「風習不純，人情易動」，不比內地，其結盟拜會案
件，不應照例擬究。基於政治上的考慮，為防範未然，並加強對
台灣社會的控制，遂將湯完、陳斌改擬「立斃杖下」，以示懲
警，蔡蔭亦行令曉示杖斃，其餘人犯照例解審問流，或解回原籍
禁管安插。福建總督高其倬奏摺奉硃批：「知道了，料理的
是。」湯完、陳斌、蔡蔭三人，俱被立斃杖下，較當時現行條例
加重懲處，已與就地正法相似，可以了解清代地方官審擬異姓結
拜或結盟拜會案件因地而異的情形。

康熙十年（1671），清朝律例中關於禁止異姓結拜的規定，

已經在條款內容上把雜犯罪變成了謀叛罪。乾隆五年（1740），
清廷重修《大清律例》，正式刊佈，全書凡四十七卷，四三六
門，計一○四九條，其中有關禁止異姓結拜的條款，移置於第二
十三卷〈賊盜‧謀叛〉項下，其條文與雍正朝所訂內容，基本相
同，並無重大增補。乾隆初年以來，閩粵地區的結盟拜會案件，
雖然層見疊出，但清廷迄未針對秘密會黨的活動制定取締專條。
乾隆二十九年（1764）十月初八日，福建巡撫定長具摺奏請嚴訂
結會樹黨治罪專條，其主要內容包括兩個部分：一方面是將結會
樹黨案件援引雍正三年（1752）修訂取締異姓結拜修訂條例辦
理；一方面按照結拜人數多寡，以定罪情輕重。福建巡撫定長奏
摺指出原定律例，並無結會樹黨治罪專條，外省遇有結會樹黨案
件，多照禁止異姓人歃血訂盟焚表結拜弟兄定例分別辦理。定長
奏請增訂會黨治罪專條，也將異姓結拜與結會樹黨聯繫起來，充
分說明秘密會黨在性質上就是一種異姓結拜組織。定長原奏於乾
隆二十九年（1764）十一月經刑部議覆增訂成例，並載入《欽定
大清會典事例》之中。但對照定長原奏與刑部議准條例後，可知
定長按人數多寡以定罪情輕重的建議，並未被採納。姑且不論這
條律例的增訂和當時福建天地會的活動是否有密切關係，但清廷
卻首次正式將取締閩省結會樹黨與禁止異姓人結拜弟兄合併增入
清朝例之中，就是針對閩省會黨活動，在原有禁止〈奸徒結盟〉
的條例上增添“結會樹黨”字樣，這就同時充分反映福建地區結
盟拜會風氣的盛行。

　　乾隆年間，台灣秘密會黨隨著人口變遷而更加活躍，在天地
會起事以前，小刀會的活動，尤為頻繁，主要集中在彰化一帶。
乾隆四十八年（1783），福建水師提督黃仕簡、福建台灣道楊廷
樺提審小刀會各要犯覆訊後，除林阿騫等九人為小刀會首夥，又

因攻庄搶殺，歸入械鬥案內被正法外，其餘各犯俱依例審擬。黃
仕簡等人所援引的條例如下：

> 查例載結會樹黨，陰作記認，魚肉鄉民，凌弱暴寡者，照
> 兇惡棍徒例，發雲貴兩廣極邊煙瘴充軍，為從減一等，各
> 衙門兵丁胥役入夥者，照為首例問擬各等語㉓。

將前引條例與前列簡表互相對照後，可知黃仕簡等人所援引
的條例，就是乾隆二十九年（1764）改定的條例，而文字稍簡
略。黃仕簡等將小刀會成員林文韜等十四名均照例發雲貴兩廣極
邊煙瘴充軍，從重改遣伊犁等處，給種地兵丁為奴；夥犯林豹等
十名俱照為從減等杖徒例，從重照兇惡棍徒例發雲貴兩廣極邊煙
瘴充軍。由此可知地方大吏審擬台灣小刀會案件，無論首夥各
犯，均比例加重，從重懲辦。至於凌虐小刀會成員兇橫不法兵丁
楊祐、曾篤等人，黃仕簡等人審擬時，是按照兇惡棍徒例充軍，
從重改遣伊犁等處，給種地兵丁為奴。多羅質郡王永瑢議覆小刀
會案件時，則以兵丁楊祐、曾篤將林文韜擒至軍營，騎壓身上，
剜瞎眼睛。控縣關提時，又抗不到案，恃伍逞兇，目無法紀，實
與光棍無異，未便如黃仕簡等人所擬，而改照光棍為從例擬絞。
台灣為海疆重地，兵丁肆橫，凌虐百姓，釀成事端，情罪較重，
於是請旨將楊祐、曾篤即行就地正法㉔。

　　台灣諸羅縣的添弟會與雷公會，是屬於同籍同姓的械鬥組
織。乾隆五十一年（1786）閏七月初七日，石溜班汛把總陳和帶
兵四名押解添弟會成員張烈一名，行抵斗六門，楊光勳率眾劫
囚，殺害把總陳和及兵役。斗六門把總陳國忠率領兵役往援，添
弟會成員持刀拒捕。台灣鎮總兵官柴大紀等率同文武員弁帶領兵
役馳赴諸羅，拏獲楊光勳等八十九名要犯審究。柴大紀等人所援
引的律例為「律載謀叛不分首從皆斬，其拒敵官兵者，以謀叛已

行論；又例載閩省民人結會樹黨，不論人數多寡，爲首者照兇惡棍徒例，發雲貴兩廣極邊煙瘴充軍，爲從減一等等語」㉕。其中除謀叛律外，所稱閩省民人結會樹黨云云，就是援引乾隆二十九年（1764）改定的會黨治罪專條，而不是援引乾隆三十九年（1774）新例。楊光勳爲首倡立添弟會，又同何慶等人率衆劫囚，張能等下手殺害弁兵，張光輝等放火，拒敵官兵，李鴻等傷斃巡檢家丁，以上楊光勳等十八名俱照謀叛不分首從皆斬律，擬斬立決，因其情罪重大，即於閏七月二十九日恭請王命，先行正法梟示。陳輝等二十八名，因聽從入會，又聽從劫囚，各持刀棍在場助勢，同惡共濟，除何郎等八名先被鎗傷斃命不議外，其餘陳輝等二十名，均照謀叛律擬斬立決梟示，各犯家屬緣坐，財產入官。楊媽世是監生，爲首結會樹黨，不便照常例擬軍，從重改發伊犁充當苦差。添弟會成員張泮等二十五名，雷公會成員潘吉等二十四名，以上共四十九名，因聽糾入會，俱從重發雲貴兩廣極邊煙瘴充軍，改發極邊足四千里。清代地方大吏以台灣地方遠隔重洋，不比內地，對結盟拜會的審理，都持懲治當嚴的態度，雖然援引現行律例，但俱比例加重，並非按照常例辦理。

清軍平定台灣天地會之亂後，林爽文等人被解送京師，按謀反大逆律凌遲梟示。林爽文之弟林躍興於福建南平縣地方因感冒病重，生命垂危，就地凌遲處死，並將首級傳示台灣。莊大田因素患喘吼病症，又因跌傷頸項，解送台灣府城時，已成奄息，未便任其病斃，即被綁赴市曹凌遲梟示，並將其首級帶送京師。其緣坐家屬俱援引謀反大逆祖父父子孫兄弟皆斬律論斬，其十五歲以下及母女妻妾給付功臣之家爲奴。其拒敵官兵各黨夥要犯，即拏獲時，即於該處就地正法。其被脅從並未打仗情節稍輕者，即賞給軍營駐防滿兵爲奴㉖。

　　林爽文起事以後，諸羅縣崎內庄人李效倡言天地會黨夥欲來搶掠，庄民紛紛逃避，李效乘間攫取所遺銀物。清軍平定台灣南北路後，李效恐被告發，於乾隆五十四年（1789）六月間倡立遊會。同年八月，李效等人被拏解台灣府審訊，台灣鎮總兵官奎林等人所援引的條例包括光棍為首斬立決及乾隆二十九年（1764）閩省結會樹黨治罪專條，於審明後恭請王命將李效等五人綁赴市曹斬決㉗。林爽文起事失敗後，天地會的逸犯潛匿各地，企圖復興天地會。乾隆五十五年（1790）九月，原籍廣東的謝志與原籍漳州的張標等人在台灣南投虎仔坑訂盟，復興天地會，共推張標為大哥，宰雞歃血鑽刀盟誓。張標等人被拏獲後，台灣鎮總兵官奎林援引乾隆三十九年（1774）新定條例審擬，應將張標等人擬絞立決，但因張標等人復興天地會，輾轉糾人，又藏匿林爽文天地會舊誓章，不法已極，而將張標等三十一名，均照謀叛不分首從皆斬律擬斬立決，於審訊後綁赴市曹，即行處斬。其餘林三元等九名，聽從糾邀，但未訂盟，俱照異姓歃血訂盟焚表結拜弟兄聚眾至二十人以上為從發雲貴兩廣極邊煙瘴充軍例，從重改發黑龍江，給披甲人為奴㉘。

　　乾隆二十九年（1764），增訂結會樹黨治罪專條，是針對福建地區各種會黨活動而修改的，並非專指天地會而增訂的，洪二和尚傳授天地會，是後來查出來的。張標、謝志等人復興天地會一案查辦完結後，台灣鎮總兵官奎林、閩浙總督覺羅伍拉納先後奏報了台灣復興天地會的活動。乾隆五十七年（1792），刑部議覆張標一案後，針對台灣復興林爽文天地會將律例作了重大的修訂，議定了典型的案例。其中最可注意的是在天地會的會名上冠以“復興”字樣，說明這條律例的修訂，與林爽文領導天地會起事有關。這是乾隆年間對取締異姓結拜及結會樹黨條款所作第三

次重大的修訂，也是清廷第一次將"天地會"字樣明確地寫入了
《大清律例》。乾隆五十八年（1793）二月，台灣鎮總兵官哈當
阿拏獲陳潭等復興天地會案內逸犯廖喜等人時，即援引新例從嚴
審擬。乾隆五十九年（1794），鳳山縣拏獲小刀會鄭光彩等首夥
共四十九名，亦照新例審擬斬立決，於審明後綁赴市曹處斬。新
例原本是針對台灣復興天地會而增訂的，但地方官也援引這條新
例來審擬小刀會。

乾隆五十七年（1792），清廷針對台灣復興天地會而修訂的
新例，原本是暫時性的條例，清廷原以為台灣復興天地會的活
動，數年以後，即可平息。因此，在新例中有「俟數年後此風漸
息，仍照舊例辦理」等語。所謂"舊例"即指乾隆二十九年
（1764），或乾隆三十九年（1774）的現行條例而言。但自嘉慶
初年以來，不但台灣結合樹黨的風氣，並未漸息，而且閩粵內地
及其鄰近地區如江西、廣西、雲南、貴州、湖南等省，其結盟拜
會案件，更是層見疊出。因此，迄未恢復舊例。嘉慶年間
（1796～1820），清廷因應各省秘密會黨的盛行，曾先後將有關
取締秘密會黨活動的律例作了四次的修訂。第一次修訂是在嘉慶
八年（1803），根據乾隆三十九年（1774）所訂條例作了部分的
增訂。乾隆三十九年（1774）所訂條例中對年少居首非依齒序列
的結盟拜會活動，不論人數多寡，其首犯擬絞立決。嘉慶八年
（1803），將年少居首非依齒序列的結盟拜會活動，修訂為四十
人以上的首犯始擬絞立決，其未及四十人的首犯定為擬絞監候。
這部分的修訂，充分反映嘉慶初年非依齒序列的結盟拜會活動，
已極普遍。第二次修訂是在嘉慶十六年（1811），將嘉慶八年
（1803）改定條例內增入乾隆二十九年（1764）閩省結會樹黨治
罪專條，遂將兩例合併為一條，並刪略"閩省民人"等字樣，以

擴大新例的適用範圍。第三次修訂也是在嘉慶十六年（1811），其內容是根據乾隆五十七年（1792）新例而改定的，所修改的文字，頗值得注意，將"台灣不法匪徒"修改爲"閩粵等省不法匪徒"等字樣。乾隆五十七年（1792）新例是專指台灣復興天地會而言，第三次修訂條例，則泛指"閩粵等省"，這個條例的修改，充分反映閩粵等省內地秘密會黨的盛行，而將台灣一府使用的專條，擴大爲內地各省適用的通例。

六、從捕役私刑看清朝州縣獄政

　　《清史稿》記載清太祖、太宗統治遼東，刑制尚簡，重則斬，輕則鞭扑而已。迨世祖入關，沿襲明制，以笞、杖、徒、流、死爲五刑。死刑中，除斬、絞等正刑外，最重的是凌遲、梟首、戮屍等刑㉙。黃六鴻著《福惠全書》〈用刑〉條謂「今之刑具，較之前古甚輕，責惟竹板，鞫訊不服，則夾棍拶指，辱之示眾，則枷，而拘繫防閑，則鎖靠杻鐐而已。然刑雖設，而用之則有別，刑具雖一，而有新舊燥濕之不同，輕重死生之或異，爲政者不可不知也。」㉚其實，清代有各種私造刑具，名目繁多，也因此出現了許多酷刑。

　　雍正元年（1723）十月，鑲白旗漢軍都統張聖佐具摺時指出「庸碌酷虐之官，懶於細心審問，輒用夾棍。但三木之下，何求不得？其中不無冤誣，且人犯一經夾訊，筋骨損傷，終身跛足，或致登時殞命者，亦往往有之。至於凡枷號發落之犯，已屬輕罪，理宜遵照部頒斤兩製造聽用，而外省竟有百餘斤者，人犯承受不堪，往往斃于枷號。」㉛所謂三木，就是指私造刑具中的板、枷、杻，其大枷，竟重達百餘斤，又有夾棍，殘害腔骨，終身跛足，甚至於當場斃命。

雍正三年（1725）七月，因刑部獄中有禁卒徐有德等二人用觀音鐲拷死監犯張三一案，是月二十七日，刑部左侍郎黃炳具摺奏稱「內外衙門所用刑具，均有一定之例，而觀音鐲一項，實非刑具中所有之物，洵爲非刑。又聞京城提督衙門審取口供，亦間有用觀音鐲者，謂之鐲訊。夫刑部獄中與提督衙門，既有此鐲，則各省獄中與問刑衙門，未必不皆有此鐲矣。」㉜觀音鐲就是一種正刑以外的酷刑，刑部左侍郎黃炳奏請嗣後問刑衙門有用此觀音鐲審訊人犯者，即將承問官照擅用非刑例革職；禁卒捕役有用觀音鐲凌虐犯人者，照番役違用私刑例枷責革役，因而致斃人命者，依律絞抵。

清代律例雖然載明內外問刑衙門於夾棍拶指外另用非刑者文武官員皆革職等語，但州縣捕役多妄用非刑。雍正十一年（1733）三月，掌山西道事河南道監察御史馮談指出捕役拏獲命盜人犯，多用非刑私拷，包括戳子、弔打、火烤等項，往往有良民被私拷者㉝。

捕役誣竊拷打致死，應照故殺律擬斬監候例，擬斬監候秋後處決，但州縣捕役誣良私拷斃命案件，卻屢見不鮮。例如乾隆五十四年（1789）三月十二日，甘肅安化縣生員鄭大智同弟鄭大鯤自陝西監軍鎭糶米回家，鄭大智欲順道赴寧州焦村探望姪女，令鄭大鯤將糶米銀兩同車輛先行趕回，鄭大智於一更時分路經寧州李家莊地方，被寧州捕役馬登蛟誣竊妄拏，拴鎖空廟院樹，並不詳細訊問，輒行弔拷、毆打腿肚，以致傷重斃命㉞，這種弔打酷刑，就是州縣捕役常用的非刑，重輒致人於死。

嘉慶二十二年（1817）六月，河南道監察御史周鳴鑾於〈請禁非刑拷押〉一摺中首先指出「地方官邀功之念切，則用刑之心忍，雖屢經諭旨飭禁，率多陽奉陰違，遇有拏獲形跡可疑之人及

命盜大案人犯，始則誘供，繼即逼認，每於摔耳跪鍊外，復用美
人椿、鸚哥架、分金爐等各色非刑，加倍酷審，死而復甦者，一
日數次，犯人力不能支，即勉強劃供，草率結案。」㉟摔耳跪
鍊、美椿、鸚哥架、分金爐，都是私造刑具，直省州縣非刑拷
審，肆意荼毒，凡有人命盜案及錢債鬥毆詞訟，動輒拘執多人，
濫行押禁，各刑俱備，寸步莫移，非與重賂，不得取保，甚有積
壓日久，竟至拖斃人命。

　　在州縣衙門充當緝拏盜賊的捕役，習稱捕快，州縣監禁人犯
的處所叫做卡房，又稱爲班房。有清一代，捕役騷擾百姓，對地
方吏治造成嚴重的影響，卡房凌虐人犯，慘無人道，成爲人間地
獄。各種私造刑具的動用，大致而言，在板枷杻三木以後，或用
木棒棰、擅動匣床，或用腦箍，夾棍拶指，摔耳跪鍊，繼以壓
膝，敲擊腳踝，動輒百餘次，以致骨節脫折。此外還有各種酷
刑，凌虐人犯，刑罰慘毒，各州縣的獄政，積弊叢生。

　　四川酆都縣監生陳樂山，向充鹽商，道光九年（1829），因
鹽引事件，控告商人王興震問擬軍罪，由川東道提訊。陳樂山在
重慶府巴縣班房禁候七月有餘，聽聞巴縣捕卡，每年要牢死二百
餘人。道光十年（1830）八月，陳樂山被提赴四川省城候質，發
收成都府華陽縣捕卡，在卡兩月，已見牢死三十餘人，尚有罪不
應死，而必死者七十餘人。道光十一年（1831），陳樂山由酆都
縣發配安徽，路經湖北所屬州縣，問及捕卡情形，與四川無異，
又與各省往來軍流人犯，談及各省捕卡情形，均大同小異。道光
十二年（1832）五月，陳樂山到達安徽太湖縣配所，見太湖縣捕
役惡毒的情形，較四川尤甚。其總領捕役蔣元現竊本城周姓贓
物，被事主查獲稟官，尚收捕卡未釋。有捕役潘玉將宋姓拘至其
家，私刑拷打，以致宋姓用鐵鍊縊死其家。有捕役曹華誣汪姓爲

賊，拘至新倉旅店，詐索錢財，以致汪姓畏懼私刑，身帶全刑，投河自溺。捕役胡勝教唆鼠賊楊三捏供本城東門外種菜的聶二是夥賊，胡勝乘夜至聶二家起贓，適值聶二之妻生產，正在臨盆。胡勝入室，將其床帳衣衾，並粗細器物，盡行搜空，以致聶二母聶楊氏情急投水溺斃，陳樂山在太湖未滿二載，已見捕卡牢死知名軍流徒犯四人，聞見牢死不知名賊犯，共一百六十餘人，都是罪不應死者。依照陳樂山的估算，四川一百三十餘州縣，恐每年要牢死六七千人，安徽六十餘州縣，恐每年要牢死三四千人，由四川、安徽推及各省州縣，恐每年牢死不應死者，猶不下數萬人。雖然誇大數字，卻反映私刑的嚴重。

　　陳樂山在四川酆都縣獄中作就《璿璣鳴盛詩》一冊，充發太湖後，見安徽農田收穫甚少，並見捕役卡房私刑害命，又作就〈課農〉、〈恤刑〉兩疏。道光十四年（1834）四月初二日，陳樂山從太湖配所潛逃入京，赴都察院呈請轉奏，希圖採擇。臺北故宮博物院《軍機處檔・月摺包》內存有陳樂山所作詩冊及章疏。他在〈恤刑疏〉中首先指出：

　　　臣因見四川邊省，五方雜處，每年秋勾，不過四五十人。臣至太邑，見每年秋勾，只十餘人，由此推及各省秋勾人數，不過三四百人而已，幾有上古刑措之風焉。然而實有可憫者也，由各省州縣打聽不慎刑恤命，以致捕役設私卡，用私刑，每年枉殺罪不應死者，以數萬計。何則？蓋人之喪盡天良者，始肯充當捕役，故極惡詐，極殘忍者，亦莫過於捕役，兼有巨盜脫罪，更名而充捕役者，亦有猾賊借充捕役為名，以便行竊者。其鄉間慣賊，捕役知而不獲，留養偷竊良善之家，分贓肥己。城池禁地，捕役或自行偷竊，以供嫖賭浪費，及事主報案，官長出票，捕風捉

影，名曰黑牌，捕役或緝一面生流民，或獲一初犯鼠賊，
先用私刑苦拷，然後收入卡房。何謂卡房？每縣捕役，修
一私監，內設巨練、項圈、木柞等刑，收人入卡，上用項
圈鎖其頸，生根巨練之上，下用木柞枷其足，其人欲上不
能上，欲下不能下，故名曰卡房焉㊱。

　捕役私修卡房，動用私刑，殘害人犯，其種種惡跡，陳樂山
多親眼目睹，茲將陳樂山所見州縣捕役私刑名目，列舉數端，說
明於下：

鴨兒撲水：捕役將可疑之人，獲至鄉間茂林仲，將其人兩
　手背剪，反弔於大樹枝上，離地尺許，復用巨石，壓其背
　心，其人身往下墜，肱朝上搬，兩臂欲折，痛苦難延，橫
　身發顫，樹枝動搖，如鴨兒撲水。

搬地弓：捕役將人犯獲入私室，設巨木凳一條，教其人坐
　於凳上，左足著地，以右足擱在凳面，用麻繩自膝至脛，
　緊緊綑定，足趾朝天，不能左右偏側，又將生木棍一根，
　順放凳底下，用牛皮條一根，以一端繫其人之大足趾上，
　以一端將棍梢掬起，繫於棍梢上，捕役鬆手，其人之足趾
　欲上搬，棍梢欲下搬，如張勁弓之形，故名為搬地弓。

放煙燈：捕役將鼠賊獲至茂林之中，用牛皮條繫其兩手大
　拇指，弔於大樹枝下，又用麻索繫巨石二塊，墜於兩足大
　趾上，其人痛苦難當，肉顫身搖，石亦擺動，如放煙火架
　之形，故名為放煙燈。

放牌：俗呼竹木等筏為牌，捕役將人犯獲入私室，令其仰
　臥地下，兩手平伸，用木棍一根，橫放胸前，將兩手綁於
　木棍兩端，不能左右轉側，復赤其人兩足，用鐵練鎖於雙
　足踵上，又用尺餘木棒一根，穿入鐵練圈內，兩人用力，

將木棒扭轉，如放木筏之形，故名放牌。

鴨兒撲水、搬地弓是川楚一帶捕役常用的私刑。鴨兒撲水，身顫臂折，搬地張弓，抽筋脫骨，痛入心髓，較大刑夾棍，痛苦猶甚數倍。放煙燈、放牌是安徽太湖縣捕役常用的私刑。點放煙燈，肉顫身搖，竹木放牌，痛苦難熬，受刑之人，不上頃刻，皮破肉裂，筋斷骨折，口鼻流血，便溺齊下。及至死而復甦，捕役始教其人脫罪，或誣張甲窩留，或扳李乙接贓，其人滿口應承，始得鬆刑收卡，然後稟知官長，提訊之日，其人欲向官長辯明冤枉，捕役又聳稟官長，加以捆子、槤竿、狼頭棒、牛皮條等酷刑，其人只得捏供招認，捕役即率惡徒數十人，佩帶蠻刀鐵尺，鐐杻全刑。及麻繩囊袋，一入所誣之家，先將全家男婦用繩綑綁，然後穿房入室，倒籠傾箱，不論衣物錢米、五穀六牲，搜括罄盡，又將所誣之人，無論父子兄弟，俱加以全刑，聲稱帶去見官，追討賦物，良民雖然遭受冤屈，也不得不伏地求饒。經地方劣豪串說，給錢免死，或將田地房屋重利抵借近鄰富戶，以七八十千或百貫的通寶兌交捕役手中，始免見官，所以中等之家被誣扳陷害時，無不傾家破產，下等人家遭受池魚之殃時，不得不賣妻鬻女。清代捕役，魚肉鄉里，百姓恨之入骨，鄉間曾流傳「強盜咬一口，銀子使一斗，捕役來一遍，地皮也抄轉」之謠。

除原疏外，陳樂山又附疏指出州縣上司，徒以卡禁私刑為治法，視哀矜勸諭為虛文，以致豺狼蠹役，得以任意肆行，而柔弱良民，反遭其栽誣詐害也。因此，陳樂山認為「捕役不除，則捕卡難毀，捕卡不毀，則私刑難禁，私刑不禁，則民命難恤，故欲恤民命者，必先除其蠹弊也。」由前引奏疏可知清代捕役的肆虐，私刑的殘酷，所謂官逼民反，多因胥役肆虐所致。已革監生陳樂山潛逃入京控告，冒生命的危險，揭發州縣捕役殘民以逞的

種種弊病，不僅是珍貴的法制史料，也是不可忽視的社會史料。
官修會典律例，條款雖詳，然而多屬具文，其實際施行，多有出
入，陳樂山奏疏就是探討清朝州縣刑罰制度的珍貴資料。

七、結語

　　故宮博物院現藏清朝司法檔案，主要爲省級以上的資料，包
括《宮中檔》硃批奏摺，《軍機處檔》月摺包奏摺錄副，《上諭
檔》、《起居注冊》、《外紀檔》、六科《史書》，清朝國史館
與民初清史館《刑法志》各種稿本，以及《滿文原檔》等等，滿
洲入關前的法律，因爲受到八旗女眞習慣法的影響，有其保守
性。雲南、廣西等地的少數民族，亦多因俗而治，引用習慣法，
其民事訴訟，多在外完結，並非都繩之以大清律法。清朝立法工
作的積極進行及清律的變化，主要是在滿洲入關以後。

　　清代律例，雖然承襲明律，但有清一代的法律，由於因時制
宜，陸續纂修條例，而有相當大的變化。有的是由皇帝頒發諭
旨，定爲條例；有的是由內外臣工條奏，經刑部議准，纂爲條
例。清代律例的連續性和變化，以及條例在法律上的作用，都是
不能忽略的問題。因此，「研究清代法律，必須研究條例，不能
僅研究律文，否則不但不了解全面，不了解其變化，不了解法律
的具體運用，還會發生錯誤，將早已不用的律文當做清代的法律
來論證。這一點常爲人所忽略，往往重視律文，而不注意條
例。」㊲

　　清代律例的變化，主要是在於條例，而不在於律文。乾隆四
十四年（一七七九），部議明確規定，既有定例，則用例不用
律。《清史稿》指出「高宗臨御六十年，性矜明察，每閱讞牘，
必求其情罪曲當，以萬變不齊之情，欲御以萬變不齊之例。故乾

隆一朝纂修八、九次，刪原例、增例諸名目，而改變舊例及因案增設者為獨多。」㊳清代君臣認為刑法中的律文，不足以包羅萬象，恐法外遺奸，為求情罪相當，乃針對不同情況而增加條例，使執法者不至於各有歧異。

　　乾隆以降，不斷以新例來補充律文，或改變舊例，於是條例愈來愈多，愈多愈繁，經道光、咸豐以迄同治，其條例增至一八九二條。《清史稿》對清代律例的變化，已指出其得失，略謂：

　　　　蓋清代定例，一如宋時之編敕，有例不用律，律既多成虛
　　　　文，而例遂愈滋繁碎。其間前後牴觸，或律外加重，或因
　　　　例破律，或一事設一例，或一省一地方專一例，甚且因此
　　　　例而生彼例，不惟與他部則例參差，即一例分載各門者，
　　　　亦不無歧異，輾轉糾紛，易滋高下。雍正十三年，世宗遺
　　　　詔有：國家刑罰禁令之設，所以詰奸除暴，懲貪黜邪，以
　　　　端風俗，以肅官方者也。然寬嚴之用，又必因乎其時。從
　　　　前朕見人情淺薄，官吏營私，相習成風，固知省改，不得
　　　　不懲治整理，以戒將來。令人心共知警惕矣，凡各衙門條
　　　　例，有前嚴而改寬者，此乃從前部臣定議未協，朕與廷臣
　　　　悉心酌核而後更定，自可垂諸永久。若前寬而改嚴者，此
　　　　乃整飭人心風俗之計，原欲暫行於一時，俟諸弊革除，仍
　　　　可酌復舊章，此朕本意也，向後遇事斟酌，如有應從舊例
　　　　者，仍照舊例行，惜後世議法諸臣未盡明世輕世重之故，
　　　　每屆修例，第將歷奉諭旨及議准臣工條奏，節次編入，從
　　　　未統合全書，逐條釐正㊴。

　　新例與舊例既前後牴觸，彼此歧異，當時人遂有「大清律易遵，而例難盡悉；刑律易悉，而吏部處分律難盡悉，此不過專為書吏生財耳」的歎息。

　　從清代律例的變化，可以看出清代臣工用例輔律，甚至捨律用例的趨勢。清初以來，不斷以條例來修改律文，使原有的律文因而不再有效，幾乎等於廢除。郭建撰〈當代社會民間法律意識試析〉一文指出我國歷代法律是以刑法、行政法等調整君主臣民關係的法律規範爲主，極度缺乏調整社會成員個人之間經濟社會關係的法律，在日常生活中體會不到法的存在。法律的權威，遠低於皇帝的敕令，眞正在司法中起作用的是敕令與條款案例。司法機構與行政部門長久以來的合而爲一，更不能體現法律的權威，法律訴訟知識也全被官府衙役、師爺所壟斷⑩。從清代律例的變化，可以看出當時的法律，並非一種穩定的、公開的爲社會成員普遍遵守的律文。

【註　釋】

① 《清史稿校註》（台北，國史館，民國七十五年九月），卷一四九，刑法一，頁 3967。

② 《大清國史刑法志》（台北，國立故宮博物院，清朝國史館朱絲欄寫本），卷一。

③ 《清太祖武皇帝實錄》（台北，國立故宮博物院），卷四，頁 8。

④ 《清太祖武皇帝實錄》，卷四，頁 9。

⑤ 《大清國史刑法志》，卷一。

⑥ 《皇朝刑法志》（台北，國立故宮博物院，國史館朱絲欄寫本），序文。

⑦ 李洵、薛虹主編《清代全史》，第一卷（瀋陽，遼寧人民出版社，1991 年 7 月），頁 337。

⑧ 《起居注冊》（台北，國立故宮博物院），康熙二十九年五月十一日，諭旨。

穆都各降二級調用

上曰正犯既已寬免將伊等降二級從寬留任又

三法司題太醫孫斯百等誤用人參以致

皇上煩燥甚病又妄言當用附子肉桂等語查律

合和御藥誤不依對症本方將醫人杖一百

今孫斯百等罪甚重大難以此律擬罪應將

孫斯百孫嶽百鄭起鶚羅性涵俱擬斬

刑法志

春溫秋肅天道以成歲功仁育義正帝王以出
治道五刑五用斷以義而實本於仁不得已而
制之使民日遷善遠罪歸於蕩平之極凡以輔
政教之所不及也唐虞三代明刑弼教用成協
中之化自後歷代刑法其得失備著於史焉我
太祖高皇帝鴻業創興早立法制躬親聽斷
太宗文皇帝頒布律令設立刑官每遣大臣清理獄

附錄二　國史館《刑法志》

廣西按察使　奴才常安謹

奏為奏

閱事竊查粵西地方苗彝雜處性多兇悍見利則動

行則掠報仇則傷教相尋經官捕捉非抗拒不

出即逃匿無蹤及至拿獲而土目漢奸於中評

處和息或給銀物抵償地方官亦以向有其例

榮從外結銷案積弊已久欽蒙

皇上教養兼施恩威並布又著有定倒凡命盜抄搶

重案按律定擬不准以牛馬銀両抵償如漢奸

勾引蠻獞犯法審明照誘人犯法律加等治罪

皇上明察無微不照肅清蠻獞多事之根源奴才到

仰見

附錄三　《宮中檔》硃批奏摺

御史周鳴鑾　請禁非刑拷押

奏

旨　隨文

河南道監察御史臣周鳴鑾跪

六月十六日

奏為問官擅用非刑脅役私行拷押均干法紀請

旨再行嚴禁以符定制仰祈

聖訓事竊照明刑所以弼教用刑原非得已凡內外

理刑衙門遇有應加刑訊之處本有一定制度

不得任意殘酷乃近來地方官邀功之念切則

附錄四　《軍機處檔・月摺包》奏摺錄副

⑨ 《起居注冊》，康熙二十九年六月初六日，諭旨。

⑩ 《起居注冊》，康熙三十二年六月十八日，據三法司題。

⑪ 《起居注冊》，康熙三十二年六月十八日，諭旨。

⑫ 《起居注冊》，康熙三十三年四月二十三日，諭旨。

⑬ 《起居注冊》，康熙三十七年四月初五日，諭旨。

⑭ 《起居注冊》，康熙三十七年十一月十四日，諭旨。

⑮ 《宮中檔雍正朝奏摺》，第四輯（台北，國立故宮博物院，民國六十七年二月），頁327。雍正三年五月十三日，廣西分巡右江道僉事喬于瀛奏摺。

⑯ 《宮中檔雍正朝奏摺》，第十一輯（民國六十七年九月），頁450。雍正六年九月，廣西布政使張元懷奏摺。

⑰ 《宮中檔雍正朝奏摺》，第十二輯（民國六十七年十月），頁155。雍正六年十二月二十七日，廣西按察使常安奏摺。

⑱ 《宮中檔雍正朝奏摺》，第十九輯（民國七十二年十一月），頁712。乾隆二十八年十一月二十七日，廣西右江總兵李星垣奏摺。

⑲ 《清史稿》，卷149，刑法1，頁3。

⑳ 《胡文忠公遺集》（台北，文海出版社，民國六十七年一月），卷3，頁34。

㉑ 《宮中檔雍正朝奏摺》，第11輯，頁68。

㉒ 《宮中檔雍正朝奏摺》，第11輯，頁69。

㉓ 《宮中檔乾隆朝奏摺》，第55輯（民國七十五年十一月），頁860。乾隆四十八年四月二十九日，福建水師提督黃仕簡等奏摺。

㉔ 《軍機處檔・月摺包》，第2776箱，140包，33320號，乾隆四十八年七月初一日，多羅質郡王永瑢奏摺錄副。

㉕ 《天地會》（一），頁173。

㉖ 《宮中檔乾隆朝奏摺》，第67輯（民國七十六年十一月），頁

　　37。乾隆五十三年正月十二日，閩浙總督李侍堯奏摺。

㉗　《軍機處檔‧月摺包》，第2744箱，175包，42241號，乾隆五十
　　四年十一月初六日，台灣鎮總兵官奎林等奏摺錄副。

㉘　《天地會》（五），頁383。

㉙　《清史稿》，卷一四三，〈刑法二〉，頁1。

㉚　黃六鴻著《福惠全書》，卷一一，〈用刑〉，頁26。

㉛　《宮中檔雍正朝奏摺》，第一輯（臺北，國立故宮博物院，民國六
　　十六年十一月），頁812，雍正元年十月初三日，鑲白旗漢軍都統
　　張聖佐奏摺。

㉜　《宮中檔雍正朝奏摺》，第四輯（民國六十七年二月），頁741，
　　雍正三年七月二十七日，刑部左侍郎黃炳奏摺。

㉝　《宮中檔雍正朝奏摺》，第二十一輯（民國六十八年七月），頁
　　255，雍正十一年三月十三日，掌山西道事河南道監察御史馮倓奏
　　摺。

㉞　《軍機處檔‧月摺包》，第2778箱，173包，41679號，乾隆五十
　　四年八月初三日，陝甘總督勒保奏摺錄副。

㉟　《軍機處檔‧月摺包》，第2751箱，28包，52113號，嘉慶二十
　　二年六月十六日，河南道監察御史周鳴鑾奏摺。

㊱　《軍機處檔‧月摺包》，第2743箱，82包，98050號，道光十四
　　年五月，陳樂山呈恤刑疏。

㊲　瞿同祖撰〈清律的繼承和變化〉，《歷史研究》，一九八〇年，第
　　四期（北京，中國社會科學出版社，一九八〇年八月），頁137。

㊳　《清史稿》，卷一四九，〈刑法一〉，頁3。

㊴　《清史稿》，卷一四九，〈刑法一〉，頁4。

㊵　郭建撰〈當代社會民間法律意識試析〉，《復旦學報》，一九八八
　　年，第三期（上海，復旦大學，一九八八年五月）。

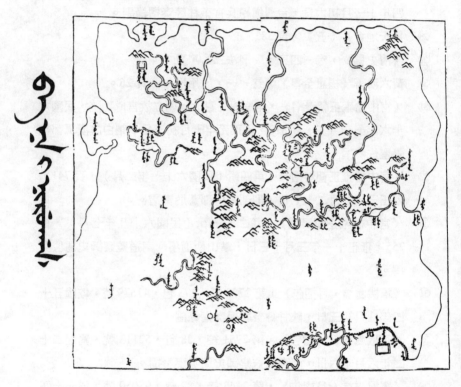

滿文本《異域錄》輿圖

財政與邊政：
清季東北邊防經費的籌措

一、前言

　　清季咸、同時代，外困於英、法等列強的肆意侵略，內陷於太平軍、捻、回的全國騷亂，內憂外患，接踵而至。俄人窺伺中國疆土，開始甚早，鯨吞蠶食，得寸進尺。在新疆回亂期間，俄人虎視伊犁，其欲逐逐。伊犁爲形勝及經濟精華所在，也是中俄通商巨埠，俄人在伊犁有重大商務利益。據有伊犁，既有利於防守，且可牽制回民首領阿古柏①，俄人遂乘清廷無暇兼顧關外之際，藉口維持邊境安寧，保護商務利益，公然佔領伊犁，並欲圖久踞，在伊犁設立市廛，架設電線，實行移民。更欲由馬納斯而東，以窺烏魯木齊②。俄人初料清廷無力收復新疆，威令不能及於伊犁，故於竊據伊犁後即電令其駐華公使通告清廷，一俟中國回亂肅清，威令復行於伊犁時，即將伊犁歸還。左宗棠平定陝甘回亂，俄人已感意外，清軍乘勝出關，收復新疆，則更非俄人始料所及。在法理上，俄人有奉還伊犁的義務，但俄國竟以勘界、償費、商務及添設領事等項要求，作爲歸還伊犁的交換條件。崇厚竟爲其所愚，不加爭執，擅自輕許，簽訂條約，率行畫押，一矢未遺，捐棄要地，貽患無窮。當條約傳達北京後，朝廷輿論沸騰，激昂議戰，俄人亦增兵於伊犁，中俄戰機，劍拔弩張，一觸即發。清廷一面改派出使英、法大臣曾紀澤兼充出使俄國大臣，循正常外交途徑，與俄國重開和議，改訂新約；一面積極整頓國

防，籌撥經費，調兵固邊，以備不虞。伊犁交涉告一段落後，俄人覬覦中國領土的野心，迄未稍戢，邊患日亟，爲繕邊固防，籌解邊防經費仍不能中止。清季舉辦新政，如雨後春筍，旨在求富圖強，而鞏固國防，抵禦外力侵逼，即爲自強的範圍。整飭邊務，增兵籌餉，需款孔急。地方財政困難，各省關驟添大宗解費，籌措維艱，以致未蒙新政之益，已先受新政之害。本文撰寫之目的，即在就清代軍機處月摺包等原始資料，以探討清季籌撥東北邊防經費的由來，經費來源，並說明地方財政的支絀情形。

二、中俄早期界務交涉

中俄衝突，由來甚早。明清之際，俄人積極東侵，以葉尼塞斯克（Yeniseisk）及雅庫茨克（Yakutsk）爲中心，向貝加爾以東，外興安嶺以南進行拓殖。清世祖順治元年（1644），雅庫茨克總管哥羅溫（Peter Golowin）遣波雅柯夫（Vasili Poyarkov）經阿爾丹河（R. Aldan）進入黑龍江，打開了阿穆爾（Amur）的門戶，是爲俄人侵入黑龍江流域之始。順治七年（1650），哈巴羅夫（Khabarov）等人攻佔雅克薩（Albazin）地方，迭破索倫諸部。順治九年（1652），哈巴羅夫進抵黑龍江與烏蘇里江會合處的伯利（Khabarovsk），邊人向清廷乞援，中俄衝突，從此開始③。駐防寧古塔章京海色率所部進擊俄人，戰於烏扎拉村，結果爲俄人所敗。，俄人建呼瑪爾城（Kumarsk）。順治十一年（1654），俄人進入松花江，與清軍接仗，旋退回呼瑪爾城。次年，清軍都統明安達禮，領兵進攻呼瑪爾城等處，以接濟困難，旋即班師。順治十三（1656），俄人建尼布楚城（Nerchinsk）④，作爲經營東方的根據地。順治十四年（1657），鎮守寧古塔昂邦章京沙爾呼達敗俄人於尙堅烏里地方。次年，復敗之於松

花、庫爾瀚兩江之間。沙爾呼達卒後，其子巴海授爲昂邦章京。順治十七年（1660），巴海與副都統尼哈哩等兵敗俄人於古法壇村。

清聖祖康熙四年（1665），俄人潛入黑龍江阿爾巴查部居地，建築雅克薩城（Albazinsk），此後俄人即於黑龍江北岸設兵移民，掠奪布拉特、烏梁海，公然犯境。滿洲發祥地竟遭俄人蹂躪，散居在黑龍江流域及興安嶺一帶廣大地區的索倫、達呼爾、鄂倫春、費雅、赫哲等部族，首當其衝，飽受俄人的侵凌擄掠，達呼爾等部族挺身而起，反抗俄人迫害，留下不少可歌可泣的事跡⑤。康熙十五年（1676），清聖祖遣彭春等戍守墨爾根、齊齊哈爾⑥。康熙二十一年（1682），清聖祖東巡盛京、吉林，遣副都統郎坦等前往達呼爾、索倫部，偵察俄人形勢，並遣戶部尚書伊桑阿赴寧古塔造船，以作進兵準備，又令喀爾喀車臣汗絕其互市。清軍水陸並進，攻克雅克薩城。康熙二十八年（1689）七月，簽訂尼布楚條約，中俄議定北以格爾畢齊河（Gorbitza），西以額爾古納河（Aregun）爲界。翌年，立界碑於外興安嶺及格爾畢齊河等地，清初中俄邊界衝突，至此暫告一段落。

清初中俄簽訂界約後，俄人侵華的勢燄，並未受到遏抑。俄國的殖民活動，基本目的即在擴張領土，厚植國力，蠶食中國疆土，遂爲俄國的一貫政策。因此，近代中俄關係的主要內涵，即可視爲十七世紀末葉以還中俄邊界關係的擴大。清世宗雍正初年，俄人藉互市爲名，出入蒙古地方，以劃分外蒙古邊界爲請。雍正五年（1727），中俄簽訂恰克圖條約，劃定自沙畢奈嶺向東至額爾古納河一線北界。清文宗咸豐初年，俄人復入黑龍江流域，並乘英、法聯軍之役，以外交策略的運用，迫使清廷同意調整中俄東界，要求廢止尼布楚界約。咸豐十年（1860），中俄簽

訂北京條約，重新劃定自額爾古納河沿黑龍江、烏蘇里江以迄圖
們江口一線爲中俄東界。清穆宗同治三年（1864），中俄會勘西
北邊界，簽訂塔爾巴哈臺條約，劃定西起浩罕，東至沙畢奈嶺一
線爲中俄西界。中俄國界全線長約八千公里，可分三段：中俄東
界爲貝加爾湖以東疆界的劃分及調整，起於圖們江口土字界碑，
止於塔爾巴幹達呼第五十八界點，東段的劃界，與俄人向達東發
展的海洋問題及其經濟榮枯有密切的關係；中俄北界爲貝加爾湖
以西什勒喀河與額爾齊斯河間疆界的劃分，起於塔爾巴幹達呼第
五十八界點，止於沙賓達巴哈第二十四界點，俄人藉外蒙各部族
間糾紛的機緣而延伸勢力，與清廷未曾發生正面的衝突；西界爲
額爾齊斯河至浩罕間疆界的劃分，起於沙賓達巴哈第二十四界
點，止於新疆烏孜別里山口，因牽涉列強在內，故西段的劃界最
爲複雜⑦。

三、伊犂交涉與東北邊防的籌議

　　同治三年（1864），新疆回亂擴大。同治五年（1866），纏
回陷伊犂。同治十年（1871）五月，俄軍破纏回，佔踞伊犂。清
德宗光緒三年（1877），左宗棠平定新疆回亂，次年五月，清廷
命崇厚爲出使俄國全權大臣，交涉收回伊犂。崇厚曾任長蘆鹽運
使、三口通商大臣、大理寺卿、吏戶兵部侍郎等職。同治九年
（1870），天津教案發生後，充出使法國大臣，代表清廷向法國
政府道歉。其外交閱歷，在滿洲大臣中，實無出其右者。但崇厚
才具平庸，軟弱無識，不明瞭伊犂的地理形勢，將交涉的重心，
僅放在收回伊犂首城，對伊犂西境、南境及俄國其他各種需索，
多方讓步，尤未顧及收回伊犂空城後的流弊與貽害，態度輕率，
缺乏國際政治的基本知識，誤解近代外交上全權便宜行事職銜的

意義，專擅自決⑧。光緒五年（1879）八月，在黑海附近利伐第亞（Livadia）簽訂返還伊犁條約十八款。崇厚違訓越權，於條約畫押後即將出使大臣簒務交給參贊邵友濂署理，不候朝旨，逕由南洋回京覆命。

光緒五年八月二十三日，恭親王奕訢等將條文詳加覆覈後指出「各款中仍以償費、分界、通商為三大宗。查俄人代收伊犁，歷有年所，此次償還盧布五百萬元，以為收守各費，約計銀二百八十萬兩有零，雖為數不少，而覈其收守年分，所償尚不過多，即嘉峪關前未通商，而茶運由楚達隴，左宗棠亦曾議及。其所擴充者，現如蒙古貿易，統天山南北兩路，張家口及准設領事官之處，均立行棧。且所設領事，增出嘉峪關、烏里雅蘇臺、科布多、哈密、吐魯番、烏魯木齊、古城七處。前據崇厚函稱，通商准行之路，尚有尼布楚、歸化城兩處。此次電報各條目，祇言大略，其尼布楚、歸化城曾否允行，尚不可知，是商務一節，若允照辦，輇轕甚多，並與華商生計亦有妨礙。至於分界，中國接收伊犁，陬爾果斯河西及伊犁山南之帖克斯河，均歸俄屬，並塔城界址亦擬酌改。是照同治三年議定之界，又於西境南界各劃去地段不少，似此則伊犁已成彈丸孤注，控守彌難。況山南劃去之地，內有通南八城要路兩條，關繫回疆全局。兼之俄人在伊犁置有財產，照舊管業，亦彼此民人混雜。」⑨崇厚所訂條約，種種弊端，既難以枚舉，則收還伊犁，實與不收同，甚至不如不收之為愈。消息傳出後，朝野譁然，疆吏議覆時，亦以崇厚專擅誤國，交章劾參，請處以極刑，議論激昂，一時主戰空氣極為濃厚，積極備戰，統籌邊防，遂成為刻不容緩的當前急務。

光緒六年（1880）正月初六日，刑部主事張仲良曾指出當時的國防形勢，略謂「今日形勢，東三省則在奉天，以山海關為歸

宿；北路則在烏里雅蘇臺邊牆各口，以熱河爲歸宿；西路則在嘉
峪關天山南北各城，以潼關爲歸宿；南路則在閩廣，以天津爲歸
宿。」張仲良主張在各路屯以重兵，堅壁清野，坐以困之。中俄
國界，延袤八千公里，三面毗連。就當時邊防而論，正北鬆，東
北緩，西北亟，主戰派的議論，即重在西北。惟此時左宗棠甫規
復新疆，兵威方盛，足資控馭。東北爲滿洲發祥地，也是京師根
本，不可不預爲設備。翰林院編修于蔭霖曾具摺統籌戰守方略，
奏請密諭左宗棠、伊犁將軍金順肅整西師，嚴陣待敵，則俄人必
不敢正視西路。但俄人垂涎東三省已久，俄人不能逞志於西路，
必將東擾三省，吉林尤首當其衝。三省擾，則京師震動。因此，
請旨權設三省經略大臣一員，專辦防俄事宜，不分滿漢，畀以重
寄，駐紮吉林，居中調度，並簡派知兵善戰將弁以輔之，精練士
卒，以資備禦⑩。清季東北邊政荒弛，兵事吏治，素不講求，備
禦空虛，亟待整頓。俄人經營海參崴，久成重鎮，聚集屯兵戰
艦，意存窺伺，東三省有立至之憂。光緒六年正月十七日，于蔭
霖復具摺指出國防以東三省爲先，東三省防務，以吉林爲首，吉
林兩面與俄國接壤，無險可恃。原摺分析吉林形勢云「吉林與俄
人接境，在東邊三城，曰琿春，曰寧古塔，曰三姓，今日俄患，
惟琿春最近，惟三姓最危。塔城居南北之中，琿春、三姓有事，
則塔城更不待言。自咸豐十一年分界後，不但我之空曠閒地坐失
數千里，若綏、興凱，滿洲舊所亦歸敵人，吉林全省削去十之五
六，其猶爲無傷者，不過以東邊三城尚在，其三城所屬之地，向
無土著居民，故失之不覺其少耳。其實二城已有西徼，而無東
蔽。刻下琿春東距近之海山崴地方，爲俄商巨鎮，其他陸海輻
輳，洋舶戰艘萃聚於中。又附近海山崴即綏芬、興凱泊地，該夷
築有木城、兵房，爲屯聚重兵之所，捍禦甚秘。但於數十里外，

時聞演習槍砲之聲，土人相傳屯兵有二萬餘人之衆，由海山崴抵
琿春數百里，而琿春與俄人接界，則僅距二十里之遙。苟其襲我
而來，兵抵城下，猶不能覺，然尙止陸路，一道可通。由海山崴
陸行百餘里，登舟北駛至三姓東，即入混同江，逆溯上流，一日
可達三姓江。至三姓水深面寬，輪船可駛，從前俄人乘船徑抵吉
林，其闖過三姓時未及攔阻，已迅流西近矣。近來吉訥游商潛赴
海山崴貿易，皆由此路，舟行往返，稱其便捷，三城本處處可達
吉林，而又無如混同、松花一水之通。舉我三姓、阿勒楚喀、伯
都訥腹地與吉林省城盡歸一姓握，觀此次不要三城而欲直窺伯都
訥，其以全意注吉林爲謀尤狡黠也。敵情如此，而我疆吏之相率
畏敵，夗無一備，尤有令人言之痛心者。」⑪吉林全省俱無城
垣，東邊險要久爲俄人所據，無可阨守，俄人但以數百兵入犯，
則統協各將勢必束手無措。吉林危，則奉天、黑龍江兩省必至瓦
解。因此，建築城垣，修繕甲兵，添調勁旅，簡任統將，籌措軍
餉，亟應次第經理。

　　東路爲滿洲龍興根本，北路則爲外藩屛蔽，自車臣汗西至烏
梁海，綿延空曠，烏里雅蘇臺、科布多、庫倫，俱與俄境毗連。
但蒙古積弱，邊備荒弛，亟宜防範。光緒六年正月二十一日，世
鐸等詳議籌邊之策，奏請特派知兵大臣，簡調精銳，分駐其地。
綏遠城、張家口俱屬近邊，需調北地精兵分屯兩處，內外蒙古沼
邊屛蔽，另簡派親信威重王大臣設法聯絡整頓，會同各汗、各札
薩克籌議練兵，核給餉需軍械。北路邊防，旣關緊要，清廷即飭
令選派土謝圖汗、車臣汗兵各二千，駐紥庫倫。三音諾彥汗派兵
二千，駐紥烏里雅蘇臺。札薩克圖汗派兵二千，駐紥科布多。各
派統帶一員，分往扼要地方防守。並飭諭內外蒙古聯絡聲勢，屛
蔽沿邊。

四、東北邊防經費的指撥

　　邊議既定，籌餉為亟，在承平之時，部庫收入，歲有常經，支出方面，以俸餉為大宗，每年除支放俸餉及零款外，頗有贏餘。但自從髮、捻戰亂以來，地方遭受兵燹，餉源不濟。初則發行鈔票、鉛鐵各錢，廣開捐納，俸餉減成，繼而各省抽收釐稅，多方面搜羅，餉源賴以不竭。平定髮、捻以後，地方秩序逐漸恢復，地丁、關稅、釐金、洋稅等項，歲入較前有加無減，然而為辦理善後事宜，防營不能盡撤，陝甘軍事方殷，西師一路，歲餉數百萬，各省督撫動輒以無款可籌為辭，積欠未解，以致部庫奇絀，此時再議邊防，經費的來源，遂成為重要問題。廷臣議論紛紜，莫衷一是。或謂節海防之用，或請減塞防之餉，但海防不能不辦，祖宗疆土不可尺寸與人，萬難輕議更張。或謂洋款仍可暫借，惟借洋款，無異於鴆漿止渴，其害昭然，且由商人經手，以數釐之息，冒至一分有奇。或請再開捐納，但自廣開捐納以來，各省財源遂竭，若照常捐例章辦理，則為數既鉅，捐者必不踴躍；若按成扣減，徒使朝廷濫予名器，餉源終無涓埃之益。光緒五年八月十二日，日講起居注官翰林院侍讀王先謙曾指出捐納流弊，原摺略謂「自捐輸減成而官多，官多而吏治愈壞，始猶輸獎於富戶，繼乃攢湊於平人。入仕專為衣食之謀得委，但求囊橐之滿。又有買捐之弊，賒捐之弊，買捐者五六金可得一監生，十餘金可得一從九。賒捐者各省見任候補官員，為子弟親友報捐，但與局員交好，填照發給，不須上兌到省，後藉差入都，以餘貲繳捐巧，此後差委月或十數百金，皆係開銷公帑，國家並未得其一錢，而受此等侵虧無所底止。夫朝取其貲，暮償其息，已為不值，況被虛名而受實害，有如近來捐事之大不可問者乎？」⑫易

言之，各省開其源，徒資中飽，實與不開等。因此，整頓地方財政，釐剔積弊，杜絕中飽，嚴禁侵漁，節省浮費，確核收支，然後始能籌措餉源。

光緒六年正月二十一日，清德宗以開辦東北兩路邊防，需費浩繁，部庫支絀，必須預先籌借，故飭戶部通盤籌畫，先將各省丁、漕、鹽、關，實力整頓，並將釐金、洋藥稅等項，責成督撫，力除中飽，杜絕濫支侵蝕等情弊⑬。並令軍機大臣寄信各省督撫，將軍興以來所招募的勇營及各局，大加裁減，以籌辦俄防。因邊防刻不容緩，需款孔亟，故令戶部先於提存四成洋稅項下，酌撥鉅款，以應急需，一面按年指撥各省有著的款。是月二十五日，戶部會同總理各國事務衙門具奏，指撥山東省地丁銀十二萬兩，山西、安徽二省地丁銀各十萬兩，浙江省地丁銀八萬兩，河南、江西二省地丁銀各五萬兩，四川省津貼銀五萬兩，山東省糧道庫銀五萬兩，粵海、江海、江漢三關六成洋稅銀各十二萬兩，閩海、津海二關六成洋稅銀各八萬兩，九江、浙海二關六成洋稅銀各五萬兩，四川鹽釐銀十二萬兩，兩淮釐金銀十萬兩，共撥銀一百四十四萬兩。令各省將軍、督撫等嚴飭藩司、監督按照指撥數目，自光緒六年為始，按年解部，於五月前批解一半，於年內全數解清。在各省關解到以前，先由戶部於四成洋稅項下提撥庫平銀一百萬兩，另款存儲，聽候應用。其後又於原撥之外，另有加撥，安徽省加撥釐金銀五萬兩，四川省加撥鹽釐銀三萬兩，江西、廣東、浙江、湖南、湖北、福建六省加撥釐金銀各八萬兩，原撥與加撥銀兩，續有加增。據光緒八年分清單所開，各省關共撥銀二百萬兩。從戶部指撥款項的種類，可看出東北邊防經費的來源主要為地丁、釐金及洋稅等，成為地方財政上的重大負擔。

　　各省奉撥東北邊防經費，因地方財政盈絀不一，辦理頗不一致。其中湖北省奉撥釐金銀兩，是由布政使會同善後總局籌措分批解京交收。除釐金銀兩，戶部另指撥湖北糧道庫漕項銀四萬兩，南糧米折銀四萬兩。其後釐金銀原撥八萬兩外，又加撥銀一萬六千兩，糧道庫漕項及南糧米折加撥銀各八千兩。其籌撥經過，以光緒二十七年分爲例，是年第一批東北邊防經費是在漕項款內動支隨漕軍三安家間丁等項銀一萬五千兩，漕糧水腳銀一萬兩，折漕兌費銀二萬二百兩，資役市平色銀二千九百餘兩，共湊足銀四萬八千兩。據湖北督糧道譚啓宇詳稱，是年第二批東北邊防經費銀四萬八千兩，本應在南糧米折項下按數動撥。但截至九月十五日止，湖北糧庫共存南糧米折銀五萬一千餘兩，全數供支滿綠各營多季米折仍有不敷，因此不得不就南項驢腳南折及南糧水腳項下儘數動撥。湖北南糧一項，向來專供滿漢各營兵米之需，並未改撥他用，所以歲有餘存。自光緒二十年（1894）奏准借撥湖北鎗砲廠陸續動撥南糧米折銀十萬兩，光緒二十三年（1897）起每年預撥加撥東北邊防經費，指撥漕南兩項共銀九萬六千兩，以致將歷年積存銀兩動用一空⑭。因無款可撥，東北邊防經費不克依限解京，譚啓宇等詳請自光緒二十八年起另行改撥，俾免貽誤。旋奉部咨，以邊防經費關繫俄防軍需要務，應仍照案設法騰挪，如數籌解。倘糧道庫實在無款可籌，則應在湖北省解支各款內酌量緩急，迅即湊撥足數，依限解交部庫。但據譚啓宇詳稱，南糧米折供支滿綠各營兵食，旣已入不敷出，且道庫徵存款項亦各有專支，已屬無米之炊，撥款日增，財源枯竭。江漢關因茶稅減徵，收數驟短，而應解京協各餉，四國洋款鎊款，尤其新案大賠款，數鉅期長，司道各庫久已悉索無遺，東北邊防經費實已無款可撥⑮。安徽省原撥地丁銀十萬兩，加撥銀二萬

兩，原撥釐金銀五萬兩，加撥銀一萬兩，預撥加撥各項銀十八萬兩。光緒二十八年（1902），奉部咨將加撥銀兩，留作新案賠款，改解江海關道存儲提用。用其解邊防釐金銀兩，因釐金按月抽收，一時難以湊足，故先由司庫籌墊。江蘇省奉撥邊防釐金銀八萬兩，分由蘇滬、寧滬、松滬、金陵、蘇州牙釐局勻撥批解，間亦由江蘇藩司在地丁項下墊解。江西省原撥地丁銀五萬兩，加撥銀一萬兩，原撥釐金銀八萬兩，加撥銀一萬六千兩。惟因釐金項下，無存儲銀兩，而常改動地丁銀兩。浙海關奉撥六成洋稅銀五萬兩，但六成洋稅扣除出使各國經費及支解京餉等款外，實已無銀可解。閩海關原撥六成洋稅銀八萬兩，光緒八年起遵照部咨加撥銀二萬兩，旋又加撥銀二萬兩，共銀十二萬兩。但閩海關每因稅源匱乏，無款可籌，不得已向號商源豐潤、蔚泰厚等設法挪墊。閩海關洋稅向以茶葉為大宗，但因東北邊防經費必須依限批解，在茶市尚未開徵以前，收數有限，籌措維艱，只得向號商挪墊。四川省奉撥東北邊紡經費，較他省為多，除原撥外，復有加撥。夔關奉撥常稅銀四萬兩，加撥銀八千兩；原撥鹽釐銀十五萬兩，加撥銀三萬兩，原撥津貼銀八萬兩，加撥銀一萬六千兩，合計共銀三十二萬四千兩。光緒六年分，戶部指撥四川省東北邊防經費共銀十七萬兩，至光緒末年，奉撥銀兩增加將近一倍。因撥款數鉅期迫，往往無力籌解。四川總督奎俊曾奏准每年加抽煙酒糖釐銀二萬兩。光緒二十七年（1901），接准部電，將加撥銀五萬四千兩勻作十二次，解赴江海關交收，改作新案賠款之需。四川省奉撥東北邊防經費加撥銀兩，歷年實解銀二萬兩，尚短銀三萬四千兩，為籌解新案賠款，不敷尚多。奎俊只得於原撥邊防經費津貼銀項下提銀三萬四千兩，同煙酒糖釐銀二萬兩，湊足銀五萬四千兩，撥作新案賠款之用，嗣後東北邊防經費每年實解銀二

十三萬六千兩。清季爲籌措東北邊防經費指撥各省關地丁、釐金及六成洋稅，惟因地方財政困難，奉撥款項浩繁，邊防經費屢經嚴催，仍未能依限解齊。

五、東北邊防經費的拮据

　　各省關因撥解款項浩繁，地方稅收羅掘一空，以致東北邊防經費多未能一律依限報解。各省關之中有報解及半者，有解不足四成者，亦有本年分絲毫未解，且歷年舊欠未清者。據總理衙門進呈光緒八年分各省關奉撥東北邊防經費銀數清單所開：釐金項下，安徽省欠解銀二萬兩，四川省欠解銀七萬兩，江西、廣東、浙江、江蘇、湖南、湖北等省欠解銀各四萬兩，兩淮鹽釐欠解銀七萬兩，福建省欠解銀六萬兩；地丁項下，山東省欠解銀六萬兩，安徽省欠解銀五萬兩，江西省欠解銀二萬五千兩，浙江省應撥銀十萬兩，山西省應撥銀十萬兩，俱絲毫未解。山東糧道庫欠解銀二萬兩，四川省欠解津貼銀四萬兩；各關六成洋稅項下，江海關欠解銀六萬兩，閩海關、江漢關欠解銀各五萬兩，九江關應撥銀八萬兩，絲毫未解，粵海關除指撥銀十二萬兩俱未報解外，尚欠解光緒七年分銀四萬兩，浙海關欠解七年分銀二萬五千兩，河南省欠解七年分銀四萬兩，津海關欠解六、七兩年分銀十三萬兩。綜計八年分指撥東北邊防經費銀二百萬兩，截至七月十五日止，除已解到銀六十四萬五千兩，報解起程銀十六萬兩外，共欠解銀一百一十九萬五千兩⑯。

　　戶部等衙門指撥東北邊防經費之初，曾奏明直省自光緒六年爲始，按年解部，如有遲逾，即由戶部照貽誤京餉例指名嚴參。各省關每年經戶部行文嚴催，舊欠仍然未清。光緒十年分，應撥東北邊防經費共銀二百萬兩內，福建省截留銀八萬兩，撥歸彭玉

麟軍餉銀二十萬兩，劃撥雲南餉銀二十萬兩內實解銀六萬兩，未解銀十四萬兩，奉部咨將未解銀仍解交部庫，山東修築黃河截留銀二萬兩。除劃撥、截留及已經解滇經費共扣除銀三十四萬兩外，應解部銀一百六十六萬兩，截至光緒十年閏五月底止，各省關實解到部銀僅三十六萬兩，報解銀十七萬五千兩，欠解共銀一百一十二萬兩。其中指撥山西省地丁銀十萬兩，浙江省地丁銀八萬兩，浙江省釐金銀八萬兩，江海關六成洋稅銀十二萬兩，鎮江關六成洋稅銀二萬，俱絲毫未解。此外舊欠仍多，光緒九年分，浙江省欠解地丁銀四萬兩，釐金銀六萬兩，廣東欠解釐金銀二萬兩，湖北省欠解釐金銀一萬兩，福建省欠解釐金銀五萬兩，粵海關欠解六成洋稅銀五萬五千兩，九江關欠解銀四萬兩。光緒八年分，福建省欠解釐金銀三萬兩，閩海關欠解六成洋稅銀四萬兩，九江關欠解銀一萬三千餘兩。光緒七年分，浙海關欠解銀二萬五千兩，河南省欠解銀四萬兩，津海關欠解銀六、七兩年分共銀十三萬餘兩⑰。

　　東北邊防經費關繫東北兩路各防營計口授食之需，刻不容緩，各省關屢經部文嚴催，仍然舊欠纍纍。光緒二十年分截至六月初十日止，各省關欠解銀一百二十九萬兩。此外浙江、福建、九江關、贛關、四川、夔關、江蘇、河南、津海關歷年舊欠共銀一百七十萬餘兩，加上二十年分部撥欠解銀數，通計新陳共欠解銀二百九十九萬餘兩。其中河南省欠解光緒七年分銀四萬兩，已逾十二年之久，竟未報解分毫。津海關欠解六、七年分共銀十萬兩，福建、九江關共欠解八年分銀四萬一千餘兩，福建、浙江、九江關共欠解九年分銀十八萬兩，浙江、九江關共欠解銀十九萬兩，其他年分各省關欠解銀兩為數更多⑱。

　　光緒二十五年（1899）二月，戶部以原撥東北邊防經費不敷

應用，奏請每年添撥銀五十萬兩。又因通商各關徵收洋稅及洋藥
稅釐，向有開支傾鎔折耗一款，每百兩給銀一兩二錢，戶部等衙
門奏請將此項銀兩減半開支，自光緒二十五年起按每百兩留支銀
六錢，其餘銀六錢，每年提銀十餘萬兩，其餘不敷銀四十萬兩，
即照原撥邊防經費銀二百萬兩之數加撥五分之一。光緒二十七年
（1901）八月，戶部奏准將各省關加撥銀五十萬兩，自二十八年
起改解江海關，另款存儲，撥作新案賠款之用。光緒二十八年
分，各省關報解東北邊防經費銀五十五萬兩，欠解銀一百四十五
萬兩。其中福建、四川、江蘇、浙江、河南五省及九江、津海二
關，自光緒六年起至二十五年止，歷年欠解銀二百一十九萬餘兩
⑲，加上二十八年分部撥欠解銀一百四十五萬兩，通計新陳共欠
解銀三百七十萬餘兩，邊防經費催解愈急，各省關依然積欠未
清。光緒二十九年以降迄宣統末年，各省關新陳欠解銀數與日俱
增，東北邊防經費的撥解，有名無實，戶部年年電催，各省關竟
任催罔應，形同具文。

六、結論

清季外患頻仍，籌辦邊防，實爲清廷救亡圖存的重要措施。
中俄伊犁交涉以來，邊患日亟，俄國覬覦中國疆土，虎視眈眈，
朝野對俄人的侵華陰謀，已經提高了警覺心。東北兩路，屛蔽京
師，指撥專款，整飭防務，刻不容緩。惟因地方財政紊亂，庫局
帑項支絀，各省關撥款浩繁，庚子賠款，數鉅期迫，以致東北邊
防經費籌措維艱。東北邊防經費的來源，主要爲各省關地丁、釐
金及六成洋稅等項。但咸、同年間，各省經兵燹以後，地方凋
敝，歲入頓減。康熙年間，歲入銀二千數百萬兩，世宗在位期
間，積極整頓財政，釐剔積弊，彌補虧空，地丁、關稅及鹽課等

項歲入增至四千三百萬兩，迄道光末年，歲入未減。自從髮、捻軍興以後，各省地丁等項歲入僅二千七、八百萬兩⑳。在用兵期間，疆臣因地籌餉，不復請命於朝廷，戶部無從稽覈，地方財政遂日趨敗壞，農村經濟遭受破壞，田多荒蕪，州縣捏熟作荒，官吏因緣為奸，改田糧為地稅，避重就輕，開墾民戶，久不陞科，紳戶包攬抗欠，隱匿正供，以致丁漕迄未恢復舊額。地丁等項，久已不敷年例供支，而出款日增，奉撥京協各餉，為數既鉅，周轉為難，庫儲匱乏，督撫遂紛紛辦理捐輸，加派地方。清季地方官吏為籌措餉源，加派百姓，名目繁多，無異於明季練餉秕政，間接加速清室的覆亡。地丁稅收減少的另一個原因是銀價日昂所致，光緒二十七年釐定州縣錢糧時，每地丁銀一兩，俱按制錢二千四百文完納，一切火耗解費皆在其內，當時銀價每兩易制錢一千二百文左右，其後銅元盛行，銀價日漲，至光緒三十年以降，庫銀一兩市價加至一千八百文左右，每兩相差至四錢以上，以至入不敷出，州縣賠累日增，司道各庫虧銀益鉅。至於釐捐一項，收數雖多，但弊竇多端，尤以中飽最病民生。光緒二十五年七月初一日，剛毅於「條陳籌餉事宜」一摺，曾指出釐金中飽之弊，其原摺略謂「外省目釐金為優差，辦捐之員無不捆載而歸，有捐升過班者，有擁貲歸作富家翁者。今之金陵歲增比較二十萬兩，非能額外苛取商民也，不過分委員之貪橐而已。聞釐務侵蝕之弊，金陵之外，浙皖最甚，他省亦無不然。」㉑清季軍興以來，地方歲入，以釐捐為大宗，財政弊竇，亦以釐捐為最甚。地方官員日用不貲，一得釐差，即以為取償之地，浮銷局用，任意分肥，以致奉撥各款，仍屬不敷周轉。其關稅六成項下，指撥項目過多，入不敷出，東挪西補，挹彼注此，各關每值淡季，徵稅寥寥，短絀益甚，地方稅源久涸，指撥各款積欠未清，東北邊防經

費異常拮据，有名無實，對整頓邊務裨益不大，俄患方殷，邊防措施並未收到效果。光緒二十二年（1896），中俄簽訂密約，俄國取得在東三省接築鐵路的權利。光緒二十四年（1898），清廷允將旅順、大連灣等處租借於俄國，並准其在南滿敷設中東鐵路支線，東北成爲俄國勢力範圍。光緒二十六年（1900），義和團事件發生後，俄國乘機分兵五路，公然佔領東北，並強迫奉天將軍增祺簽訂「暫且章程」九條，給予俄人在東三省的實際統治權㉒，東北遂全部淪陷，俄人終於實現侵略東北的陰謀。

【註　釋】

① 蔣廷黻編《近代中國外交史資料輯要》中卷，頁204。（民國四十八年五月，臺灣商務印書館。）

② 稻葉君山著，但燾譯《清朝全史》，頁80。民國四十九年九月，臺灣中華書局。

③ 郭廷以著《近代中國史》，頁4。民國五十二年三月，臺灣商務印書館。

④ 郭廷以編著《近代中國史事日誌》第一冊，頁13。民國五十二年三月。

⑤ 胡格金台著《達呼爾故事》，滿文手稿本。民國六十六年四月，文史哲出版社。

⑥ 《月摺檔》，光緒六年正月初六日，據刑部主事張仲良奏。

⑦ 趙中孚著《清季中俄東三省界務交涉》，前言，頁3。民國五十九年三月，中央研究院近代史研究所。

⑧ 李恩涵著《曾紀澤的外交》，頁65。民國五十五年三月，臺灣商務印書館。

⑨ 《月摺檔》，光緒五年八月二十三日，據奕訢等奏。

⑩　《月摺檔》，光緒五年十二月初九日，據于蔭霖奏。

⑪　《月摺檔》，光緒六年正月十七日，據于蔭霖奏。原檔將海參崴書
　　作海山崴。

⑫　《月摺檔》，光緒五年八月十二日，據王先謙奏。

⑬　《清德宗景皇帝實錄》，卷一○八，頁 12。光緒六年正月己丑，
　　上諭。

⑭　《軍機處檔‧月摺包》，第二一三六箱，八九包，一四六九九七
　　號，光緒二十七年十二月初二日，張之洞奏摺錄副。

⑮　《軍機處檔‧月摺包》，第二七○箱，一○六包，一五四八七四
　　號，光緒二十九年二月十八日，端方奏摺錄副。

⑯　《軍機處檔‧月摺包》，第二七三五箱，二摺包，一二四五六八
　　號，光緒八年七月二十五日，總理衙門理奏摺清單。

⑰　《軍機處檔‧月摺包》，第二七二二箱，三六包，一二九一四九
　　號，光緒十年七月初四日，戶部咨文。

⑱　《軍機處檔‧月摺包》，第二七二九箱，五一包，一三三七八二
　　號，光緒二十年七月初十日，戶部、總理衙門奏摺。

⑲　《軍機處檔‧月摺包》，第二七五五箱，九二包，一四八一七五
　　號，光緒二十八年七月十九日，總理外務部事務王大臣奏摺。

⑳　《月摺檔》，光緒五年八月十二日，據王先謙奏。

㉑　《宮中檔光緒朝奏摺》第十三輯，頁 56。民國六十三年六月，國
　　立故宮博物院。

㉒　趙中孚撰〈清末東三省改制的背景〉，《中央研究院近代史研究所
　　集刊》，第五期，頁 321，民國六十五年六月。

奏為風聞臺灣淡水縣邪匪為害請

四品銜掌江南道監察御史臣謝謙亨跪

飭嚴拿以遏亂萌事竊臺灣附山等處民番襍處最易藏奸急
之則趨入內山緩之則仍出擾害 臣聞臺北府淡水縣有十
餘年前已獲正法之邪匪陳烏開舘授徒能以符呪殺人焉
雖伏誅餘黨復燼其術用食指畫符於水或用符燒灰拌
入食物與人飲食其病立至曰釘心符使人心痛如力刺曰
鎖喉符使人食不下咽曰火符使人身熱如火燒催以呪則
其死較易死後身上均紅色符紋被害不可勝數惴惴然一
飲一食必加詳慎該匪蹤跡詭秘難保無與外匪勾結情事

《月摺檔》光緒九年八月初三日，
掌江南道監察御史謝謙亨奏

評介金澤著《中國民間信仰》

書名：中國民間信仰。作者：金澤。出版地點：杭州，浙江教育出版社。出版時間：一九九五年三月。字數：約十四萬八千餘字。

金澤，一九五四年生於北京。一九七七年，考入中央民族學院。一九八三年，考入中國社會科學院研究生院。一九八六年，獲碩士學位。一九九一年，作爲訪問學者在美國大學訪問一年。曾任中國社會科學院世界宗教研究所副研究員、理論研究室副主任。出版的譯著有《比較神話學》、《宗教的起源與發展》、《神話學》和《人與神——宗教生活的理解》等，專著有《英雄崇拜與文化形態》等，《中國民間信仰》一書是最近新著。

作者在《中國民間信仰》引言中指出民間信仰是深植於中國老百姓當中的宗教信仰及其宗教的行爲表現。民間信仰有它的許多特點：

第一個特點是在於它屬於「潛文化」或「隱文化」的範疇，它的基本信眾是生活在社會中下層的老百姓。

第二個特點是它的神祇十分龐雜，神祇的多元化、多重人格化，使民間神呈現出錯綜複雜的格局。

第三個特點是民間信仰與原始的氏族宗教有著密切的聯繫。

第四個特點是在於它不是「正統」的宗教，也不同於明清時代的民間宗教，不具備民間宗教的特徵。

第五個特點是它的禁忌特別多，其禳解之法，也是任何一種

「正統」宗教所無法比擬的。

　　原書作者指出中國民間信仰是構成民眾精神生活與民俗文化的重要組成部分。因此，了解和探討中國民間信仰的形成與發展，分析和研究中國民間信仰的特點與功能，對於我們全面地體察民族文化的眞蘊，了解中國老百姓的心理素質與價值觀，從而更加明確地把握文化演進的走向，以及個性發展的脈絡。作者對中國民間信仰的論述，力求兼顧純理論的探討與具體宗教形態的闡示，態度客觀。作者將民間信仰歸屬於「潛文化」或「隱文化」的範疇，也突顯了民間信仰的特點。民間信仰並不具備民間宗教的特徵，不同於明清時期的民間宗教。但由於清朝政府提倡崇儒重道的文化政策，佛教、道教等宗教可稱爲「正信」宗教，作者稱之爲「正統」宗教，是有待商榷的。相對於「正信」宗教，官府遂稱民間宗教爲「邪教」。

　　原書共五章，第一章論述靈魂信仰與自然崇拜，作者認爲靈魂信仰是民間信仰最核心的觀念，自然崇拜是最樸實的崇拜。原書之所以選擇「上層的宗教信仰」與「民間的宗教信仰」作爲相對應的概念，不僅是由於儒家充其量只能稱作「准宗教」，故而只使用「宗教信仰」一語，而不用「宗教」，也不僅是由於佛教、道教、伊斯蘭教、基督教的廣大信眾都是民間百姓，而是還出於另外一層的考慮。這就是即使借助「顯文化」和「隱文化」的範疇，將宗教文化中的這兩股潮流區分開來，也還必須注意到在宗教文化的潛流之中，存在著民間信仰與民間宗教的區別。作者引述呂大吉著《宗教學通論》的論點後指出宗教具有四大要素，即：宗教的觀念與思想；宗教的感情與體驗；宗教的行爲與活動；宗教的組織與制度。把這四個要素作爲尺度，以衡量民間宗教與民間信仰，就顯而易見地發現民間宗教是四大要素齊備，

民間信仰不僅在要素構成上不健全，而且就已有的要素來說，也是不統一的，並且缺乏體系化。所以，只能稱之爲民間的宗教信仰。民間宗教有自己尊崇的主神如無生老母；有自己的經典寶卷；有自己的教主和嚴密的組織，而且往往是宗教組織、政治組織、經濟組織三位一體化。作者認爲民間信仰從根本上說是一種宗教信仰，其最核心的觀念，就是神靈觀念。原始人已把生命與幽靈合爲一體，形成了靈魂觀念。原始人把靈魂觀念拓展到動物、植物，乃至日、月、星辰、山、石、樹木身上時，不僅成了萬物有靈，形成最初的自然崇拜，並由此派生出種種其他的宗教觀念和信仰。所謂自然崇拜，就是這種靈魂信仰對自然神祕力量的探求，以及對自然界異己力量的倚賴感與敬畏感的交互作用中產生和延續的。在中國的民間信仰中，不僅天地日月、風雨雷電、山川樹木、江河湖海，都有神靈，而且全都不同程度地受到崇拜和祭祀，且經久不衰。

　　原書指出中國自然神靈譜系雜亂的原因，除了多元的文化區域和外部滲透之外，主要是沿著兩條線索淡化的：第一條線索是將自然現象神化爲獨立的人格神，呈現爲多元化特徵，且趨向於越演越繁，甚至出現以訛傳訛，聞聲造神的極端表現；第二條線索是將自然現象或自然力視爲天神所司的一種神力。在中國民間信仰中，這兩條線索演化的結果，就造成神祇譜系混雜、職守混亂的局面。作者也指出在自然崇拜中淡化天地日月星辰崇拜的原因，不是出於宗教，而是緣於政治。歷代統治者，總是把祭祀天地日月據爲己有的特權，致使對天地日月崇拜的宗教祭儀在漢族百姓中逐漸消聲匿跡了。據李景漢於一九三○年在河北定縣的調查，全縣四五三個村，共有寺廟八五七個，供奉天地的天地廟僅有一個，而沒有一個寺廟奉日神或月神。進入文明時代，社會上

出現國家政權以後，對天地日月的祭祀，成爲統治者的特權活動，因爲在傳統社會，帝王被稱爲天子，祭天不僅是祈求天地日月的保佑和賜福，同時也是天子地位的重申和強調。

原書進一步指出民間信仰不僅主張萬物有靈，崇拜多神，而且幾乎保留了氏族宗教的全部內容，形成靈魂信仰、自然崇拜、圖騰崇拜、祖先崇拜、靈物崇拜、巫術、祭祀、禁忌等多種宗教信仰因素共存的多元化的結構格局。作者認爲隨著部落聯盟或國家的誕生，國家宗教已在上層建築裡取代了氏族宗教。在氏族宗教裡，沒有成文的經典和教規，但在國家宗教中，宗教教義和教規全都日益體系化和經典化，形成程度不一，卻被奉爲神明的宗教祭典。國家宗教雖然取代了氏族宗教，但氏族宗教並沒有完全地和及時地退出歷史舞台，而是作爲一種民間文化，作爲民眾精神生活的一部分，繼續生存在下層群眾之中，民間信仰就是氏族宗教的直接繼承者。作者認爲民間信仰雖是氏族宗教的遺存和變體，但它與國家宗教或世界宗教有所不同。它不具有神位固定、等級森嚴的神殿，更沒有某些宗教所具有的唯一神論，從而也就沒有唯一神論那種「惟此惟大」的排他性①。

原書注意到在宗教文化的潛流之中，存在著民間信仰與民間宗教的區別。作者也注意到民間信仰與氏族宗教雖然有著密切的聯繫，但是，原始宗教與民間信仰的生存環境不同，不能將民間信仰和原始宗教混爲一談。作者認爲靈魂信仰是民間信仰最核心的觀念，自然崇拜則是最樸素的崇拜。但因民間信仰經歷了數千年的歷史變遷，在社會方面，它深受奴隸社會與封建社會的影響和制約；在宗教觀念方面，儒、釋、道等思想體系不斷對之加以滲透和匡正。經過一系列的洗煉和改造，民間信仰不僅失去許多質樸的自發性，而且在內容上也有很大變化，逐漸增添了許多人

爲的因素。這種轉變，表現在許多方面，比如原始時代的占卜，在儒家易學的影響下，出現了數理化的趨勢，加重了命定論與宿命論的信仰，從而使占卜由原先多少有點隨機選擇的積極意義，變得完全令人消極。又如周朝以後逐定型的宗法制度，也深深地影響或改變了中國漢民族中原有的鬼魂信仰和祖先崇拜。像「披麻帶孝」這種喪儀，原本是「披麻帶索」，是人們爲了避免新死去的鬼魂回家傷害自己而特意改變裝束，使亡靈無法認出自己。但在中國封建社會裡，這種喪儀逐漸禮教化了，人們轉而賦予其忠孝節義，宗法綱常等方面的意義。在這種道德化、人文化的轉變中，鬼魂信仰與祖先崇拜的許多祭儀，逐漸失去其原有的宗教功能和意旨，在潛移默化中演變成宗法禮儀，或蛻變成一種民俗。作者的論證，是可以肯定的，但是民間信仰與氏族宗教固然不是一脈相承，國家宗教與氏族宗教，亦非直線發展。作者認爲民間信仰就是氏族宗教直接繼承者，隨著部落聯盟或國家的誕生，國家宗教已在上層建築裡取代了氏族宗教，作者的說法，有待商榷。民間信仰的保存及延續，需要以一系列因素爲條件，這些因素包括與客觀因素作用有關的原因，以及與主觀因素作用有關的原因。社會發展中的客觀因素，不僅是自然的存在，不僅是物質的關係，而且還有其他許多社會關係，其原因可能與主觀因素在自發性的活動中發生作用有關②。北亞或東北亞崇奉薩滿信仰的各民族，多有氏族薩滿，薩滿信仰就是原始氏族宗教。薩滿信仰雖然在歷上不同時期曾經反映了人們對自然、社會及個人自身的認識，但是由於內在因素及外在環境的變遷，滿族在入關以前，薩滿的許多活動已經受到壓抑。崇德七年（1642）十月，因多羅安平貝勒杜度之妻請薩滿治病，清太宗皇太極痛斥薩滿跳神治病，害人不淺，因此，嚴禁薩滿跳神治病，並下令：「永不許

與人家跳神拿邪，妄言禍福，蠱惑人心，若不遵者殺之。」③
《清太宗文皇帝實錄》初纂本記載較清楚，節錄一段內容如下：

> 多羅安平貝勒妻福金，以其夫之病，由氣鬱所致，令家臣
> 石漢喚巫人金古大來家，剪紙人九對，付太監捧至北斗之
> 下，焚一半，埋一半，及福金拘禁至三月，福金輒昏迷
> ④。

引文中的「巫人」，即滿洲薩滿，安平貝勒杜度薨於崇德七
年（1642）六月，當杜度病重時，薩滿金古大使用交感巫術，剪
紙人九對爲替身，在北斗星下焚燒掩埋，嫁禍於替身，以禳解災
病，清太宗皇太極降旨將薩滿金古代處斬。由於朝廷嚴禁薩滿爲
官員跳神治病，使薩滿的活動，只能在民間發展，清朝並未隨著
國家的誕生，而取代氏族宗教，作者在原書所稱「隨著部落聯盟
或國家的誕生，國家宗教已在上層建築裡取代了氏族宗教」的說
法⑤，與歷史事實，是否都符合，亦有待商榷。

原書第三章〈人生三部曲：生、婚、死〉，主要是在探討生
命禮儀中的宗教信仰和禮儀。作者指出民間信仰中的人生意象，
他的生命起點與終點，各種人生禮儀，不是直線的，而是意念中
的一個曲線圖。人生禮儀中包括許多宗教性的禮儀，從根本上
說，就是起源於人們的宗教信仰。原書從宗教信仰的事實出發，
把研究的焦點集中在誕生、結婚和死亡三個方面。在宗教信仰
中，人的孕育和誕生，不是自然的、生物的過程，而是由神靈主
宰，靈魂轉世的過程，在這種信仰的基礎上，形成了無數民俗與
信仰相雜的觀念，它們主要集中在拜神求子、孕期禁忌、驅鬼和
轉世這四個方面。拜神求子除祈禱和獻祭之外，還有以巫師作法
使婦女懷孕的信仰。爲了保證孕婦和胎兒健康平安，人們依據宗
教信仰和巫術原理，實行了各種各樣的禁忌，舉行各種各樣的祭

祀，包括孕婦的飲食禁忌，在行為上也要嚴格遵守各種神秘的禁規。此外，親友們也要有所禁忌。在民間信仰中，非正常的分娩，非正常的嬰兒夭亡，相信必是鬼怪所致，而要祭神，或請巫師驅治鬼怪，嬰兒多病，依然是首先求助於神力或巫力。轉世的信仰是萬物有靈、圖騰崇拜、祖先崇拜與巫術原理相互作用的產物。作者指出，這種信仰的發源地是在亞洲的腹地，不是佛教提出了輪迴轉世的學說，而是佛說吸收了早已傳播於亞洲大陸的民間信仰⑥。篤信人生乃是靈魂的不斷轉世，以及與之相關的民間信仰，都強調必須求諸超自然的神力或巫力，重視超自然的力量，比如模擬、感染、轉生等，這就是民間信仰的根本特點。

在民間信仰的觀感中，婚姻不只是兩個人的結合，或兩個家族聯姻，而且是兩個人靈魂的結合。古代婚禮包括納采、問名、納吉、納徵、請期、迎親等六個要素，其中納采、納吉和請期三個禮儀是和神靈或祖靈有關的，而且絕大多數情況下，都是聽命於神靈或祖靈的意志。所以在結婚的過程中，不僅要把新娘的女身娶到夫家，而且要把新娘的靈魂納入夫家的「戶籍」。譬如在毛難族的社會裡，男娶女嫁這一天，男女雙方都要在自家堂屋裡陳設供品，請巫師念「保福」經，分別舉行送魂與接魂儀式，其主旨在於使新娘的魂魄從此安於夫家，並正式加入夫家的「戶籍」。在婚禮之中，除了祭告祖先，使之應允新娘的靈魂「入籍」之外，還要實施各種針對新娘的鎮邪之術。按照民間信仰的說法，新娘的靈魂和新郎的靈魂在結婚之前不屬於一個家族，因而在新娘出嫁之際，其家族中的某些邪氣或凶神惡煞會附在新娘身上到新郎家中搗亂，因而在迎娶新娘時要舉行種種驅邪的法術。傳說妖魔鬼怪之類的邪氣最怕看見火光和聽到巨響，根據這個道理，民間婚禮中有讓新娘跨火盆的習俗，有的地方是在新郎

家門口舉火，有的則在新娘入門時潑水，無非都是要蕩滌邪魔，消除污穢。冥婚、沖喜與哭嫁三種婚俗，都涉及到民間信仰與情感，冥婚就是一種信仰，也是一種感情。沖喜是在老人病危時，趕辦婚事，以免除病喪對喜事的沖犯，以喜破災，使病人轉危為安。按照人類學家和民俗學家的解釋，哭嫁的最初起因，在於矇騙魔鬼，因為結婚為大喜之事，容易引起鬼神的嫉妒，魔鬼常來侵害新娘，所以人們故意做出不高興的樣子，以矇騙魔鬼，保護新娘，所以不但不動樂，而且要舉哀哭泣。後世新娘婚前哭嫁的習俗，主要就是屬於這類禮儀的遺跡。

在民間信仰中，死亡不是人生的終結，而是人生的轉折，人死亡之後，靈魂就要脫離其肉體到另一個世界去，人們不僅關心那個世界的情況，關心靈魂在那裡的境遇，而且關心死者的亡靈如何到達那裡？出於這種種考慮，人們不僅在信仰上形成有關陰間的諸多意象，而且在實踐中還形成了不同的喪葬禮儀，以及繁雜的禁忌。隨著佛教的輪迴說和地獄說的傳入中國，使中國民間的陰間意象明顯地具有了刑罰的性質，而且逐漸在多層化中定型為酆都十殿的格局。作者認為各種喪葬方式，都是依據一定的靈魂信仰形成的，從根本上說，都是為了完成一種轉換，就是把靈魂送到另一個世界裡去，或使靈魂進入生命的下一個循環，比如藏族、裕固族中流行的天葬，就是在佛教的某些觀念影響下形成的一種葬俗，其關鍵所在期盼死者的靈魂澈底擺脫肉體的束縛，以便升入極樂西天。又如廣西桂林甑皮岩古遺址及臺灣賽夏族等盛行的屈肢葬，是將死者用繩或布捆綁成胎兒狀，其意義顯然不是為了便於死者長眠，而是為了便於死者的靈魂儘快地脫生。人們對待善終者與凶死者的態度也不同，在民間，人們對凶死者有著特殊的畏懼，人們認為凶死者的靈魂，既不能進入祖墳，也不

能按時享用親友的祭祀，所以只能成爲到處遊蕩的厲鬼，厲鬼爲
了解脫自己，勢必會加害於人，找到一個與其死亡方式相同的
人，成爲替死鬼，他才能轉世爲人。人們對凶死者實行特殊的葬
式，不讓亡靈再來害人。在更多的情況下，人們是用贖買的方
式，或用爲之贖罪的方式來撫慰、討好厲鬼，或使之得到超度，
一般都是請和尚、道士念經將亡靈超度的形式，以解除人們對凶
死者的畏懼。在人們對待善終者與凶死者的不同態度以及不同的
安葬方式中，可以看到民間信仰的一個重要觀念，即認爲不同的
安葬方式，會給亡靈帶來不同的命運。民間百姓不僅以此觀念爲
基礎區別對待不同的亡丈，而且還以此觀念爲基礎，形成所謂的
風水信仰。廣義的風水，指的是陽宅住家與陰宅墳墓的地勢、方
向等，相信會給人們帶來不同的吉凶禍福；從狹義上說，風水指
的是墳墓的地勢與方向等，認爲這些因素會給死者的後代帶來不
同的命運。風水信仰的核心觀念是把秦漢之際的「氣」神秘化，
風水信仰不僅在漢族當中上自皇家，下至百姓，皆篤信不疑，而
且在少數民族中亦極盛行。由於風水信仰注重陰陽兩宅地勢、水
勢與風勢的選擇，千百年來形成一套複雜的模式，其中有些是有
利於衛生與人體健康的，因而不能一概否定。而且從某種意義上
說，風水信仰不同於宿命論的算命之術，它包含著人的命運是可
以通過某種方式加以改變的意義。但是風水信仰的價值取向，明
顯地帶有時代的烙印。況且，人們把自己命運的改變，寄托在死
者墳墓的風水之上，既缺乏自強不息，積極進取的精神，也沒有
任何科學的根據⑦。

　　原書從從民間宗教信仰的角度來探討生、婚、死的三個生命
關節，是有重要意義的。在民間信仰裡，婚事最忌疾病死亡這類
凶事沖犯，造成民間往往在老人病危之際，趕辦喜事，以免除病

喪之事對喜事的沖犯，並且很有可能以喜破災，使病人轉危爲安
⑧。這種沖喜習俗，民間極爲普遍，清朝旗人，亦深染此風，現
藏滿漢文奏摺，奏報頗詳。譬如雍正十三年（1735）十一月初五
日，宗人府衙門稽查事務監察御史奉恩將軍宗室都隆額繕寫滿文
奏摺指出，旗人風俗日益澆漓，定例子女居喪期間不得嫁娶，但
旗人中有因父母病篤，慮喪服之後不能成婚，而於數日內擇定吉
日，匆促趕辦喜事者。又有因父母去世，於殯殮之前，將喪事暫
時延後，先行嫁娶者。都隆額於滿文原摺內分析其起因稱，「此
種習俗，原本始自漢軍旗之人，今滿洲亦有效法者。」⑨爲正人
倫，端正風俗，都隆額奏請通飭八旗於喪事期間，嚴禁嫁娶。巡
視東城翰林院侍讀學士兼掌京畿道事監察御史石介具摺時亦稱：

> 臣雖旗人，自幼隨父母鄉居二十餘年，見直隸地方紳衿居
> 民時有當父母或祖父母既歿之後，未卜送葬時日，預選婚
> 娶良辰。至期，孝裔新婦俱著吉服，成夫婦禮，名曰孝裡
> 服，鄉鄰親友猶群相稱慶，以爲克全大事焉。閩南直亦有
> 此惡習，名曰成凶。數年來，外城居民以及八旗無知輩竟
> 有從而效尤者。伏思爲人子孫不幸當父母祖父母背棄正哀
> 痛迫切之時，何忍擇吉成婚，此蓋由於相沿成俗，並不自
> 知爲非而蹈此澆薄不情之舉，蔑禮喪心，莫此爲甚，臣仰
> 請皇帝敕諭八旗大臣併直省督撫嚴行禁止，庶人心日正，
> 民風愈淳矣⑩。

父母、祖父母病篤趕辦喜事，就是要避免凶事對喜事的沖
犯。父母、祖父母既歿之後，先辦吉事，後辦喪事的孝裡服或成
凶習俗，都爲民間信仰的研究，提供了珍貴的直接史料。因此，
發掘原始資料，就是探討民間信仰不可或缺的工作。

原書第三章〈群體的信仰與祭儀〉，主要在分析圖騰崇拜、

祖先崇拜、行業神崇拜等群體性民間信仰形態。靈魂信仰是民間信仰的原點與核心，自然崇拜反映了人與整個生態環境的關係問題，因而可以看作民間信仰的外層。與此相對照，生命禮儀中的宗教信仰，涉及的是具體的個人，可以看作是民間信仰的內層。而在這外層與內層之間，則是由圖騰崇拜、祖先崇拜、行業神崇拜等宗教形態構成的群體性民間信仰。同自然崇拜與生命禮儀相比，群體性的民間信仰形態有它獨特的性質和作用。在功能上，生命禮儀在實現人的社會角色的轉變，自然崇拜意在調整人與自然的關係，而群體性民間信仰則意在凝聚社會群體，強化群體的認同與共識，理順人際關係。在信仰對象上，生命禮儀與自然崇拜所崇信的精靈與神鬼等等，不僅具有多元化和多層化的特點，而且往往是雜亂無序的；與此相反，群體性禮儀與生命禮儀及自然崇拜，形成鮮明的對比，其崇拜對象往往具有較精緻的神格化特徵，即使不是一神崇拜，也具有較強的秩序感和系統性。

　　原書指出，圖騰崇拜、祖先崇拜、行業神崇拜等信仰形態，同人類的群體生活都有直接而又密切的關聯。從理論上說，圖騰崇拜是最早的宗教實體，同史前時代形成的諸宗教形態相比，圖騰崇拜在宗教的構成要素方面最為齊備。圖騰崇拜的基本特徵在於人們相信本氏族起源於某一種動植物、無生物或自然現象，這種動植物就被人們視為自己的祖先，亦即圖騰。由於人們把圖騰動植物視為自己的親屬，就把這種具有神性的祖先當作氏族的保護者，進而將它視為最神聖的，形成許多相關禁忌，其中最主要的是不准殺食圖騰動植物。圖騰崇拜隨著氏族社會的形成而產生，圖騰逐漸成為與氏族共存共榮的神聖象徵。圖騰崇拜在組織制度上與氏族社會直接地合而為一，因而它既有宗教方面的特徵，也有世俗生活方面的特徵。圖騰崇拜的宗教信仰特徵，原書

歸納成下列五點：

第一個特徵是崇拜某一個圖騰的特定人群，一致把圖騰看作自己的祖先和保護者。

第二個特徵是認爲人與圖騰有一種神秘的互滲，或者認爲自己的一部分與圖騰相同，甚或認爲自己是由圖騰轉化而來，死後又會再次變爲圖騰。

第三個特徵表現在祭祀方面，其中敬畏型的圖騰祭祀方式，是以取悅圖騰爲主，它也重視人與圖騰的神秘互滲。至於分享型的圖騰祭祀，其立足點是強調圖騰始祖與本氏族成員在共享圖騰的同時，也把圖騰的神性注入自己的體中。

第四個特徵在於它嚴格的禁忌和禁規，在敬畏型的圖騰崇拜中，是嚴格禁止捕殺圖騰動物的，圖騰對於氏族成員來說，既是祖先又是神靈，人們不敢得罪它，輕易不敢觸摸圖騰，在語言上禁忌直呼其名。

第五個特徵是它必不可少地世代相傳圖騰的神話，包括講述圖騰的起源，解釋圖騰祭祀與禁忌的意義。

圖騰崇拜由於文化發展的不平衡，決定了圖騰崇拜在現實空間分布上的不平衡。直到本世紀中葉，如赫哲人，鄂倫春人等都程度不同地保留著圖騰崇拜的信仰和文化傳統。時至今日，這些遺跡雖然存在於民間，但早已失去圖騰崇拜的信仰與制度，所以只能視爲民間信仰，不再成其爲獨立的宗教形態。

祖先崇拜的核心觀念是深信祖先的靈魂仍然存在，並能夠以不同的方式對其後代的生活產生影響。祖先崇拜雖有加強宗族團結的功能，但中國民間百姓崇拜祖先，絕不僅僅是出於尊敬與紀念，而是一種虔誠的信仰。延至近現代仍然存在於民間的祖先崇拜，還具有相當濃厚的宗教屬性，對祖靈的信仰以及對祖靈的祭

祀，構成一種宗教的作用場，人們在此氛圍中受到薰陶和強化的
不是人文精神，而是宗教意識。作者指出民間崇拜祖先神靈，形
成三種不同的格局：

第一種格局，基本上只崇拜始祖，這與該民族氏制度遺存較
多密切相關。

第二種格局，是人們既崇拜家庭近祖，也崇拜部族或民族的
遠祖。

第三種格局，以漢族爲代表，祭祀民族祖先與國家祖先的特
權由統治者執掌，民間百姓雖然可以祭祀數十代的遠祖，但這些
祖先本質上都是家庭祖先。

以宗祠或家廟爲中心的祭祖，是血緣群體祭祖的方式之一，
比如苗族的鼓社祭，就是一個血緣大家族共同舉行的活動，一鼓
作爲一個大家族，可能包括十幾家或幾十家。鼓社祭有定期的與
不定期的，定期舉行鼓社祭的人們認爲屆時祖先就會前來與子孫
相聚；不定期的鼓社祭則由鬼師蛋卜祖先是否前來，如果卜象表
明祖先要來，就舉行祭祀。至於家庭祭祖又不同於群體祭祖，這
不僅表現在祭祀規模上，而且表現在頻率方面。在規模上，家庭
祭祖無論在參加人數上，還是在祭品的豐厚方面，都遠遜於群體
祭祖，但在頻率上，家庭祭祖則遠遠超過群體祭祖。

在中國傳統社會的自然經濟基礎上，氏族社會形成的社神崇
拜、土地神崇拜、灶神崇拜以及農業祭祀等，一直在民間延續。
其中社神崇拜與行業神拜等屬於群體性的民間信仰，這些神祇的
社會基礎，不同於圖騰崇拜和祖先崇拜，這些神祇不是以直接的
血緣關係爲紐帶，而是直接地出於社會關係。在對社神與行業神
等神祇的信仰中，由於沒有血親關聯的羈絆，民間百姓完全可以
既信奉社神，又祭祀農神，同時還可以給財神燒香叩頭，呈現出

高度的相容性。祭社就是祭祀土地神，這種宗教信仰，起源於古遠的天地崇拜。在漢族廣大地區，土地神不僅經歷了由自然神向社會神的轉變，而且隨著歷代帝國的最終建立，社神崇拜與土地神崇拜兩極分化。在漢代前期，民間里社作為一種信仰，作為一種聚合本地區或本宗族力量的特殊組織形式依然存在，但在西漢末年，里社制度也隨著社會變遷而瓦解，原來比較統一的地神崇拜就以社神祭祀為一端，以土地神祭祀為另一端而澈底分家了。城隍神也是由自然神轉變為社會神的一種信仰，不僅守禦城池，保障治安，而且主管當地水旱凶吉及冥間事務，成為地方神。唐宋之際，隨著城鎮實力增長，城隍信仰，異軍突起，相形之下，城鎮中原有的土地神職能縮小，朝著「當坊土地」的方向發展，在神屬關上，城鎮中的土地神成為城隍神的下屬。

原書分析人們對待神鬼的態度時指出，對於能夠造福的神祇，祈求他們賜福於人；對於致害致病的鬼神，則有驅鬼的活動。驅鬼祭祀，有個人驅鬼和集體驅鬼之分，集體驅鬼，或因瘟疫流行而舉行，或定期舉行。古代華夏族的集體驅鬼活動很多，其中最重要的是「儺」。在周代，有各種等級的「儺」，周王室和諸候代表國家舉行的叫「國儺」，全國上下一起舉行的叫「大儺」。大儺多在年終之際舉行，目的是驅除惡鬼癘疫，祈保一年平安清吉。儺祭最主要的特徵是行祭者要戴面具。周朝宮廷中有專門領導和組織儺祭的官員，叫做方相，在進行儺祭時，方相身披熊皮，穿黑上衣，紅褲子，頭戴有四隻眼的面具，一手執戈，一手揚盾，率領十二獸和大隊人馬到宮室的各個角落跳躍呼號，驅逐疫鬼。儺祭發展到漢代，在規模上呈現出進一步擴大的趨勢。人們在行儺祭之時，跳起方相舞和十二獸舞，到各處去驅鬼。在儺祭結束時，人們用火炬把假想中的疫鬼送出城門，然後

由騎快馬的士卒把火炬一直送到洛水邊投入洛水，象徵疫癘諸災被徹底消滅。宋代以後，儺祭雖仍以逐疫爲目的，但世俗化傾向日益突出，而呈現出日益舞蹈化和戲劇化的走向，其結果，使儺祭由一種民間信仰活動，演變爲一種民間文藝的樣式。

誠如原書的分析，靈魂信仰是民間信仰的核心，自然崇拜反映了人與整個生態環境的關係，圖騰崇拜遠勝於單純的靈魂信仰與自然崇拜，具有較高程度的統一性、內聚性、排他性和規定性⑪。但作者認爲「圖騰崇拜隨著氏族社會的形成而產生」⑫，這種說法是有待商榷的，在氏族社會形成以前，圖騰崇拜已經產生，在氏族社會階段，自然崇拜、圖騰崇拜、祖先崇拜，均極盛行，但自然崇拜、圖騰崇拜、祖先崇拜並非一線發展。作者分析儺祭的發展後指出，宋代以後，儺祭世俗化傾向日益突出的結果，使儺祭由一種民間信仰活動，演變爲一種民間文藝的樣式。這種變化，在漢族農業社會裡，尤其顯著，作者的說法，是可以採信的。但由於雲貴等地苗傜等少數民族篤信鬼神，因此，儺文化的發展，與當地歲首迎山鬼的活動，有密切的關係。乾隆年間繪製的《職貢圖》彩色畫卷內《廣順貴筑等處土人》圖像中的文字說明云：

> 廣順、貴筑、貴定等處東西龍家、平伐、補籠、犵家諸苗，以類聚處，土人蓋亦苗之一類也。男子以貿易爲生，婦人則勤於耕作，每種植時，田歌互答，清越可聽。歲首迎山魈，以一人戎服假面，眾吹笙擊鼓以導之，蓋亦古大儺之意。其起居服食，俱有華風，計畝而稅，同於編戶⑬。

引文中的「山魈」，滿文讀如「alin i hutu」，意即山谷間的「山鬼」，相傳是獨足鬼。引文中的「儺」，滿文讀如

「fudešembi」，意即「跳老虎神送祟」。「假面」，滿文譯作
「dere be ijumbi」，意即「塗抹臉面」。除抹臉外，較常見的是
戴上假面具。儺文化的明顯標誌，就是巫師的戎服假面，巫師戴
上假面具，或塗抹臉面後，其本人的個性隨之消失，所表現的是
神。《貴州省德江縣穩坪鄉黃土村土家族衝壽儺調查報告》一書
也指出面具在儺祭裡是神祇的形象表徵，具有神性，而在儺堂戲
的演出中，則是代表角色身分的一種誇張面部形貌的化妝手段，
具有世俗性⑭。內地漢族與邊疆少數民族的社會發展，並不平
衡，探討儺文化，不能忽視雲貴等少數民族的驅鬼逐疫活動。

巫術與禁忌，不是宗教的實體，而是宗教所具有的行為方式
與活動方式，它所涉及的領域，並不限於群體宗教生活，民間百
姓的生、婚、病、死等各個關節，衣、食、住、行等各個方面，
乃至言談話語，無不是巫術與禁忌發揮作用的場所。原書第四章
〈巫術與禁忌〉對巫術及禁忌的性質、種類、原理、要素和功
能，論述頗詳。作者指出巫術是宗教的一種行為方式或活動方
式，它的基本信仰是相信在人與自然界之外，有一個充滿神靈與
神秘力量的神秘世界，這些神秘力量與神靈主宰著人和自然界的
發展進程。但人們在此過程中所必須遵守的禁忌，對神靈與神秘
力量的奉獻，借助充滿神力的法器以及絲毫不能改變的儀式程
序，全都說明不是人在支配異己的神靈，而是神靈主宰著巫師及
其信眾的一舉一動。原書所以把巫術與禁忌作為民間信仰的一個
重要範疇，不是因為它構成一個獨立的宗教形態，而是因為它在
民間信仰中，無論在歷史上還是在現實遺存中，較之祈禱、獻
祭、禮儀等其他宗教行為，都占有更重要和更突出的地位。巫術
的原理，主要包含兩條法則：

第一條原理名為「類似法則」，即認為相類似的東西或行

爲可以產生相類似的結果，比如彝人在舉行咒人咒鬼儀式時，常扎一草人代表敵人和鬼，對之咒罵打殺，以爲如此即可達到預期的目的，這種以類似法則爲原理的巫術，人們稱之爲模仿巫術。

第二條原理名爲「接觸法則」，執著於巫術的人們相信，凡是接觸到的東西，都有一種神秘的相互感染或滲透，據此法則，如果人們想要對某人或某物施加他想要產生的作用時，只要對他接觸過的東西施以巫術，就能達到目的，這種以接觸法則爲原理的巫術，又被稱爲感染巫術。

原書根據巫術的價值屬性，將巫術分爲白巫術與黑巫術。以行善爲目的之巫術，稱爲白巫術，是民間巫術的主流，它滲透於生產、生活的各個方面。一般而言，白巫術都是施之於自己或本氏族本村寨的，其用意在於解除自己所遇到的災難與威脅。與此相反，意在把災難和疾病降臨敵人身上的巫術，就是黑巫術。依據施用巫術的方式方法，巫術又分爲行爲巫術、言語巫術、認識巫術。依照巫術作用生活領域的不同，巫術又分爲生產巫術、生育巫術、飲食巫術、居住巫術、出行巫術、征戰巫術、結盟巫術或結親巫術。至於民間常見的巫術，主要爲祈求巫術、招魂巫術、詛咒巫術、驅鬼巫術、施蠱巫術、避邪巫術、預兆巫術、神判巫術等方面。

原書分析禁忌的性質時指出，禁忌有宗教的和世俗的分別，所謂政治性或義理性的禁忌，屬於世俗禁忌，雖然它具有極大的威嚴，但它不屬於宗教禁忌，因而不屬於民間信仰探討的範圍。宗教禁忌屬於宗教行爲的範疇，它和巫術有密切的關聯，因而有人把禁忌作爲巫術的一部分。作者認爲禁忌是有別於巫術的另一種宗教行爲。在表現形式上，巫術是積極的，進取性的，禁忌則

是消極的，防範性的；在目的上，巫術是爲了達到某種有利於己的目的，禁忌則是爲了避免某種有害於己的結果發生。人們在同異己的神靈世界打交道時，對自己的言行做出嚴格的限制和禁忌規定，此即所謂宗教禁忌。巫術與禁忌都屬於宗教行爲，它們的出現頻率和強度，往往與事件的特殊性成正比，而與人們對生活的把握能力成反比。民間的巫術與禁忌之所以能夠存在，除了社會原因、歷史原因以及他們本人宗教信仰之外，更重要的是在於人們相信巫術和禁忌有用。原書認爲巫術與禁忌的文化意義，具有相對性，而且都產生於原始的氏族社會，可以滿足處於這一階段的人們的精神需求與社會需求，以維護氏族社會的生存和發展。因此，巫術與禁忌是起到積極作用的文化因素，但就文化主流而言，近現代中國民間文化的基礎已不是氏族社會，巫術與禁忌已不再是社會調適的主要手段，而是民間生產、生活調適的輔助手段。

原書對臺灣泰雅族、布農族的黑巫術活動，舉例說明，內容頗爲詳盡。海峽兩岸現藏清代檔案，含有頗多臺灣民間信仰活動的直接史料，值得重視。乾隆年間，臺灣林爽文、莊大田起事以後，原住民巫師在天地會陣營裡扮演了相當重要的角色，其中女巫師金娘被稱爲仙姑，罔仔被稱爲仙媽，都是鳳山縣上淡水社原住民婦女。北京中國第一歷史檔案館藏有金娘等人的供詞，節錄一段內容如下：

> 小婦人名叫金娘，年四十歲，是鳳山縣上淡水社番。父母已故，並無兄弟，曾招內地人洪標爲夫，三年就死了，並無子女。小婦人年三十二歲那年患病，曾從番婦賓那學畫符醫治，後來就替人畫符醫病。這幾本請神治病的經，又是鳳山人林乞寫的，傳給小婦人，林乞已死過三、四年

了。這莊大田自稱大元帥，是林爽文夥黨，共有一百多枝旗，賊夥有萬餘人，亦有脅從的在內。小婦人向不熟識，是今年正月間，請小婦人在打狗港祭神，又醫好他們同夥的病，就請小婦人做女軍師，假說會請神保佑眾人不著槍炮。到三月初，莊大田兒子莊天位【畏】，要攻鳳山，小婦人假說鄭王即鄭成功顯神助戰的話，莊大田叫畫符哄騙眾人，稱做仙姑。三月初八日攻破鳳山，小婦人同去念咒，眾人就信果有法術。及莊大田每次來攻府城，小婦人帶一把劍在山頭念咒打鼓，假說神人保佑，不受槍炮。其實槍炮打中的甚多，小婦人只說是他命裡該當，眾人就不疑了⑮。

　　女巫師金娘曾拜原住民女巫師賓那為師，學習畫符治病，曾經醫治天地會戰士的疾病。會黨成員相信金娘法術高強，能作法請神，保佑眾人刀鎗不入，延平郡王鄭成功也顯靈助戰，對衝鋒陷陣的會黨成員，產生了激勵的作用。對天地會而言，金娘所施行的巫術，可以稱之為白巫術。在臺灣早期移墾社會裡，不僅原住民藉作向等黑巫術害人，就是在漢族社會裡也常因利害的衝突，江湖術士多藉畫符念咒害人生病，或致人於死。臺北國立故宮博物院典藏《月摺檔》中含有臺灣術士畫符害人的原始資料，掌江南道監察御史謝謙亨等人於〈風聞臺灣淡水縣邪匪為害請飭嚴拏以遏亂萌事〉一摺有一段描述如下：

　　臣聞臺北府淡水縣十餘年前已獲正法之邪匪陳烏開館授徒，能以符咒殺人，烏雖伏誅，餘黨復熾。其術用食指畫符於水，或用符燒灰，拌入食物，與人飲食，其病立至。曰釘心符，使人心痛如刀刺；曰鎖喉符，使人食不下咽；曰火符，使人身熱如火燒。催以咒，則其死較易，死後身

上均有紅色符紋，被害者不可勝數⑯。

由引文內容可以說明清朝末年臺灣畫符念咒的巫術活動，仍相當盛行，對中國民間信仰的研究，提供了珍貴的原始資料，就深化研究民間信仰而言，發掘原始資料，仍是不可或缺的學術工作。

民間信仰與傳統文化的關係，在歷史的進程中是相互作用的。原書第五章〈民間信仰與傳統文化〉指出，中國民間信仰不僅按照宗教的邏輯形成自己的宗教內容和特徵，而且還由於它必然地受到中國傳統文化的制約，形成自己的文化特徵和作用。作者首先探討中國民間信仰的基本趨勢，任何宗教信仰，都有一種內在的張力，這種張力實際上是背道而馳的兩種取向：一種取向稱爲「神學化」的，另一種取向稱爲「世俗化」的。作者認爲中國民間信仰的發展水平極不平衡，其歷史結局也不一致，比如珞巴族等民族，其民間信仰延至近代依然處於原始信仰的階段，其精靈觀念並未人格化。在這種類型的民間信仰中，宗教的內在張力也相應地處於混沌狀態裡。比如彝族等民族，其民間信仰正處在神靈觀念人格化與宗教信仰經典化的進程中，其信仰由於具有內在的張力而保持其生命力，是屬於過渡型的宗教實體。比如全民信奉伊斯蘭教的穆斯林，其民間信仰的發展進程，被一種全新的宗教體系沖斷了，其原有的宗教信仰，在民間只有微少的遺跡，有的甚至完全淹沒在民俗之中。至於漢族中民間信仰的發展，始終受到兩方的衝擊：一方面是各大宗教對它的衝擊和滲透：一方面是傳統文化對它的滲透和改造。由於得不到「神學化」的昇華，而在單向度的「世俗化」中變得越來越庸俗化和沒落。從總體上看，中國民間信仰雖然在一定程度上得到的傳統文化的滋養，甚或階段性地得到傳統文化的推動，但其總的趨勢，

是日漸走向衰落。

　　原書指出民間信仰與傳統文化的關係，不僅是一種歷時性的關係，而且還是一種共時性的關係。在這種共時性的關係中，民間信仰與傳統文化的各個方面相互作用。作者指出傳統文化與傳統信仰一樣是分爲上下兩個層次的，上層文化是傳統社會的主導文化，其文化骨幹是士大夫階層，而下層文化亦即民間文化，構成傳統社會的文化潛流，爲廣大的下層民衆所執著。在傳統文化中，民間信仰與民間文化的關係較爲密切。民間信仰與上層文化之間，雖然並沒有一道不可踰越的鴻溝，但是民間信仰與上層文化之間，畢竟有所區別和隔膜，與此相對照，民間信仰與民間文化則有如水乳，交融在一起，一方面民間信仰無論在形式上還是在內容上都影響了民間文化的各個方面，而民間文化也在各個方面反作用於民間信仰，逐漸以世俗化的內涵取代或沖淡宗教信仰的意蘊。原書從縱橫兩個面向考察中國民間信仰與傳統文化的關係，同時也注意到民間信仰的負面價值。作者指出民間信仰中諸多宗教觀念與宗教行爲的產生和演變，雖然有其社會歷史的條件及自身內部的根據，但這種條件和根據，只能說明它的生存於民間的必然性，卻不能說明它們的合理性，中國民間信仰各具有它的落後性質，落後於社會發展的腳步，民間信仰的許多成分，日益和社會進步的趨勢背道而馳，終於使民間信仰成爲社會文化演進中的逆流。作者的說法是符合歷史事實的。

　　原書指出，我們切不可因爲民間信仰曾經有過一定的社會進步作用，比如凝聚社會群體，緩解心理衝突，增強自信心等就加以全面的肯定；同樣地也不應因民間信仰具有種種消極因素，就以絕對的態度否定它，作者的態度是客觀的。原書印刷精美，校對細心，錯別字罕見。原書第二三〇頁謂「全民信奉伊期蘭教的

民族」云云，句中「期」，當作「斯」。但瑕不掩瑜，原書學術
水平頗高，值得肯定。誠如作者自述，中國民間信仰這一題目本
身，以及在這一大題目之下的每一個範疇，都不是三言兩語所能
解析透澈的。因此，倘若想要克服原書的局限性，一方面可以進
行斷代研究，縮小研究範圍，比如作清代民間信仰研究，或清代
臺灣民間信仰研究；一方面則須注意發掘檔案資料及田野調查等
直接史料，使論證更具說服力。總之，本書是可讀性很高的一本
佳作。

【註　釋】

① 金澤著《中國民間信仰》（杭州，浙江教育出版社，一九九五年三
　　月），頁18。

② 亞布洛柯夫著，王孝雲等譯，《宗教社會學》（成都，四川人民出
　　版社，一九八九年六月），頁176。

③ 《清太宗實錄稿本》，卷一四，轉引自姜相順、佟悅編著：《盛京
　　故宮》（北京，紫禁城出版社，一九八七年七月），頁273。

④ 《清太宗文皇帝實錄》，初纂本（臺北，國立故宮博物院），卷三
　　九，頁58。崇德七年十月二十九日，記事。

⑤ 金澤著《中國民間信仰》，頁15。

⑥ 金澤著《中國民間信仰》，頁16。

⑦ 金澤著《中國民間信仰》，頁101。

⑧ 金澤著《中國民間信仰》，頁82。

⑨ 《宮中檔雍正朝奏摺》，第三十二輯（臺北，國立故宮博物院，民
　　國六十九年六月），頁61。

⑩ 《宮中檔雍正朝奏摺》，第二十五輯（民國六十八年十一月），頁
　　456。

⑪　金澤著《中國民間信仰》，頁 109。

⑫　金澤著《中國民間信仰》，頁 110。

⑬　莊吉發校注：《謝遂職貢圖滿文圖說校注》（臺北，國立故宮博物院，民國七十八年六月），頁 633。

⑭　王秋桂主編：《貴州省德江縣穩坪鄉黃土寸土家族衝壽儺調查報告》（臺北，財團法人施合鄭民俗文化基金會，一九九四年五月），頁 152。

⑮　《天地會》（北京，中國人民大學出版社，一九八三年三月），（二），頁 257。乾隆五十二年五月十四日，金娘供詞筆錄。

⑯　《清宮月摺檔臺灣史料》（臺北，國立故宮博物院，民國八十四年八月），（四），頁 3463。光緒九年八月初三日，掌江南道監察御史謝謙亨奏摺鈔件。

會黨洪字書信圖記
嘉慶十六年五月初七日
廣西巡撫成林呈

評介赫治清著《天地會起源研究》

書名：天地會起源研究。作者：赫治清。出版地點：北京，社會科學文獻出版社。出版時間：一九九六年二月。字數：約二十五萬字。

　　赫治清，北京中國社會科學院歷史研究所研究員，兼中國會黨史研究會副會長。赫治清從七十年代開始涉足天地會研究領域，當時是從拜讀蔡少卿著作起步的。與赫治清同事三十多年的何齡修在序文中指出赫治清研究天地會歷經十七、八年之久。《天地會起源研究》一書，就是赫治清經過多年潛研撰成的代表作。全書共五章，約二十五萬字，於一九九六年二月，由北京社會科學文獻出版社出版，並獲北京中國社會科學院出版基金資助。

　　原書第一章概述，共三節，分別敘述天地會的歷史懸案、天地會起源問題研究的歷史回顧，以及海峽兩岸對天地會起源問題的探索成果。作者指出，自從清政府發現天地會名目以來，特別是在鎮壓林爽文起事之中和以後，曾費盡心機對天地會根源進行了清查，並多次提及有關天地會起立時間、地點、人物。但是，隨著對天地會組織的不斷偵破，查獲有關祕密文件，清政府對天地會認識逐漸加深，一次又一次地否定了先前的種種說法。直到太平天國革命爆發前夕，天地會起源問題，在清朝官方那裡仍然是個尚無定論的懸案。作者分析天地會起源問題之所以長期不能解決，成為一樁歷史懸案，固然有一個研究者掌握史料是否詳

細，研究方法是否得當的問題，同時也有一個來自客觀方面的複
雜問題。那就是天地會自身關於創會緣起的說法撲朔迷離，西魯
故事的傳說，充滿神祕色彩，故事中涉及的人物、地點，令人難
以捉摸。天地會起源研究前百年的歷史是由西方人率先起步的，
自從一八二六年英國人米因（Dr. Milne）首先發表〈一個名為三
合會的中國祕密結社〉一文以來，天地會研究，迄今已有一百五
十年以上的歷史，中國人最早撰文論述的，是歐榘甲、陶成章等
人。他們對天地會起源問題的研究，雖然並不深入，但是，他們
畢竟開創了中國人研究天地會起源問題的先河。天地會及其起源
問題，作為一個學術研究課題，並為人們所重視，則是二十世紀
三十年代的事情。三十年以來，一系列天地會祕密文件的發掘、
整理出版，為天地會起源研究，創造了必要條件。三、四十年
代，在天地會起源研究方面，初開學術研究風氣，並作出突出成
績的，首推老一輩的羅爾綱、蕭一山等人。作者回顧三、四十年
代的天地會起源研究歷史後指出，除完整意義上的乾隆說外，有
關起源問題的說法，大都登台亮相了，天地會起源問題的研究，
也比過去深入了。一九四九年十月以後，中國大陸地區從事會黨
史研究者，都力圖運用歷史唯物主義與辯證唯物主義觀點、方法
去研究天地會及其起源問題，推動大陸學者思考新的問題。一九
六六年文化大革命開始後，天地會研究同其他學術研究一樣，被
迫中斷。一九七六年，十年動亂結束後，天地會及其起源研究，
進入了一個蓬勃發展的新時期。作者指出、近十多年來，中國天
地會起源研究之所以取得突出成績，是同打破昔日封閉狀態，積
極開展對外，對臺學術交流分不開的。七、八十年代以來，相當
一部分外國和臺灣的學者把包括天地會在內的中國祕密社會問題
當作研究重點，其研究方法，開拓了中國大陸學者的視野，其具

體研究成果，或者直接幫助了大陸學者，或者提供了可資參考的史料，從另外角度啓發大陸學者去探索新問題。作者將天地會起源問題研究的歷史回顧以及四、五十年來海峽兩岸有關天地會起源問題的研究情況，進行翔實扼要的概述，有助於了解百年來中外學者對天地會起源問題的研究成果及各家說法的得失。可惜，原書未作附錄，詳列所見論著目錄或索引。

　　長期以來，天地會內部一直流傳著各種不同形式的祕密文件，內載起會根由、誓詞、盟單、詩句、對聯、口白、問答、隱語、暗號、腰憑、圖像等，總稱會簿或祕書。原書第二章史料與研究方法，共分五節，分別對會簿、檔案文獻、調查資料作了扼要的敘述，並對方法論進行檢討，作者指出現存各種形式的會簿，其來源大致分爲三個方面：一是清朝政府在鎮壓天地會過程中搜繳而未銷燬的倖存檔案本；二是中國民間收藏本；三是流傳到國外的域外本。乾、嘉以來，天地會大量活動實踐表明，會簿是用以教育團結會衆，維繫組織紀律，便於彼此之間聯絡記認和發展組織用的。各地會首凡持有的會簿、腰憑等物，均可自行傳徒，糾人結拜，發展組織，在這個過程中，會簿和其他秘笈，互相傳抄，輾轉流傳。一般人通常說的會簿，至少包括敘述起會根由的「西魯故事」傳說和詩句、問答等內容的祕密文件，其中貴縣修志局本、守先閣本、不列顚博物館藏本，是乾、嘉時期流傳的祕笈，但是，西魯故事並非乾隆末年、嘉慶初年才開始慢慢形成的，天地會的會簿及其西魯故事，早在康熙後期已經產生。後來，經過雍正、乾隆、嘉慶、道光上百年的輾轉流傳，形成了各種不同的抄本，內容既有增添，也有流失，乃至殘缺不全。作者認爲會簿是天地會自己編製的祕密文件，是研究天地會歷史的第一手資料，是揭開天地會起源奧祕的一把鑰匙。作者指出現存天

地會檔案，主要分藏於北京中國第一歷史檔案館和臺北故宮博物
院等地。爲了推動清代農民戰爭史的研究，從一九七八年開始，
中國第一歷史檔案館和中國人民大學清史研究所合作，編印天地
會史料，書名題爲《天地會》，共七册。一九八九年，廣西人民
出版社出版《廣西會黨資料匯編》，收錄了嘉慶、道光、同治、
光緒等朝有關廣西天地會檔案。大致而言，天地會檔案資料，主
要包括兩大部分：一部分是清朝政府鎮壓或審擬天地會案件中形
成的官方文書；一部分是清朝政府搜繳的天地會祕密文件和會員
供詞。後者無疑是天地會最原始的第一手材料，前者和一般圖書
文獻相比，也具有相對的原始性、客觀性。因爲它不是爲了傳播
知識而專門寫給人們看的，而是在鎮壓天地會活動和審問人犯過
程中自然產生的，對於研究天地會及其起源而言，當然是屬於第
一手史料，更能直接、系統地反映出歷史事件的原貌，具有高度
的史料價值。因此，天地會檔案就是研究天地會及其起源最重
要、最可靠的直接史料，具有很高的史料價值。作者指出，把洪
門會黨及其起源研究，從以會內傳說爲主，轉到以檔案文獻史實
爲基礎的軌道上來，我們的研究才眞正成爲科學。原書同時指
出，官修實錄、紀略、律例、會典事例、清人文集、筆記、雜著
及方志等，都是研究天地會起源的重要文獻，不可漠視。八十年
代後期，福建漳州地區研究工作人員開始把對天地會遺跡的考察
引入起源研究。他們通過對天地會故鄉的實地調查研究，不僅對
會簿、檔案、文獻資料關於起源問題的記載增加了感性認識，而
且新發現了大量的碑刻等實物資料。作者進一步指出，天地會起
源問題，衆說紛紜，長期不能取得共識，這同研究方法有直接關
係，它旣涉及對天地會這一客觀事物的基本特徵、起源內涵的認
識和定位，同時又涉及如何分析鑒別各種史料，正確地加以運用

等研究方法的問題。作者認爲天地會起源這一概念是有特定內涵的，包括天地會創立的時間、地點、人物、宗旨、背景及其社會歷史根源、組織根源、思想根源等八大歷史要素，只有對各個歷史要素進行具體、深入、全面的研究，才能很好地說明天地會爲什麼是某一特定歷史條件的產物。羅爾綱在序文中已指出原書專闢《方法論檢討》一節，對天地會的基本特徵、起源的內涵、史料的分析鑒別與運用，多科學綜合研究，發表了極好的意見，很是新穎，實屬經驗之談。何齡修在序文中也指出，尤爲可貴的是，原書寫了研究天地會的《方法論檢討》專節，探討天地會研究方法的特點。其次，本節寫了史料的分析鑒別與運用，不乏精闢的論斷，認爲檔案確實具有相對原始性、客觀性、群體性的優勢，是研究天地會歷史的第一手史料。原書重視檔案資料，是一種客觀的態度。但是將清朝政府搜繳的會簿，也視同研究天地會歷史的第一手史料，則是對第一手史料含義的誤解，原書指出，研究天地會起源問題，不僅僅要正確運用一般歷史學的研究方法，還要借助於社會學、倫理學、民俗學、宗教學、語言學、地名學等等知識，從多重角度，全方位開展多學科綜合研究。誠然，多學科綜合研究，是一種科際整合的工作，其重要性不容置疑。但是，社會學、倫理學等相關學科究竟有那些理論及方法可以用來解釋天地會起源問題？作者並未具體說明。

原書第三章天地會創立時間，共分四節，首先反駁乾隆說及明代說，其次探討禁止歃血結盟條款的演變，然後論證天地會創立於康熙甲寅年。乾隆末年，廣東查辦天地會案件，拿獲饒平縣天地會成員許阿協等人，兩廣總督孫士毅親自參加審訊。在許阿協的供詞裡含有「木立斗世知天下」等隱語。作者認爲木立斗世都是指清朝皇帝在位年數，預言清朝經過順治十八年、康熙六十

一年、雍正十三年之後，到乾隆三十二年就要滅亡。「世」字不是暗藏天地會起於乾隆三十二年，天地會早在乾隆三十二年以前就已經存在。嘉慶初年，福建巡撫汪志伊關於天地會起於乾二十六年（1761）的說法，是來自乾隆五十四年（1789）四月十六日閩浙總督伍拉納、福建巡撫徐嗣曾《審明會匪陳彪等切實根由定擬》一摺，他重複伍拉納等人的說法，並非他在福建任職期間查到新的證據。其奏摺關於天地會創始年代的說法，既存在局限性，就無從反映事實的全部眞相。因此，乾隆二十六年（1761）不是天地會起源的上限年代。作者認爲乾隆中期，甚至包括雍正年間，大量結會樹黨活動表明早在乾隆二十六年（1761）以前，天地會已經出現很久了。嘉、道時期，一方面是天地會的蓬勃發展時期；另一方面，清朝政府在各地不斷地大量偵破天地會的活動，因而在清朝官書檔案中保存了許多有關天地會歷史的材料。這情況很容易給人造成這樣的錯覺，似乎天地會的大量活動，開始於嘉慶年間，天地會的祕密文件也是這時才出現的，自然天地會的創立不會離嘉、道很遠。八十年代以來，天地會起源乾隆說之所以有相當的市場，從某種意義上講，同嘉、道時期天地會本身的蓬勃發展，異常活躍及清朝政府在此之前極少偵破形成的巨大反差不無關係。作者認爲，如果因爲天地會在嘉、道時期的異常活躍而誤爲晚出，那完全是一種歷史的錯覺，天地會起源於乾隆年間的說法，就是一種歷史錯覺的產物，天地會的起源時間，可以向前追溯。作者指出，認眞清理嘉道時期天地會組織及其廣泛流傳的各種會內祕密文件的來龍去脈，努力挖掘乾隆二十六年（1761）以前有關歃血盟誓、焚表結拜弟兄事件和結會樹黨的材料，不難發現天地會源遠流長。明神宗萬曆七年（1579），《明神宗實錄》記載王鐸創立天地三陽會。作者認爲天地三陽會的組

織形式，和天地會並不相同，是屬於祕密宗教結社，天地會不是
起源於紅陽教，天地三陽會的活動，不能作爲天地會產生於明代
的證據。萬曆十年（1582），在江蘇捕獲的甘露寺僧汪元洪等人
所組織的票黨，也不具備天地會的特徵，票黨不是天地會，天地
會起源於明代的說法，不符合天地會「反清復明」的創立宗旨。
因此，天地會起源於明代的說法，並不足採信。洪門傳說中，把
天地會祕笈稱作「海底」，它是道光朝以後的傳說，明代成化十
年（1474）存在的《海底金經》，就不可能是天地會的會簿。會
簿是一種充滿反清復明內容的祕密文件，它不可能產生於明代，
它是白蓮教分支傳播的經卷，把民間祕密教門的經卷視爲天地會
的會簿，進而證明天地會產生於明代，這是不能成立的。作者從
清廷禁止歃血結盟條款的制訂及其演變來論證天地會的起源。作
者指出，歃血盟誓、焚表結拜弟兄，是天地會的結會基本形式，
清朝刑律禁止歃血盟誓、焚表結拜兄弟和復興天地會的有關規
定，就是清代社會現實鬥爭的集中反映。作者認爲《大明律》並
無禁止異姓結拜弟兄活動的條文，順治四年（1647）《大清律集
解附例》，尚無禁止歃血結盟條款。到了順治十八年（1661），
進一步規定，「凡歃血盟誓焚表結拜弟兄者，著即正法。」康熙
年間，多次增修律例。康熙八年(1669)，刑部新頒律例，把上述
規定，作爲賭博的附錄，列在「雜犯」類中。康熙十年
（1671），清朝刑律關於歃血結盟的規定，在性質上發生了根本
變化，這就是它從「雜犯」罪變成了「謀叛罪」。作者認爲羅爾
綱從康熙年間現行律例中嚴禁歃血結盟條款作爲天地會起源於康
熙年間的證據，其思路是正確的。因爲歃血盟誓焚表結拜弟兄是
天地會最基本的組織形式，康熙年間清朝現行律例又把歃血盟誓
焚表結拜弟兄同一般異姓結拜嚴格區別開來，認定它屬於政治上

的「謀叛」，這難道不能說明問題同天地會起源有關係嗎？乾隆
五十七年（1792）以前相當長的時間裡，大清律中有關禁止歃血
結盟的條文是針對天地會的，從清初到乾、嘉年間大清律有關歃
血結盟條款的規定及其演變可以看出，天地會和歃血訂盟焚表結
拜弟兄的政治活動是一脈相承的。由於天地會活動極其祕密，它
又以歃血盟誓焚表結拜弟兄作為結會儀式，而清朝政府很長時間
並沒有發現它的名目，因而往往把它和歃血結盟活動看成一回
事。即使林爽文天地會大規模起事之後，大清律已經載有嚴懲天
地會條款，清朝政府在處理許多天地會案件中，仍然援引律例中
「凡異姓人歃血訂盟焚表結拜弟兄」之類有關「謀叛」條款或
「閩省民人結會樹黨，陰作記認」的規定，量刑定罪，既然如
此，我們就有可能在清代刑有關歃血結盟條款的演變過程中找到
天地會起源時間的線索。作者認為康熙十年（1671）清朝刑律的
這一重大變化，具有特殊意義，它表明康熙十年（1671）前夕，
以反清復明為目的歃血結盟活動有了迅速發展，清朝政府也已經
多次查獲了這類案件，從而引起它對此種祕密結社活動的嚴重注
意和關切，並企圖借助法律的威力和暴力手段來消滅其存在。由
此不難看出，以反清復明為宗旨，以歃血訂盟焚表結拜弟兄為結
會基本形式的祕密組織即天地會的正式成立，當在距離康熙十年
（1671）之後不久。作者指出，天地會本身的祕密文件，如姚大
羔會簿、貴縣修志局會簿、廣西田林本會簿等等都記載天地會創
立於清初康熙十三年甲寅（1671）。作者經過論證後指出，誠
然，西魯故事並非信史，對它應取慎重的分析態度。可是，問題
在於，天地會創於康熙甲寅年，並不僅僅出自西魯傳說，會簿中
的有關詩詞、祭文，以及清政府在乾、嘉時期起獲的其他天地會
文件都如此記載，而對這些事實，我們不能不認真看待，沒有理

由斷然拒絕天地會關於自己歷史的這一傳統看法。如果把會書的記載，同天地會創立宗旨「反清復明」顯示的時代，把清政府的相應對策及其將歃血訂盟焚表結拜弟兄列爲「謀叛」之罪的律例條文顯示的時代，把天地會創始人的實際生存空間和時間，天地會初期的活動實踐等問題加以結合起來綜合考察，天地會創立於康熙十三年（1674），是可信的，並非是一種於史無徵的虛構傳說。康熙十九年（1680）七月至十一月間，福建總督姚啓聖發布三件嚴禁歃血盟誓結拜弟兄的告示，即：《禁絕社黨》、《申禁結盟》、《訪禁結盟》，作者認爲姚啓聖禁止社黨結盟文告，不僅證明康熙年間存在天地會，而且這些社黨活動時間，又同會簿所記創會時間十分接近。因此，同時是天地會創立於康熙甲寅說的一個有力佐證，作者經過反覆思考後，「最終認定朱一貴起義，確爲天地會起義」。關於天地會的創立時間，是探討天地會起源時最受矚目的問題，作者論證天地會創立於康熙十三年（1674）的直接證據，主要是天地會內部流傳的會簿及其附件如詩詞、祭文等。西魯故事既非信史，會簿附件，亦不足爲憑。大清律例的修訂及姚啓聖所發告示，俱不足證實康熙十三年（1674）已經存在天地會。從朱一貴起事的核心人物採取歃血結盟焚表結拜組織形式，起事時用朱明後裔相號召等等，仍不足支持朱一貴起事就是「天地會起義」的臆測。

原書第四章探討天地會的誕生地與創始人。天地會的起源地點，最主要的是四川說、臺灣說、廣東惠州說和福建漳州說。天地會起源於四川之說，曾見諸檔案記載，嚴煙供詞有天地會「傳自川內」等語。作者認爲嚴煙或有意掩蓋天地會起源閩南的眞相，故意說成傳自川省，或受到馬朝柱起事後製造的所謂幼主朱洪竹同李開花俱在四川峨嵋山的輿論誤導影響，因此，作者認爲

無論從那方面說，天地會並不起源於四川。作者也不同意天地會
起源於臺灣的說法，無論清朝文書檔案、官書，還是清人文集、
雜著、方志，都沒有天地會起源於臺灣的記載。即使敘說天地會
緣起的會內祕密文件西魯故事等也不曾涉及臺灣一字，把臺灣說
成天地會的誕生地，是明顯的錯位。提喜的嫡傳弟子張破臉狗是
一位很懂得嚴守祕密的天地會骨幹分子，他的供詞，大部分都是
設下的陷阱，天地會起自廣東惠州的說法，是受張破臉狗供詞的
誤傳。作者指出乾隆五十一年（1786）之後，清政府集中追查天
地會根源顯示，福建漳州地區是天地會的淵藪。清朝官書、檔案
多次提到的天地會結盟創會地點就是在福建雲霄境內的高溪地方
高溪寺。嘉慶初年，廣東博羅等地添弟會起事後，軍機大臣遵旨
詢問原任廣東臬司吳俊，據稱，添弟會起於福建漳州平和縣毗鄰
雲霄等地。天地會祕笈和西魯故事涉及的長林寺、寶珠寺等地
名，都在漳州地區，尤其集中在漳浦雲霄等地，天地會祕密文
件，一致記載首次結盟地點為高溪廟或靈王廟。從會簿保留大量
特有的方言顯示，天地會原始祕笈產生於閩南雲霄、平和、詔安
毗鄰地區，基於以上理由，作者認為天地會起於福建漳州地區，
具體的誕生地，是清初漳浦縣雲霄鎮高溪鄉高溪廟，即今福建省
雲霄縣東廈鎮高溪廟。作者對天地會的創會人物，也進行論證。
作者指出僧人提喜，又名涂喜，萬和尚，俗名鄭開，福建漳浦縣
雲霄鎮高塘村人，生於康熙末年，卒於乾隆四十四年（1779）。
提喜因乳名洪，排行第二，故多稱為洪二和尚。作者認為萬提喜
是乾隆年間天地會的著名領袖，為推動天地會的發展和廣泛傳
播，作出了重要貢獻。但是，萬提喜不是天地會的創始人，洪二
和尚與洪二房和尚，不是一回事。嚴煙供詞中關於天地會由所謂
洪二房和尚和朱姓同起的說法，顯然指的是西魯故事中結盟創會

內容，洪二房和尚就是與萬雲龍大哥在高溪廟結爲洪家，創立天地會的五房祖之一，將洪二和尚與洪二房和尚嚴格加以區別，對正確判定天地會的眞正創始人，有其重要意義。作者進一步指出各種會簿及其抄本所記載的天地會始祖萬雲龍大哥既是長林寺開山僧達宗公和尚，那麼我們就完全有理由沿著這個線索，通過發掘可靠史料，排比分析，去尋找萬雲龍的社會生活原型，找到天地會始祖的正確答案。作者對照《臺灣外記》後指出天地會祕笈記載的萬雲龍大哥即長林寺開山僧達宗和尚，也就是盧若騰《贈達宗上人》詩序中所說的原住長林寺的萬禮之弟，且爲「以萬爲姓」集團成員，也就是《臺灣外記》中所記載的長林寺僧萬五道宗，作者認爲萬五道宗和尚就是天地會始祖萬雲龍大哥的原型。換言之，天地會的眞正創始人不是萬提喜，而是他的祖師長林寺開山住持僧萬五和尚道宗即達宗。萬五道宗一直是「以萬爲姓」集團中能帳中籌劃，決勝於千里之外的神機妙算的軍師。萬禮、郭義、蔡祿等加入鄭成功抗清集團後，每戰克捷，屢立戰功，顯然同萬五道宗有極大的關係。作者認爲綜合盧若騰之詩後，有理由相信在永曆五、六年後的十年時間裡，萬五道宗實際上是鄭成功抗清集團的方外軍師。臺灣的祕密會黨是閩粵內地會黨的派生現象，天地會起於臺灣的說法確實不足探信。乾隆年間，福建漳州地區，天地會活動頻繁，但因此而推論康熙年間漳州地區已創立天地會的說法，缺乏說服力。作者雖然證明道宗就是達宗，但仍難支持達宗創立天地會的論證。嘉慶十六年（1811），廣西巡撫成林查辦東蘭州天地會成員姚大羔糾夥拜會一案所搜獲的會簿，咨送軍機處後，未被銷燬。會簿中所述師尊萬提起，法號雲龍等語①，就是乾隆年間倡立天地會的洪二和尚萬提喜，廣東客家語「起」、「喜」同音②，萬雲龍大哥當指萬提喜洪二和尚。

原書證明洪二和尚與洪二房和尚不是同一人，但作者並不能證明會簿中的師尊萬提起不是洪二和尚萬提喜。

原書第五章共分四節，分別探討天地會的創立宗旨、清初社會的主要矛盾與政治風雲、清初閩南人民的悲慘命運，以及天地會的歷史淵源。作者指出敘述天地會創會緣起的西魯故事，無論那一種抄本，都提到少林寺劫餘五僧拾得「反清復明」白錠香爐，然後在高溪廟結盟興會，離開「反清復明」就無所謂西魯故事可言。「反清復明」是天地會的創立宗旨，在天地會文件中的詩詞、聯句、口白問答、結盟誓詞、請神祝文等，都表明「反清復明」是天地會的創立宗旨，天地會是為著特定的政治目的而成立的，不同意天地會在創立之初互濟互助，不帶政治色彩的說法。作者認為天地會不是一般的非政治性的互助團體，而是一個具有強烈反清的政治結社組織。作者認為十七世紀中葉，中國歷史上發生了「封建時代」最後一次王朝更迭。由於滿洲貴族統治者推行民族高壓政策，引起了社會的劇烈大動盪，以漢族為主體的全國廣大人民群眾掀起的風起雲湧的抗清鬥爭及其失敗，就是天地會產生的政治背景。滿洲用武力高壓手段，強迫漢族人民改變幾千年來形成的本民族的風俗習慣，嚴重地傷害了漢族的民族感情，使本來因圈地、投充、緝逃、屠城等一系列暴政而日趨尖銳的滿漢之間的民族矛盾急劇激化，迅速上升為國內社會的主要矛盾。一股強大的保衛民族生存權利和民族傳統文化的感情，便在廣大漢族各階層群眾中洶湧奔騰起來，進而引發了全國範圍內風起雲湧的抗清浪潮。作者指出，順治年間，在清朝統治區激盪的復明運動暗流，隨著南明永曆王朝的覆滅，全國大規模的公開武裝反清鬥爭，也隨之失敗了，那些抱亡國之痛的士大夫們，便寄希望於日後，暗傳反清復明宗旨，把民族大義寄託於民間祕密

結社。作者進一步指出，歷史上的福建，尤其是閩南漳州地區，自然環境惡劣，人民生計一向艱難。清初，當地人民深受清軍屠戮之害，官紳壓迫之苦。「遷界」又給沿海居民帶來了深重的災難。加之耿繼茂、耿精忠父子統治福建期間，橫徵暴斂，更使廣大人民處於水深火熱之中，正爲天地會的產生，提供了必要條件。天地會的產生，提供了必要條件。作者分析天地會的歷史淵源時指出，天地會作爲祕密結社，同中國歷史上的異姓結盟組織存在著歷史淵源關係。但它之所以起源於福建漳州地區，又同那裡的尚武傳統與械鬥習俗有歷史的關聯。以萬五道宗爲首的天地會創始人，自幼生長漳州，從小習武，個個都是武藝嫻熟的拳腳師，這自然爲有尚武傳統的漳州人民所景仰。他們爲了組織「反清復明起義」，發展黨徒，既以拳技相吸引，同時又十分注意吸收發展那些有尚武犧牲精神的人參加到本組織中來。顯然，天地會之所以起源於漳州地區，是同那裡的尚武傳統和械鬥習俗分不開的。作者同時指出，「我們在清理天地會的思想歷史淵源時，既要看到它大量吸收儒家思想，並以此來建立自己的思想體系及其道德倫理規範，同時又要充分看到它從佛教及白蓮教、明教等民間宗教，特別是道教中吸取了許多思想資料，從而構築自己別具一格的會黨文化。」③作者分析天地會產生的歷史背景時，過於強調「反清復明」的政治目的，誇大滿漢民族矛盾的尖銳化，尤其渲染清初的暴政及屠戮漢族，藉以突顯天地會起源的必然條件，並不客觀。

原書回顧了百餘年來中外研究中的爭論與分歧，介紹了天地會的基本史料和研究方法之後，著重探討了天地會創立的時間、地點、創始人物、宗旨、歷史背景及其淵源。同時，也對天地會的性質、組織形式等問題進行了研究，對天地會的隱語、暗號，

作了解釋，分別作了探討及論述。羅爾綱在序文中已指出原書的
特點：作者不依傍前人，善於獨立思考，自抒新見；原書史料翔
實，引證宏富；善於運用歷史唯物主義與階級觀點去分析問題，
從而使原書成為一部既有豐富材料，又是有理論分析的著作。從
這部著作可以看出，作者的嚴謹治學態度和實事求是的精神，是
值得讚揚的④。何齡修在序文中也指出，作者在研究天地會起源
的具體史實時，既簡明地闡述天地會史學史，分門別類地探討各
種史料的價值和局限性，深入分析，討論有關天地會起源的各種
歷史要素，因此指出原書是一本高屋建瓴地研究天地會歷史的專
著⑤。作者以數年時間，查閱中國第一歷史檔案館典藏天地會及
其他反清祕密社會檔案，細讀天地會文獻，廣泛蒐集清朝官書實
錄、紀略、律例，以及方志、文集、雜著中有關天地會材料，旁
徵博引，內容豐富，作者的勤於發掘資料，對檔案文獻的充分掌
握，都是值得肯定的。

　　原書開開宗明義指出，「天地會是中國歷史上著名的祕密結
社組織，中國近代祕密會黨的主榦。它有許多別名與分支，諸如
添弟會、三點會、三合會、小刀會、和義會、仁義會、仁義三仙
會、雙刀會、仁義雙刀會、百子會、父母會、江湖串子會、洪蓮
會、洪錢會、邊錢會、桃園會、關帝會、忠義會、平頭會、拜香
會、明燈會、保家會、八卦會、陽盤教等等，會內總稱洪門。」
⑥作者認為天地會具有歃血盟誓，焚表結拜弟兄，反清明的政治
性；祕密聯絡隱語暗號；崇尚江湖義氣，講究忠義等基本特徵，
凡是具有上述特徵，或者具備上述大多數特徵的祕密組織，就可
以把它視為天地會。「我們把握住上述特徵，就可以對乾隆五十
一年（1786 年）以前各種文獻記載的有關史實作出正確判斷，
而不僅僅拘泥於它是否暴露出了天地會會名。」⑦祕密會黨是下

層社會多元性的異姓結拜組織，各異姓結拜組織，或取其特徵，
或以其特殊記認，或就其所執器械，或因其性質，而倡立會名，
會黨林立，名目繁多，有的是獨自創生的，有的是輾轉衍化而來
的，有的是自稱，有的是他稱。檢查現存檔案，排比各會黨案件
的分佈，可以看出會黨案件的正式出現，是開始於雍正年間
（1723-1735），包括：鐵鞭會、父母會、桃園會、子龍會、一
錢會等。乾隆年間（1736-1795），會黨案件更加頻繁，包括：
關聖會、子龍小刀會、邊錢會、關帝會、父母會、北帝會、鐵尺
會，天地會、小刀會、添弟會、雷公會、牙籤會、遊會、鬮騙會
等。各會黨案件，主要分佈於閩粵地區，可以稱之爲閩粵系統的
祕密會黨。各會黨彼此模倣，相互影響，其中天地會是較晚出現
的一個會黨，林爽文起事以後，下層社會對天地會的名稱，耳熟
能詳，各會黨傳習天地會的隱語暗號，甚至於取天地會的同音字
爲會名。例如林爽文起事以前臺灣諸羅縣的添弟會，與彰化縣嚴
煙所傳天地會，性質不同，彼此各不相統屬，不可混爲一談。林
爽文起事以後，閩粵內地盛行的添弟會或鬮騙會，多爲天地會的
同音字，可以稱之爲天地會的別名，原書有一段敘述：「乾隆五
十年（1786 年）六月底、七月初，臺灣諸羅縣天地會首領楊光
勳，爲爭奪家產與其弟楊媽世反目，起意糾約七十五人結會樹
黨，他希望今後兄弟日添，爭鬥必勝，故取名『添弟會』。當時
天地會要目蔡福、葉省、張烈等人，都是添弟會的成員。」⑧很
顯然的，作者將諸羅縣的添弟會，與彰化縣的天地會，混爲一
談，有欠嚴謹。各會黨都應還他本來名稱，不當張冠李戴。作者
認爲只要具備天地會特徵，不必拘泥於是否出現天地會名稱，就
可以判斷它是天地會，將不同性質，不同名目的會黨，統稱之爲
天地會，既嫌籠統，更不客觀。

雍正、乾隆時期，祕密會黨最盛行的地區，主要在福建、廣東。乾隆後期，嘉慶年間，閩粵地區的祕密會黨，仍然方興未艾，同時隨著閩粵人口的向外流動，其鄰近省分結盟拜會的風氣，亦日趨盛行。大致而言，在太平天國起事以前，江西、廣西、雲南、貴州、湖南、四川等省的祕密會黨，主要就是閩粵會黨的派生現象，可以說是屬於閩粵系統或天地會系統的祕密會黨，哥老會起自四川，盛行於湖廣，一方面受到閩粵天地會系統各會黨的影響，一方面吸收嘓嚕的組織特色。同光時期，散兵游勇，紛紛加入哥老會，山堂林立，舉凡哥弟會、江湖會、在園會、洪江會等等，可以說是屬於川楚系統會黨，或哥老會系統的會黨、光緒後期至宣統年間，閩粵天地會系統與川楚哥老會系統的各種祕密會黨，互相影響，相激相盪，彼此合流。狹義的天地會指使用「天地會」字樣的本支而言，廣義的天地會，或指閩粵系統的各種會黨，或包括川楚哥老會系統的各種會黨，作者探討天地會起源問題，並未明指狹義的天地會，或廣義的天地會，忽略時空問題，焦點模糊。

天地會起源問題，絕非僅僅是一個年代問題，它直接涉及這一祕密會黨產生的時代背景、宗旨、性質諸方面的問題。原書分析天地會產生的歷史背景時，特別強調清初的暴政及民族矛盾的尖銳化。作者指出，清朝定鼎北京之後，滿洲貴族爲了要滿足其私利，不僅通過「圈地」赤裸裸地掠奪畿輔乃至魯、晉等地區漢族居民的土地等產業，而且，還通過強迫漢人投充旗下爲奴的「投充」手段，進一步奴役漢民，侵占耕地、房產。當時，華北廣大漢族居民，因爲土地被圈占，或被迫投充後成爲旗下奴僕，無法忍受其殘酷的民族壓迫，紛紛逃亡。清初統治者推行的暴政中，莫過於慘絕人寰的屠城和剃髮易服。原書描述稱：「清軍攻

下揚州後，屠城十天，百萬生靈，一直橫死，製造了駭人聽聞的揚州十日大慘案。嘉定三屠，人所共知。攻下廣州，湘潭等城市，也無一不是血腥屠城。」原書又說，「這種用武力高壓手段，強迫漢族人民改變幾千年來形成的本民族的風俗習慣，嚴重地傷害了漢族的民族感情，使本來因圈地、投充、緝逃、屠城等一系列暴政而日趨尖銳的滿漢之間的民族矛盾急劇激化，迅速上升爲國內社會的主要矛盾。一股強大的保衛民族生存權利和民族傳統文化的感情，便在廣大漢族各階層群衆中洶湧奔騰起來，進而引發了全國範圍內風起雲湧的抗清浪潮。」⑨清初圈地，擾民最甚，薙髮易服，使漢族不能認同滿族的統治。清廷雖致力於民族的調和工作，但滿漢畛域仍舊存在。這些都是不可否認的事實，然而作者所描述的清初暴攻，似乎言過其實。原書渲染滿漢民族矛盾的內容，是否足以引發漢族保衛民族生存權利和民族傳統文化的使命感，仍有待商榷。即使引發了全國範圍的抗清浪潮，仍不能說明它與天地會的起源有必然的聯繫。揚州慘遭清軍屠戮，何以天地會不起於揚州？會簿是天地會的祕密文件，對嘉定三屠或揚州十日，何以隻字不提？作者強調「反清復明」是天地會的創立宗旨，而不是互濟互助。作者指出，無論那一種西魯故事的抄本，都提到少林寺劫餘五僧拾得「反清復明」白錠香爐，然後在高溪廟結盟興會，離開「反清復明」，就無所謂西魯故事可言。貴縣修志局發現的天地會文件，把《反清復明根苗第一》作西魯故事的標題，最清楚不過地表明，「反清復明」是天地會的創立宗旨⑩。厄魯特蒙古在西，西魯或指厄魯特而言。天地會會簿中所謂少林寺僧征西魯的故事，是由後人虛構拼湊的傳說。廣西是太平軍發難的地點，祕密會黨極爲活躍。民國二十二年（1933），貴縣修志局局長躬訪邑中遺老，徵求天地會文獻，

終於發現抄本一帙。作者根據晚出的文獻推論天地會起會初期的宗旨就是「反清復明」，確實不足採信。有清一代，會黨名目繁多，其生態環境及結盟拜會的目的，彼此不同，各會黨的性質，不盡相同，有的是民間互助組織，有的是自衛組織，有的是械鬥組織，有的是竊盜集團。例如雍正年間臺灣諸羅縣查禁的父母會，道光年間貴州大定府查禁的老人會，在組織形態上都是異姓結拜團體，在性質上，則屬於地方性的民間互助團體，具有正面的社會功能。乾隆年間臺灣彰化縣境內查禁的各起小刀會，是屬於抵制營兵的地方性自衛組織。諸羅縣境內查禁的添弟會與雷公會，是爭奪家產的械鬥組織。道光年間臺灣淡水廳取締的兄弟會或同年會，是屬於閩粵分類械鬥組織。天地會的宗旨，並非始終如一，其性質亦非沒有變化。乾隆年間，結拜天地會的目的，主要是強調內部成員的互助問題。所謂「婚姻喪葬事情，可以資助錢財，與人打架，可以相幫出力」等語，都是自力救濟的表現，加入天地會後，可以享有片面的現實利益，「反清復明」並非天地會初創階段的宗旨。乾隆末年，林爽文起事以後，順天行道的政治意味，逐漸濃厚。至於廣西地區，群盜如毛，劫盜行為，司空見慣。清朝末年，廣西地區，結拜天地會的主要目的就是為了行劫打降，多成了竊盜集團。因此，以「反清復明」概括為天地會唯一的創立宗旨，是一種迷信。

歃血瀝酒，盟誓焚表，異姓結拜弟兄是祕密會黨的結會基本形式，在清代律例中既有禁止異姓結拜弟兄的條款，對於考察天地會的起源，顯然是很有意義的。作者指出，《大明律》並無禁止異姓結拜弟兄活動的條文，順治四年（1647），《大清律集解附例》尚無禁止歃血結盟條款，到了順治十八年（1661），進一步規定，「凡歃血盟誓焚表結拜弟兄者，著即正法。」康熙年

間，多次增修律例，康熙八年（1669），刑部新頒律例，把上述
規定作爲賭博的附錄，列在「雜犯」類中。康熙十年（1671），
清朝刑律關於歃血結盟的規定，在性質上發生了根本變化，這就
是它從「雜犯」罪變成了「謀叛罪」。作者指出，「歃血盟誓焚
表結拜弟兄，是天地會最基本的組織形式和特點，康熙年間清朝
現行律例又把歃血盟誓焚表結拜弟兄同一般異姓結拜嚴格區別開
來，認定它屬於政治上的『謀叛』，這難道不能說明問題？同天
地會起源沒有關係？」⑪原書又說，「謀叛，在《大清律》中屬
於『十惡不赦之罪』，僅次於『謀反大逆』，排列第二。儘管
『雜犯』的刑罰也很殘酷，同樣有死罪，但在性質上和『謀叛』
是有很本區別的。因此，康熙十年（1671）清朝刑律的這一重大
變化具有特殊意義。它表明，康熙十年前夕，以反清復明爲目的
歃血結盟活動有了迅速發展，清政府也已經多次查獲了這類案
件，從而引起它對此種祕密結社活動的嚴重注意和關切，並企圖
借助法律的威力和暴力手段來消滅其存在。由此不難看出，以反
清復明爲宗旨、以歃血訂盟焚表結拜弟兄爲結會基本形式的祕密
組織天地會的正式成立，當在距離康熙十年（1671 年）之後不
久。」⑫作者終於相信天地會祕密文件中天地會創於康熙十三年
甲寅（1674）的記錄是可信的。其實，清初以來雖然已有禁止異
姓結盟的條文，但也只能說明民間異姓結拜風氣的盛行。康熙年
間雖然針對異姓人結拜弟兄問題先後二次修訂律例，但是條文中
並未指明是針對天地會而修訂的，並不能證明天地會起源於康熙
年間。乾隆二十九年（1764），增訂結會樹黨治罪專條，是針對
福建地區各種會黨活動而修改的，並非專對天地會而修訂的。洪
二和尚萬提喜傳授天地會，是林爽文文起事以後天地會成員供出
來的。張標、謝志等人復興天地會一案查辦完結後，臺灣鎮總兵

官奎林、閩浙總督伍拉納先後奏報了臺灣復興天地會的活動。乾隆五十七年（1792），刑部議覆張標一案後，即針對臺灣復興林爽文天地會將律例作了重大的修訂，議定了典型的案例。其中最可注意的是在天地會的會名上冠以「復興」字樣，說明這條律例的修訂，與林爽文領導天地會起事有關。這是乾隆年間對取締異姓結拜及結會樹黨條款所作第三次重大的修訂，也是清廷首次將「天地會」字樣明確地寫入了《大清律例》。史學界曾有學者根據這條律例中「復興天地會名目」一語，以證明天地會由來的久遠，或者證明天地會在雍正十二年（1734）發生過重大的改組，並以此作爲天地會創立於康熙甲寅或雍正甲寅年的一個重要依據。但是，清廷重修律例時增加「復興天地會」字樣，目的是爲了進一步取締臺灣復興天地會的活動，而張標、謝志等人所要復興的天地會，既然是林爽文起事時的天地會，這就不能說明天地會由來的久遠，從而引申出天地會是創立於康熙年間，且於雍正年間進行復興改組。質言之，以清初禁止異姓結拜弟兄的律例，視爲證明天地會起源康熙年間的證據，是值得商榷的⑬。蔡少卿撰〈關於天地會的起源問題〉一文已指出，康熙甲寅說、雍正甲寅說，「或是完全沒有擺脫天地會的神話傳說的影響，或是根據片段的材料作出一些推測。」⑭根據天地會流傳的神話故事，以推論天地的起源時間，穿鑿附會，多屬臆測，不足採信。作者勤於蒐集資料，研究功力深厚，原書全面地系統地對清代前期的天地會進行廣泛的探討，原書的學術貢獻，仍是值得肯定。羅爾綱在原書序文中已指出「任何一種科學工作，在研究過程中，一定會有不少錯誤，有觀察不清楚或看不到的地方，有許多需要一再探索的問題。以天地會歷史之長，問題之多，是必須三番四覆不斷地進行探索的。」⑮誠然，天地會歷史，就是史學研究工作者

可以共同努力探索的一種科學工作。近數十年來，海峽兩岸學者從事祕密會黨史的研究，無論在資料的蒐集，方法的運用，理論的建立，都有突破性的進步，確實已引起中外學術界的重視。

【註　釋】

① 《天地會》，（一）（北京：中國人民大學出版社，一九八〇年十一月），頁 4。

② 莊吉發：《清代祕密會黨史研究》（臺北：文史哲出版社，民國八十三年十二月），頁 16。

③ 赫治清：《天地會起源研究》（北京：社會科學文獻出版社，一九九六年二月），頁 319。

④ 《天地會起源研究》，羅爾綱序，頁 3。

⑤ 《天地會起源研究》，何齡修序，頁 2。

⑥ 《天地會起源研究》，頁 1。

⑦ 《天地會起源研究》，頁 136。

⑧ 《天地會起源研究》，頁 2。

⑨ 《天地會起源研究》，頁 29。

⑩ 《天地會起源研究》，頁 279。

⑪ 《天地會起源研究》，頁 185。

⑫ 《天地會起源研究》，頁 191。

⑬ 《清代祕密會黨史研究》，頁 57。

⑭ 蔡少卿：《中國近代會黨史研究》，（北京：中華書局，一九八七年十月），頁 48。

⑮ 《天地會起源研究》，羅爾綱序，頁 5。